*Für jeden Geschmack und jede Gelegenheit das passende Rezept*

# Italienische Küche

Parragon

Bath • New York • Singapore • Hong Kong • Cologne • Delhi
Melbourne • Amsterdam • Johannesburg • Auckland • Shenzhen

Parragon Books Ltd
Queen Street House
4 Queen Street
Bath BA1 1 HE, UK

Übersetzung aus dem Englischen: Scriptorium, Köln, u. a.
Redaktion und Satz: Lesezeichen Verlagsdienste, Köln
Koordination: trans texas publishing, Köln

**HINWEIS**

Sind Zutaten in Löffelmengen angegeben, ist immer ein gestrichener Löffel gemeint. Ein Teelöffel entspricht 5 ml, ein Esslöffel 15 ml. Sofern nichts anderes angegeben ist, wird Vollmilch (3,5 % Fett) verwendet. Bei Eiern und einzelnen Gemüsesorten, z. B. Kartoffeln, verwenden Sie mittelgroße Exemplare. Pfeffer sollte stets frisch gemahlen werden. Wenn die Schale von Zitrusfrüchten benötigt wird, verwenden Sie unbedingt unbehandelte Früchte.

Kinder, ältere Menschen, Schwangere, Kranke und Rekonvaleszente sollten auf Gerichte mit rohen oder nur leicht gegarten Eiern verzichten.

ISBN 978-1-4454-7681-0

Printed in China

# Inhalt

# Einleitung

Nudeln zählen seit der Antike zu den unverzichtbaren und vielfältigsten Zutaten, die man in kürzester Zeit mit Fleisch, Fisch, Gemüse, Obst oder einfach einer frischen Kräutersauce zu einer köstlichen Mahlzeit kombinieren kann.

Die meisten Nudeln bestehen aus Hartweizenmehl und liefern Eiweiß und Kohlehydrate. Sie sind damit nicht nur preiswert, sondern auch nahrhaft. Gegenüber finden Sie eine Auswahl der vielen Sorten, die meist sowohl getrocknet als auch frisch erhältlich sind. Im italienischen Feinkostgeschäft, aber auch in gut sortierten Supermärkten findet man heute sehr gute frische gefüllte Nudeln wie z. B. Tortellini, Capelletti, Ravioli und Agnolotti.

Am besten aber macht man frische Nudeln selbst. Es erfordert ein wenig Zeit, ist aber recht einfach und lohnt die Mühe. Sie können den Teig von Hand oder in der Küchenmaschine rühren.

Man kann den Nudelteig auch nach Belieben mit zusätzlichen Zutaten einfärben und würzen, die leicht mit dem verquirlten Ei hinzugefügt werden:

***Schwarz:*** 1 TL Tintenfischtinte zugeben.
***Grün:*** beim Kneten 100 g gekochten, abgetropften Blattspinat zugeben.
***Violett:*** 1 gekochte und pürierte Rote Bete und 60 g Mehl zugeben.
***Rot:*** 2 EL Tomatenmark zugeben.

Kochen Sie leicht gesalzenes Wasser in einem großen Topf auf und geben Sie die Nudeln mit 1 EL Olivenöl hinein. Lassen Sie das Wasser ohne Deckel sprudelnd kochen. Sobald die Nudeln gar, aber noch bissfest *(al dente)* sind, gießen Sie sie ab und heben Butter, Olivenöl oder die vorbereitete Sauce unter. Die folgenden Kochzeiten dienen nur als Anhaltspunkte:

Frische ungefüllte Nudeln: *2–3 Minuten*
Frische gefüllte Nudeln: *8–10 Minuten*
Trockene ungefüllte Nudeln: *10–12 Minuten*
Trockene gefüllte Nudeln: *15–20 Minuten*

## NUDEL-GRUNDTEIG

*Wenn Sie Ihre Nudeln selbst zubereiten wollen, folgen Sie diesem einfachen Rezept.*

**Für 4 Personen**

### ZUTATEN

500 g Hartweizenmehl
4 Eier, leicht verquirlt
1 EL Olivenöl
Salz

1 Die Arbeitsfläche leicht bemehlen. Das Mehl mit einer Prise Salz zu einem Hügel sieben. Eine Mulde in die Mitte drücken und Ei sowie Olivenöl hineingeben.

2 Die Zutaten zunächst mit einer Gabel oder den Fingern mischen. 10–15 Minuten kräftig kneten.

3 Den Teig 30 Minuten ruhen lassen, dann so dünn und gleichmäßig wie möglich ausrollen.

# NUDELARTEN

Es gibt mehr als 200 verschiedene Nudelformen mit etwa drei Mal so vielen Namen. Beständig werden neue Formen entwickelt – und benannt – und so kann in Italien die gleiche Form von Region zu Region anders heißen.

**Anelli, Anellini:** *kleine Ringe für Suppen.*

**Bucati:** *lange, mitteldicke Röhren.*

**Cannelloni:** *große, dicke Röhren.*

**Capelli d'angelo:** *dünne „Engelshaare".*

**Conchiglie:** *Muscheln mit Rillen.*

**Conchigliette:** *kleine Muscheln.*

**Cresti di gallo:** *Hahnenkämme.*

**Ditali, Ditalini:** *kurze Röhren.*

**Eliche:** *lose Spiralen.*

**Farfalle:** *Schleifen.*

**Fettuccine:** *mittelbreite Bänder.*

**Fusilli:** *Spiralen.*

**Gemelli:** *zwei, als „Zwillinge" gefaltete Teile.*

**Lasagne:** *flache, rechteckige Blätter.*

**Linguine:** *lange, flache Bänder.*

**Lumache:** *Schneckenhäuser.*

**Lumaconi:** *große Schneckenhäuser.*

**Makkaroni:** *lange oder kurze Röhren.*

**Orecchiette:** *ohrenförmig.*

**Penne:** *schräge Röhren.*

**Rigatoni:** *dicke Röhren mit Rillen.*

**Spaghetti:** *dünne oder mitteldicke Stäbe.*

**Taglierini:** *schmale Bänder.*

**Tagliatelle:** *breite Bänder.*

**Vermicelli:** *dünne Nudelnester.*

Cannelloni

Fusilli

Conchigliette

Orecchiette tricolori

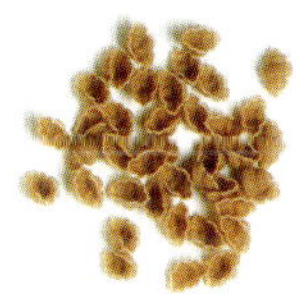

Conchiglie

Rigatoni

Lumaconi

Fettuccine

Spaghetti

Jede Region Italiens hat ihren eigenen Kochstil. Im Allgemeinen bevorzugt man aber im Norden Gerichte mit Milchprodukten und Butter, im Süden hingegen Gerichte mit Tomaten und Olivenöl.

## Piemont

Die hiesige Küche ist bodenständig, doch sind im Piemont auch die teuren weißen Trüffel beheimatet, die fein gehobelt oder gerieben nur den erlesensten Gerichten beigegeben werden. Zudem finden sich in dieser Region etliche Wildpilzsorten und zahlreiche Wildarten, die zu schmackhaften Speisen verarbeitet werden. Polenta, Gnocchi oder Reis werden häufiger verzehrt als Pasta, wobei erstere oft als Vorspeise gereicht wird.

## Lombardei

Nach Mailand, dem Zentrum der Region, ist ein exzellenter Risotto benannt, und auch das mit viel Zitrone aromatisierte Mailänder Soufflé hat hier seinen Ursprung. Zu den regionalen Spezialitäten zählen Kalbfleischgerichte, wie *Vitello Tonnato* oder *Osso Buco*
lente Schmorbraten zubereitet, und die lokalen Seen beliefern die Küchen mit viel frischem Fisch. Nicht zuletzt stammt der berühmte Hefekuchen *Panettone* aus dieser Region.

## Trentino-Südtirol

Die Gerichte dieser Region sind sehr deftig und ursprünglich. Im Trentino stehen neben Fischgerichten besonders Pasta- und einfache Fleischgerichte auf dem Speiseplan; in Südtirol hingegen bevorzugt man zumeist mit Klößen oder Wurst angereicherte Suppen und Schmorfleischspeisen.

## Venetien

Fast alle Gerichte Venetiens werden mit Polenta serviert. Gnocchi und Reis sind ebenfalls anzutreffen, Pasta führt jedoch eher ein Schattendasein. Fisch hingegen und Schalentiere werden in großen Mengen verzehrt.

## Ligurien

Entlang der italienischen Riviera finden sich allerorts hervorragende Trattorien. Sie bieten exzellente Fischgerichte an, die meist mit dem lokalen Olivenöl zubereitet werden. Die berühmteste Errungenschaft Liguriens aber ist der Pesto aus Basilikum, Käse, Öl und Pinienkernen, eine der vielen schmackhaften Saucen dieser Region.

## Emilia-Romagna

Kalbfleisch, vor allem als *Saltimbocca* zubereitet, sowie Tortellini, Lasagne und andere Pastagerichte zählen zu den Speziaiäten der Emilia-Romagna. Berühmt geworden ist die Region aber vor allem durch den hier produzierten Balsamico und den in Parma hergestellten gleichnamigen Schinken.

## Toskana

Besonders beliebte Zutaten der toskanischen Küche sind Innereien wie Kutteln und Leber. Daneben gibt es unzählige Rezepte für Bohnen, Schmorfleisch, Steaks und Suppen. Die Regionshauptstadt Florenz hat viele Spezialitäten zu bieten, während Siena besonders für die nach ihr benannte Panforte di Siena bekannt ist, ein mit kandierten Früchten gefüllter Kuchen.

## Umbrien/Marken

Umbrien ist für sein erstklassiges Schweinefleisch bekannt. Daneben prägen vor allem Lamm, Wild und Fisch, die oft am Spieß gebraten oder geröstet werden, den Charakter der regionalen Küche. Eine weitere Spezialität der Region ist das lokale Olivenöl, das nicht nur zum Kochen verwendet wird, sondern auch als flüssige Würze dient, die vor dem Servieren über die fertigen Gerichte geträufelt wird. Viele Rezepte werden mit schwarzen Trüffeln, Früchten und Kräutern zubereitet, die in Umbrien überall anzutreffen sind.

## Latium

Die latinische Küche wartet mit zahlreichen Pastagerichten, delikaten Lamm- und Kalbfleischspeisen sowie einigen unwiderstehlichen Fleischrezepten auf. Bei der Zubereitung werden viele Kräuter und Gewürze verwendet, die den Speisen einen kräftigen Geschmack verleihen und die Grundlage vieler delikater Saucen bilden.

## Abruzzen und Molise

Die Küche dieser beiden Regionen ist sehr traditionell. Hier werden fast ausschließlich die in den Bergdörfern hergestellten Schinken- und Käsesorten, einheimische Wurst, Pökelfleisch und regional erhältliche Fischsorten und Meeresfrüchte verarbeitet.

## Kampanien

Die Regionshauptstadt Neapel ist die Heimat aller Pastagerichte, die hier meist mit viel Tomatensauce serviert werden. Aber auch die erste Pizza soll hier kreiert worden sein. Daneben wird hauptsächlich Fisch angeboten, der oft zu Eintöpfen oder in Pastasaucen verarbeitet wird. Beim Fleisch sind Koteletts und Steaks am beliebtesten; meist werden sie mit einer kräftigen Knoblauch-Tomaten-Sauce serviert. Eine besondere Spezialität der Region ist der Mozzarella, der vor Ort produziert und traditionell für die Zubereitung des knusprig frittierten Mozzarella in Carozza verwendet wird.

## Apulien

Neben Obst, Gemüse und Kräutern werden hier vor allem Oliven kultiviert. Zudem bieten die regionalen Märkte viele verschiedene Meeresfrüchte an, die vor allem in Brindisi, der Hauptstadt der Region, zu exzellenten Salaten und Risottos verarbeitet werden. Apulische Pastagerichte haben einen sehr eigenen Charakter und sind meist nirgendwo anders in Italien zu bekommen.

## Basilicata

Die deftigen Speisen dieser Region, deren Grundlage Pasta, Lamm, Schweinefleisch, Wild und Milchprodukte bilden, werden mit lokalen Weinen serviert. Besonders empfehlenswert sind die verschiedenen Salamisorten, Pökelfleischarten und Schinkenspezialitäten aus den

Bergdörfern. Die traditionellen Lammgerichte werden mit frischen Kräutern zubereitet. In den Bergen werden gehaltvolle Suppen wie die bekannte Minestrone gekocht, und die Seen versorgen die Region mit viel frischem Fisch, besonders Aal. Die vor Ort kultivierten Chilischoten sind Bestandteil zahlreicher Rezepte.

## Kalabrien

Hier gibt es zahlreiche Orangen-, Zitronen- und Olivenhaine. Auch etliche Gemüsesorten gedeihen hier bestens, und insbesondere für Auberginen sind zahlreiche Rezepte und Zubereitungsmethoden entwickelt worden. Daneben wird in Kalabrien oft Huhn, Kaninchen und Perlhuhn serviert, und auch Pizzen stehen häufig auf dem Speiseplan, meist mit frischem Fisch belegt. Die meisten Nachspeisen und Gebäcke beinhalten Anis, Honig und Mandeln.

## Sizilien

Die Küche der größten Mittelmeerinsel wartet mit vielen Gemüsespezialitäten auf. Vor allem aber wird gerne Fisch verzehrt – in Suppen, Eintöpfen oder Salaten. Fleisch wird auf Sizilien meist sehr lange und langsam gegart oder zu Hackfleisch verarbeitet. Des Weiteren gibt es viel Wild auf der Insel, das meist in süß-sauren Saucen gekocht und mit schwarzen Oliven serviert wird. Unter den Pastasaucen gibt es hier ebenso viele ungewöhnliche wie traditionelle Varianten. Die Sizilianer bereiten gerne Süßspeisen zu, allen voran Eiscreme.

## Sardinien

Die beiden Nationalgerichte der Sarden sind Spanferkel und am Spieß gebratenes Milchlamm. Daneben ist vor allem Wild äußerst populär. Die sardinischen Fischgerichte sind von hoher Qualität; am häufigsten werden Seebarsch, Hummer, Thunfisch, Meerbarbe, Aal und Miesmuscheln angeboten. Ein besonders beliebtes Würzmittel ist die einheimische Myrte, die von Hühnchengerichten bis zu selbst gemachten Likören allen nur erdenklichen Nahrungsmitteln beigegeben wird und jedem Besucher in bester Erinnerung bleibt.

# Suppen & Leichtes

*Nudeln sind so vielseitig: Sie können Suppen Substanz verleihen, als leckere und ungewöhnliche Vorspeise dienen oder auch als schnelles und einfaches Mittag- oder Abendessen. In diesem Kapitel finden Sie sowohl traditionelle italienische Rezepte als auch neue Kombinationen mit verschiedenen Zutaten.*

*Zu den Suppen zählen auch sättigende Wintergerichte, die mit ofenfrischem Brot eine komplette Mahlzeit darstellen. Die Rezepte für Vorspeisen und leichte Mahlzeiten bieten etwas für jeden Geschmack: Gemüse-, Käse-, Fleisch- und Fischsaucen in Kombination mit Nudelformen von Linguine bis Lumache. Daneben finden Sie hier auch köstliche leichte Eintöpfe, Pfannkuchen und Gemüsegerichte.*

# *Minestrone*

**Für 8–10 Personen**

**ZUTATEN**

3 Knoblauchzehen
3 große Zwiebeln
2 Selleriestangen
2 große Karotten
2 große Kartoffeln
100 g grüne Bohnen
100 g Zucchini
60 g Butter
50 ml Olivenöl
60 g durchwachsener Speck, klein gewürfelt
1,5 l Gemüse- oder Hühnerbrühe
100 g gehackte Tomaten
2 EL Tomatenmark
1 Bund frisches Basilikum, fein gehackt
100 g Parmesanrinde
100 g getrocknete Spaghetti, in kleine Stücke gebrochen
Salz und Pfeffer
frisch geriebener Parmesan, zum Servieren

1 Knoblauch, Zwiebeln, Sellerie, Karotten, Kartoffeln, Bohnen und Zucchini klein schneiden.

2 Butter und Öl in einem großen Topf erhitzen und den Speck 2 Minuten anbraten. Knoblauch und Zwiebeln zugeben, 2 Minuten braten, dann Sellerie, Karotten und Kartoffeln zugeben und 2 Minuten braten.

3 Die Bohnen in den Topf geben und 2 Minuten braten. Die Zucchini einrühren und weitere 2 Minuten braten. Den Topf abdecken und das Gemüse unter gelegentlichem Rühren 15 Minuten garen.

4 Brühe, Tomaten, Tomatenmark, Basilikum und Käserinde hinzugeben und abschmecken. Aufkochen, die Temperatur reduzieren und 1 Stunde köcheln. Die Käserinde entfernen und wegwerfen.

5 Die Spaghettistücke in den Topf geben und 10 Minuten kochen. In großen, vorgewärmten Suppentellern mit geriebenem Parmesan bestreut servieren.

2

2

5

# Italienische Tomatencremesuppe

**Für 4 Personen**

## ZUTATEN

60 g Butter
1 große Zwiebel, gehackt
1 kg italienische Eiertomaten, abgezogen und grob gehackt
600 ml Gemüsebrühe
1 Prise Speisenatron
250 g getrocknete Fusilli
1 EL Zucker
150 g Sahne
Salz und Pfeffer
frische Basilikumblätter, zum Garnieren
frittierte Croûtons, zum Servieren

1 Die Butter in einem Topf zerlassen und die Zwiebel glasig dünsten. Die Tomaten, 300 ml Brühe und das Natron zugeben, aufkochen und 20 Minuten köcheln.

2 Den Topf vom Herd nehmen und zum Abkühlen beiseite stellen. Die Suppe im Mixer pürieren und durch ein feines Sieb zurück in den Topf passieren.

3 Die restliche Brühe und die Fusilli zugeben und abschmecken.

4 Den Zucker in den Topf geben, aufkochen und 15 Minuten köcheln.

5 Die Suppe in vorgewärmte Suppenteller geben, einen Löffel Sahne einrühren und mit frischem Basilikum garnieren. Sofort mit Croûtons servieren.

## VARIATION

*Für eine Orangen-Tomatensuppe einfach die Hälfte der Brühe durch frischen Orangensaft ersetzen und die Suppe mit Orangenschale garnieren. Für eine Tomaten-Karotten-Suppe die Hälfte der Brühe durch Karottensaft ersetzen und 150 g geriebene Karotte zusammen mit der Zwiebel in den Topf geben.*

# *Kartoffel-Petersilien-Suppe mit Pesto*

**Für 4 Personen**

## ZUTATEN

PESTO:
60 g fein gehackte frische Petersilie
2 Knoblauchzehen, zerdrückt
60 g Pinienkerne, gemahlen
2 EL frisch gehackte Basilikumblätter
60 g frisch geriebener Parmesan
weißer Pfeffer
150 ml Olivenöl

außerdem:
3 Streifen Räucherspeck ohne Schwarte
500 g mehlig kochende Kartoffeln
400 g Zwiebeln
1 EL Butter
600 ml Hühnerbrühe
600 ml Milch
100 g getrocknete Conchiglie
150 g Sahne
frisch gehackte Petersilie
frisch geriebener Parmesan und Knoblauchbrot, zum Servieren

1 Alle Zutaten für den Pesto 2 Minuten im Mixer pürieren oder von Hand mischen (siehe Tipp).

2 Speck, Kartoffeln und Zwiebeln fein hacken. Den Speck 4 Minuten in einem Topf anbraten. Butter, Kartoffeln und Zwiebeln einrühren und 12 Minuten kochen.

3 Brühe und Milch zugießen, aufkochen und 10 Minuten köcheln. Die Nudeln zugeben und weitere 12–14 Minuten köcheln.

4 Die Sahne einrühren und 5 Minuten köcheln. Petersilie und 2 Esslöffel Pesto einrühren. Die Suppe in Suppentellern mit Parmesan und Knoblauchbrot servieren.

## TIPP

*Bereiten Sie den Pesto von Hand mit Mörser und Stößel zu. Verrühren Sie Petersilie, Knoblauch, Pinienkerne und Basilikum gründlich zu einer glatten Paste und rühren Sie dann Käse und Pfeffer ein. Ziehen Sie dann langsam das Öl unter.*

# *Ravioli alla Parmigiana*

**Für 4 Personen**

## ZUTATEN

300 g Nudel-Grundteig (s. S. 4)
1,2 l Kalbsbrühe
frisch geriebener Parmesan, zum Servieren

FÜLLUNG:
100 g frisch geriebener Parmesan
100 g feine Semmelbrösel
2 Eier
125 ml Espagnole-Sauce (s. Tipp)
1 kleine Zwiebel, fein gehackt
1 Prise frisch geriebene Muskatnuss

1 Aus dem Nudelteig 2 Blätter ausrollen und während der Zubereitung der Füllung mit einem feuchten Handtuch abdecken.

2 Für die Füllung Parmesan, Semmelbrösel, Eier, Espagnole-Sauce, Zwiebel und Muskat in einer großen Schüssel mischen.

3 Die Füllung löffelweise in gleichmäßigen Abständen auf ein Teigblatt geben. Mit dem zweiten Teigblatt abdecken, in Quadrate schneiden und die Ränder zusammendrücken.

4 Die Brühe in einem großen Topf aufkochen. Die Ravioli etwa 15 Minuten darin ziehen lassen.

5 Suppe und Ravioli auf vorgewärmte Suppenteller verteilen und großzügig mit Parmesan bestreut sofort servieren.

## TIPP

*ESPAGNOLE-SAUCE: 2 EL zerlassene Butter mit 1 EL Mehl glatt rühren. 1 TL Tomatenmark, 250 ml heiße Fleischbrühe, 1 EL Madeira und 2 TL Weißweinessig einrühren. Je 25 g Speck, Karotte und Zwiebel und je 15 g Staudensellerie, Porree und Fenchel hacken. Mit 1 Thymianzweig und 1 Lorbeerblatt in Öl anbraten. Abtropfen, in der Sauce 4 Stunden köcheln.*

2

3

3

# *Erbsen-Nudel-Suppe mit Parmesan-Croûtons*

**Für 4 Personen**

## ZUTATEN

3 Scheiben durchwachsener Räucherspeck, gewürfelt
1 große Zwiebel, gehackt
1 EL Butter
400 g getrocknete Erbsen, 2 Std. in kaltem Wasser eingeweicht und abgetropft
2,5 l Hühnerbrühe
250 g getrocknete Eiernudeln
150 g Sahne
Salz und Pfeffer
gehackte frische Petersilie, zum Garnieren
Parmesan-Croûtons (s. Tipp), zum Servieren

1 Speck, Zwiebel und Butter in einem großen Topf 6 Minuten braten.

2 Erbsen und Brühe zugeben und aufkochen. Leicht mit Salz und Pfeffer abschmecken, abdecken und $1^1/2$ Stunden köcheln.

3 Die Nudeln in den Topf geben und 15 Minuten garen.

4 Die Sahne einrühren. In Suppenteller geben, mit Petersilie garnieren und mit Parmesan-Croûtons (siehe Tipp) belegen. Sofort servieren.

## VARIATION

*Verwenden Sie andere Hülsenfrüchte wie Garten-, Borlotti- oder Pintobohnen anstelle der Erbsen.*

## TIPP

*Für die Parmesan-Croûtons eine Baguettestange in Scheiben schneiden. Jede Scheibe leicht mit Olivenöl bestreichen und mit Parmesan bestreuen. Etwa 30 Sekunden grillen.*

# Bohnensuppe mit Nudeln

Für 4 Personen

## ZUTATEN

250 g Gartenbohnen, 3 Stunden in kaltem Wasser eingeweicht und abgetropft
4 EL Olivenöl
2 große Zwiebeln, in Streifen geschnitten
3 Knoblauchzehen, gehackt
400 g gehackte Tomaten aus der Dose
1 TL getrockneter Oregano
1 TL Tomatenmark
1 l Wasser
100 g getrocknete Fusilli oder Conchigliette
120 g sonnengetrocknete Tomaten, abgetropft und in dünne Streifen geschnitten
1 EL gehackter frischer Koriander oder glatte Petersilie
Salz und Pfeffer
2 EL Parmesanspäne, zum Servieren

1 Die Bohnen in einem großen Topf mit Wasser zum Kochen bringen. 15 Minuten sprudelnd kochen, abgießen und warm stellen.

2 Das Öl in einem Topf bei mittlerer Temperatur erhitzen. Die Zwiebeln 3 Minuten glasig dünsten. Den Knoblauch darin 1 Minute anbraten. Tomaten, Oregano und Tomatenmark zugeben.

3 Wasser und Bohnen in den Topf geben. Aufkochen, abdecken und 45 Minuten köcheln, bis die Bohnen fast gar sind.

4 Die Nudeln in den Topf geben und abschmecken. Die sonnengetrockneten Tomaten einrühren, wieder aufkochen, halb abdecken und 10 Minuten köcheln, bis die Nudeln gar, aber noch bissfest sind.

5 Die Kräuter in die Suppe rühren. Die Suppe in warme Suppenteller geben, mit Parmesan bestreuen und servieren.

### TIPP

*Die Bohnen in einem Topf mit kaltem Wasser zum Kochen bringen. Vom Herd nehmen und die Bohnen im Wasser abkühlen lassen. Abgießen und abspülen.*

# *Kichererbsensuppe mit Hähnchen*

Für 4 Personen

## ZUTATEN

1 EL Butter
3 Frühlingszwiebeln, gehackt
2 Knoblauchzehen, zerdrückt
1 frischer Majoranzweig, fein gehackt
350 g Hähnchenbrust ohne Knochen, gewürfelt
1,2 l Hühnerbrühe
350 g Kichererbsen aus der Dose, abgetropft
1 Bouquet garni
1 rote Paprika, gewürfelt
1 grüne Paprika, gewürfelt
125 g kurze, getrocknete Nudeln
Salz und weißer Pfeffer
Croûtons, zum Servieren

1 Die Butter in einem großen Topf zerlassen. Frühlingszwiebeln, Knoblauch, Majoran und Fleisch hineingeben und unter regelmäßigem Rühren 5 Minuten bei mittlerer Hitze anbraten.

2 Brühe, Kichererbsen und Bouquet garni in den Topf geben und mit Salz und weißem Pfeffer abschmecken.

3 Die Suppe aufkochen, die Temperatur reduzieren und etwa 2 Stunden sanft köcheln.

4 Paprika und Nudeln in den Topf geben und weitere 20 Minuten köcheln.

5 Die Suppe in Suppenteller füllen und sofort mit Croûtons servieren.

## TIPP

*Sie können auch getrocknete Kichererbsen mit kaltem Wasser bedecken und 6 Stunden einweichen. Abgießen, in die Suppe geben und die Kochzeit um 30–60 Minuten verlängern.*

# *Zitronencremesuppe mit Hähnchen & Spaghetti*

**Für 4 Personen**

## ZUTATEN

60 g Butter
8 Schalotten, in dünne Ringe geschnitten
2 Karotten, in dünne Scheiben geschnitten
2 Selleriestangen, in dünne Scheiben geschnitten
250 g Hähnchenbrustfilet, klein geschnitten
3 Zitronen
1,2 l Hühnerbrühe
250 g getrocknete Spaghetti, in kleine Stücke gebrochen
150 g Sahne
Salz und weißer Pfeffer

ZUM GARNIEREN:
1 frischer Petersilienzweig
3 Zitronenscheiben, halbiert

1 Die Butter in einem großen Topf zerlassen. Schalotten, Karotten, Sellerie und Hähnchenfleisch unter gelegentlichem Rühren 8 Minuten bei mittlerer Hitze anbraten.

2 Die Zitronen dünn abziehen und die Schale 3 Minuten in sprudelnd kochendem Wasser blanchieren. Den Saft aus den Zitronen pressen.

3 Zitronenschale und -saft zusammen mit der Brühe in den Topf geben. Langsam bei schwacher Hitze aufkochen und 40 Minuten köcheln.

4 Die Spaghetti in den Topf geben und 15 Minuten kochen. Mit Salz und weißem Pfeffer abschmecken und die Sahne ein-rühren. Erhitzen, aber nicht mehr kochen lassen.

5 Die Suppe in einer Terrine mit Petersilie und Zitronenscheiben garnieren und servieren.

### TIPP

*Sie können die Suppe bis zum Ende von Schritt 3 im voraus vorbereiten, müssen also vor dem Servieren nur noch die Nudeln darin kochen und Sahne zugeben.*

# Geflügelsuppe mit Mais

**Für 4 Personen**

## ZUTATEN

500 g Hähnchenbrustfilet, in feine Streifen geschnitten
1,2 l Hühnerbrühe
150 g Sahne
Salz und Pfeffer
100 g Vermicelli
1 El Speisestärke
3 EL Milch
200 g Mais

1 Hähnchenfleisch, Brühe und Sahne in einem großen Topf langsam aufkochen. Hitze reduzieren und alles etwa 20 Minuten köcheln. Mit Salz und Pfeffer abschmecken.

2 Währenddessen die Nudeln in Salzwasser bissfest garen. Anschließend abgießen, beiseite stellen und warm halten.

3 Speisestärke und Milch in einer Tasse mischen und glatt rühren. Die Mischung in die Suppe gießen und diese eindicken lassen.

4 Mais und Nudeln zugeben und alles gut erwärmen.

5 Die fertige Suppe in eine vorgewärmte Terrine füllen oder auf Portionsschalen verteilen und sofort servieren.

### TIPP

*Wer wenig Zeit hat, kann fertig gegartes Hähnchenfleisch verwenden.*

### VARIATION

*Das Hähnchenfleisch kann durch 500 g Krabbenfleisch ersetzt werden. Die Kochzeit reduziert sich dann auf 10 Minuten. Für eine asiatische Variante verwenden Sie statt der Vermicelli Eiernudeln und statt der Maiskörner Maispüree aus der Dose.*

# *Kalbssuppe mit Schinken & Sherry*

**Für 4 Personen**

## ZUTATEN

60 g Butter
1 Zwiebel, gewürfelt
1 Karotte, gewürfelt
1 Selleriestange, gewürfelt
400 g dünn aufgeschnittenes Kalbfleisch
500 g dünn aufgeschnittener Schinken
60 g Mehl
1 l Rinderbrühe
1 Lorbeerblatt
8 schwarze Pfefferkörner
1 Prise Salz
3 EL rotes Johannisbeergelee
150 ml Cream Sherry
100 g getrocknete Vermicelli
Knoblauch-Croûtons, zum Servieren

1 Die Butter in einem großen Topf zerlassen. Zwiebel, Karotte, Sellerie, Kalbfleisch und Schinken 6 Minuten bei mittlerer Hitze anbraten.

2 Mit Mehl bestreuen und unter Rühren weitere 2 Minuten braten. Nach und nach die Brühe einrühren, dann Lorbeerblatt, Pfeffer und Salz zugeben. Aufkochen und 1 Stunde köcheln.

3 Vom Herd nehmen und Gelee sowie Sherry einrühren. Für 4 Stunden beiseite stellen.

4 Das Lorbeerblatt entfernen und die Suppe bei schwacher Hitze aufwärmen.

5 Die Vermicelli in sprudelndem Salzwasser 10–12 Minuten kochen. In die Suppe rühren und in warme Suppenteller geben. Mit Knoblauch-Croûtons servieren (siehe Tipp).

## TIPP

*Für die Knoblauch-Croûtons die Kruste von 3 Scheiben Weißbrot abschneiden. Das Brot in 5 mm dicke Würfel schneiden. 3 EL Olivenöl bei schwacher Hitze erhitzen und 1–2 fein gehackte Knoblauchzehen 1–2 Minuten andünsten. Den Knoblauch entfernen und das Brot zugeben. Unter regelmäßigem Rühren goldbraun rösten.*

2

2

3

# *Toskanische Kalbfleischbrühe*

**Für 4 Personen**

## ZUTATEN

60 g getrocknete Erbsen, 2 Stunden eingeweicht und abgetropft
900 g Kalbszunge, gewürfelt
1,2 l Rinder- oder braune Brühe (s. Tipp)
600 ml Wasser
60 g Graupen, gewaschen
1 große Karotte, gewürfelt
1 kleine weiße Rübe, gewürfelt
1 große Porreestange, in dünne Scheiben geschnitten
1 rote Zwiebel, fein gehackt
100 g gehackte Tomaten
1 frischer Basilikumzweig
100 g getrocknete Vermicelli
Salz und weißer Pfeffer

1 Erbsen, Fleisch, Brühe und Wasser in einen großen Topf geben und sanft zum Kochen bringen. Mit einem Schaumlöffel allen Schaum von der Oberfläche abschöpfen.

2 Wenn kein Schaum mehr auftritt, Graupen und 1 Prise Salz in die Suppe geben. 25 Minuten bei schwacher Hitze sanft köcheln.

3 Karotte, Rübe, Porree, Tomaten und Basilikum in den Topf geben und abschmecken. Etwa 2 Stunden köcheln und von Zeit zu Zeit Schaum abschöpfen. Den Topf vom Herd nehmen und für 2 Stunden beiseite stellen.

4 Die Suppe bei mittlerer Hitze aufkochen. Die Vermicelli zugeben und 12 Minuten garen. Mit Salz und Pfeffer abschmecken und das Basilikum entfernen. Sofort servieren.

### TIPP

*Braune Brühe besteht aus Kalbsknochen und Kalbshaxe, die 40 Minuten in Bratfett im Backofen geröstet werden. Die Knochen in einen Topf geben, Porree-, Zwiebel-, Sellerie- und Karottenscheiben, ein Bouquet garni, Weißweinessig und einen Thymianzweig zugeben und mit Wasser bedecken. 3 Stunden schwach köcheln. Abseihen und das Fett abschöpfen.*

# *Kalbssuppe mit Pilzen & Vermicelli*

**Für 4 Personen**

## ZUTATEN

400 g Kalbfleisch, dünn aufgeschnitten
500 g Kalbsknochen
1,2 l Wasser
1 kleine Zwiebel
6 Pfefferkörner
1 TL Gewürznelken
1 Prise Muskatblüte
150 g Austern- oder Shiitake-Pilze, grob gehackt
150 g Sahne
100 g getrocknete Vermicelli
1 EL Maisstärke
3 EL Milch
Salz und Pfeffer

1 Fleisch, Knochen und Wasser in einen großen Topf geben. Aufkochen und die Temperatur reduzieren. Zwiebel, Pfeffer, Nelken und Muskatblüte zugeben und etwa 3 Stunden köchelnd um ein Drittel reduzieren.

2 Die Brühe durch ein Sieb seihen, das Fett abschöpfen und die Brühe in einen sauberen Topf geben.

3 Pilze und Sahne zugeben, bei schwacher Hitze aufkochen und 12 Minuten köcheln. Die Vermicelli in leicht gesalzenem, sprudelndem Wasser gar, aber noch bissfest kochen. Abgießen und warm stellen.

4 Stärke und Milch zu einer glatten Paste verrühren. Zum Andicken in die Suppe rühren. Mit Salz und Pfeffer abschmecken und kurz vor dem Servieren die Nudeln zugeben. Die Suppe in eine warme Terrine füllen und sofort servieren.

### TIPP

*Sie können diese Suppe auch mit teurerem Fleisch, wie zum Beispiel Kalbsbrust, zubereiten. Sie ist mager und die lange Kochzeit sorgt dafür, dass sie auch wirklich zart ist.*

# *Muschelsuppe mit Kartoffeln*

**Für 4 Personen**

## ZUTATEN

750 g Miesmuscheln, ohne Bart
2 EL Olivenöl
Pfeffer
100 g Butter
2 Scheiben Schinkenspeck, gewürfelt
1 Zwiebel, fein gehackt
1 Knoblauchzehe, zerdrückt
60 g Mehl
500 g Kartoffeln, in dünne Scheiben geschnitten
100 g Conchigliette
300 g Sahne
1 EL Zitronensaft
Salz und Pfeffer
2 Eigelb

ZUM GARNIEREN:
2 EL frische fein gehackte Petersilie
Zitronenspalten

1 Die Muscheln 5 Minuten unter kaltem Wasser gründlich abbürsten. Alle Muscheln, die sich nicht öffnen, entfernen.

2 Wasser in einem großen Topf aufkochen. Muscheln, Öl und etwas Pfeffer zugeben und so lange kochen, bis sich die Muscheln öffnen.

3 Die Muscheln abgießen, den Sud auffangen. Aus den Schalen lösen.

4 Die Butter in einem großen Topf zerlassen. Schinkenspeck, Zwiebel und Knoblauch zugeben und 4 Minuten andünsten. Langsam das Mehl einrühren und 1,2 Liter des Suds zugießen.

5 Die Kartoffeln zugeben und 5 Minuten köcheln. Dann die Nudeln zufügen und weitere 10 Minuten köcheln.

6 Sahne und Zitronensaft zugießen und die Suppe mit Salz und Pfeffer abschmecken. Dann die Muscheln zugeben.

7 Das Eigelb mit 2 Esslöffeln des Suds verrühren. Die Mischung in die Suppe gießen und alles 4 Minuten erwärmen, jedoch nicht mehr kochen.

8 Die Suppe mit Petersilie bestreuen und mit Zitronenspalten garnieren.

# Italienische Fischsuppe

Für 4 Personen

## ZUTATEN

60 g Butter
500 g gemischte Fischfilets, z. B. Rotbarsch und Schnapper
400 g küchenfertige Meeresfrüchte, z. B. Tintenfische und Krabben
250 g frisches Krebsfleisch
1 große Zwiebel, in Ringe geschnitten
1 EL Mehl
1,2 l Fischfond (s. Tipp)
100 g Suppennudeln, z. B. Ditalini oder Hörnchen
1 EL Anchovispaste
geriebene Schale und Saft von 1 Orange
50 ml trockener Sherry
300 g Sahne
Salz und Pfeffer
Zitronenzesten, zum Garnieren
knuspriges herzhaftes Brot, zum Servieren

1 Die Butter in einem großen Topf zerlassen. Fischfilets, Meeresfrüchte, Krebsfleisch und Zwiebel zugeben und bei geringer Hitze 6 Minuten dünsten.

2 Das Mehl zugeben und gut unterrühren.

3 Langsam den Fond zugießen und unter Rühren aufkochen. Die Hitze reduzieren und die Suppe 30 Minuten köcheln.

4 Die Nudeln zugeben und die Suppe weitere 10 Minuten kochen.

5 Anchovispaste, Orangenschale, Orangensaft, Sherry und Sahne zugeben und alles mit Salz und Pfeffer abschmecken.

6 Die Suppe noch einmal gut erhitzen, dann in vorgewärmte Teller verteilen, mit Zesten garnieren und mit Brot servieren.

## TIPP

*FISCHFOND:*
*1 kg Fischreste von fettarmen Fischen in einen großen Topf geben. Mit 150 ml Weißwein, 1 gehackten Zwiebel, Scheiben von je 1 Karotte und 1 Selleriestange, 4 schwarzen Pfefferkörnern, 1 Bouquet garni und 1,75 l Wasser auffüllen und 30 Minuten köcheln, dann abseihen.*

# Geflügelsuppe mit Nudeln

**Für 6 Personen**

## ZUTATEN

350 g Hähnchenbrustfilet
2 EL Sonnenblumenöl
1 mittelgroße Zwiebel, gewürfelt
250 g Karotten, gewürfelt
250 g Blumenkohlröschen
850 ml Hühnerbrühe
2 TL getrocknete gemischte Kräuter
125 g kurze Nudeln
Salz und Pfeffer
Parmesan (nach Wunsch) und ofenfrisches Brot, zum Servieren

1 Die Hähnchenbrust mit einem scharfen Messer würfeln.

2 Das Öl in einem großen Topf erhitzen und Fleisch und Gemüse schnell anbraten, bis sie leicht Farbe annehmen.

3 Brühe und Kräuter einrühren. Aufkochen und die Nudeln zugeben. Wieder aufkochen, abdecken und unter gelegentlichem Rühren 10 Minuten köcheln, damit die Nudeln nicht mehr aneinander kleben.

4 Mit Salz und Pfeffer abschmecken und mit Parmesan bestreuen. Mit warmem Brot servieren.

## TIPP

*Sie können hier jede kurze Nudelform verwenden – versuchen Sie Conchigliette, Ditalini oder sogar klein gebrochene Spaghetti. Für Kinder eignen sich Nudeln in Tierform und Buchstabennudeln.*

## VARIATION

*Die Blumenkohlröschen können durch Brokkoliröschen ersetzt werden. Tauschen Sie die getrockneten gemischten Kräuter durch 2 Esslöffel frisch gehackte gemischte Kräuter aus.*

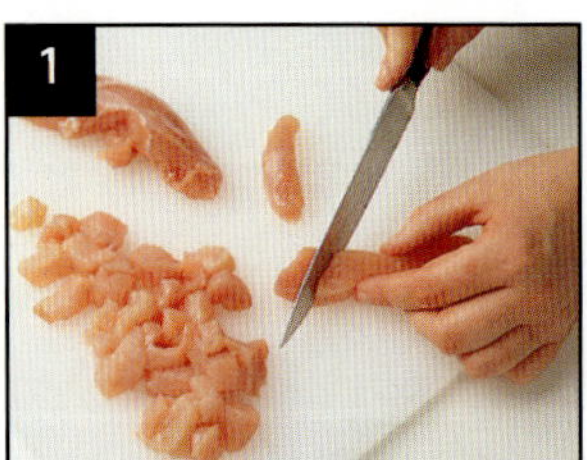

# *Perlhuhnsuppe mit Spaghetti*

**Für 6 Personen**

## ZUTATEN

500 g Hähnchenbrustfilet, gewürfelt
500 g Perlhuhnfleisch ohne Haut und Knochen, gewürfelt
600 ml Hühnerbrühe
1 kleine Zwiebel
6 Pfefferkörner
1 TL Gewürznelken
1 Prise Muskatblüte
150 g Sahne
2 TL Butter
2 TL Mehl
125 g schnell kochende Spaghetti, klein gebrochen und gekocht
2 EL gehackte frische Petersilie, zum Garnieren

1 Beide Fleischsorten mit der Brühe in einen großen Topf geben.

2 Zum Kochen bringen und Zwiebel, Pfefferkörner, Nelken und Muskatblüte zugeben. 2 Stunden sanft köcheln, bis die Brühe um ein Drittel reduziert ist.

3 Die Suppe abseihen, das Fett von der Oberfläche abschöpfen.

4 Suppe und Fleisch in einen sauberen Topf füllen. Die Sahne einrühren und langsam zum Kochen bringen.

5 Für die Mehlschwitze die Butter zerlassen und das Mehl einrühren, bis eine Paste entsteht. In die Suppe geben und rühren, bis sie leicht andickt.

6 Kurz vor dem Servieren die Spaghetti zugeben.

7 Die Suppe in Suppenteller füllen, mit Petersilie garnieren und servieren.

## VARIATION

*Statt der Spaghetti kleine Formen wie Filini oder Risoni verwenden.*

# Toskanische Bohnensuppe

**Für 4 Personen**

## ZUTATEN

250 g getrocknete Limabohnen, über Nacht eingeweicht, oder 850 g Limabohnen aus der Dose
1 EL Olivenöl
2 Knoblauchzehen, zerdrückt
1 Würfel Gemüse- oder Hühnerbrühe, zerkrümelt
Salz und Pfeffer
150 ml Milch
2 EL frisch gehackter Oregano

1 Eingeweichte Bohnen abtropfen lassen. Wasser in einem großen Topf zum Kochen bringen, Bohnen zugeben und 10 Minuten kochen. Dann die Hitze reduzieren, die Bohnen abdecken und etwa 30 Minuten köcheln, bis sie weich sind. Abgießen, den Sud auffangen und beiseite stellen. Dosenbohnen lediglich abtropfen und die Abtropfflüssigkeit auffangen.

2 Das Öl in einer großen Pfanne erhitzen. Den Knoblauch darin 2–3 Minuten anbraten, bis er zu bräunen beginnt.

3 Die Bohnen mit etwa 400 ml der zurückbehaltenen Flüssigkeit unter Rühren zugeben. Falls nicht genügend Flüssigkeit vorhanden ist, Wasser zugießen. Den Brühwürfel einrühren. Die Mischung aufkochen und vom Herd nehmen.

4 Den Pfanneninhalt in eine Küchenmaschine geben und glatt pürieren oder von Hand glatt stampfen. Mit Salz und Pfeffer abschmecken. Anschließend die Milch zugeben.

5 Die fertige Suppe in einen Topf geben und erneut erwärmen, aber nicht mehr aufkochen. Kurz vor dem Servieren den Oregano einrühren.

## VARIATION

*Statt Limabohnen Cannelini- oder Borlotti-Bohnen verwenden, statt frischem, 3 Teelöffel getrockneten Oregano, der bei Schritt 3 mit den Bohnen zugegeben wird.*

# Linsensuppe mit Nudeln

**Für 4 Personen**

## ZUTATEN

4 Scheiben durchwachsener Speck, grob gewürfelt
1 Zwiebel, gehackt
2 Knoblauchzehen, zerdrückt
1 Selleriestange, in Scheiben geschnitten
50 g Farfalline oder Spaghetti, in kleine Stücke gebrochen
400 g braune Linsen aus der Dose, abgetropft
1,2 l Fleisch- oder Gemüsebrühe, erhitzt
2 EL frisch gehackte Minze

1 Speck, Zwiebel, Knoblauch und Sellerie in eine große Pfanne geben und 4–5 Minuten anbraten, bis die Zwiebel weich und der Speck leicht braun ist.

2 Farfalline oder Spaghetti zugeben und etwa 1 Minute unterrühren.

3 Linsen und Brühe zufügen und aufkochen. Dann die Hitze reduzieren und die Suppe 10 Minuten köcheln, bis die Nudeln gar sind.

4 Die Pfanne vom Herd nehmen und die Minze einrühren.

5 Die fertige Suppe in vorgewärmte Schüsseln geben und sofort servieren.

## VARIATION

*Die Suppe kann mit jeder beliebigen Pastasorte zubereitet werden.*

## TIPP

*Falls getrocknete Linsen verwendet werden, diese mit der Brühe in die Pfanne geben und 1–1¼ Stunden garen, bevor die Nudeln zugefügt werden.*

# Gemüsesuppe mit Cannelini

**Für 4 Personen**

## ZUTATEN

1 kleine Aubergine
2 große Tomaten
1 Kartoffel, geschält
1 Karotte, geschält
1 Porreestange

400 g Cannelini-Bohnen aus der Dose
850 ml Gemüse- oder Hühnerbrühe, erhitzt
2 TL getrocknetes Basilikum

10 g getrocknete Steinpilze, 10 Minuten in warmem Wasser eingeweicht
50 g Vermicelli
3 EL Pesto
frisch geriebener Parmesan

1 Die Aubergine in etwa 1 cm dicke Scheiben schneiden, dann in 4 Stücke teilen.

2 Die Tomaten und die Kartoffel fein würfeln. Die Karotte in etwa 2 cm lange Streifen, den Porree in feine Ringe schneiden.

3 Die Cannelini mit ihrem Saft in einen großen Topf geben und mit der Aubergine, den Tomaten, der Kartoffel, der Karotte und dem Porree mischen.

4 Brühe zugießen und aufkochen. Dann die Hitze reduzieren und das Gemüse 15 Minuten köcheln.

5 Basilikum, Pilze mit Einweichwasser und Vermicelli zugeben und die Suppe weitere 5 Minuten köcheln, bis das gesamte Gemüse gar ist.

6 Den Topf vom Herd nehmen und den Pesto einrühren.

7 Die fertige Suppe nach Belieben mit frisch geriebenem Parmesan servieren.

## TIPP

*Getrocknete und eingeweichte Steinpilze verleihen Speisen ein sehr intensives Aroma. Daher reicht eine kleine Menge dieser teuren Delikatesse völlig aus, um Suppen oder Risottos zu verfeinern.*

2

3

6

# *Toskanische Zwiebelsuppe*

**Für 4 Personen**

## ZUTATEN

50 g Pancetta, gewürfelt (s. Tipp)
1 EL Olivenöl
4 große weiße Zwiebeln, in feine Ringe geschnitten
3 Knoblauchzehen, zerdrückt
850 ml Hühner- oder Fleischbrühe, erhitzt
4 Scheiben Ciabatta oder anderes italienisches Brot
50 g Butter
75 g geriebener Gruyère oder Cheddar
Salz und Pfeffer

1 Die Speckwürfel in einer großen Pfanne 3–4 Minuten anbraten, bis sie zu bräunen beginnen. Dann aus der Pfanne nehmen und beiseite stellen.

2 Das Öl in die Pfanne geben, Zwiebeln und Knoblauch zufügen und bei starker Hitze 4 Minuten braten. Dann die Hitze reduzieren, die Pfanne abdecken und das Gemüse etwa 15 Minuten weich dünsten.

3 Die Brühe zugießen und aufkochen. Dann die Hitze reduzieren und die Zwiebelmischung abgedeckt etwa 10 Minuten köcheln lassen.

4 Die Ciabattascheiben unter einem heißen Grill 2–3 Minuten leicht braun rösten. Mit Butter bestreichen, mit Käse belegen und in mundgerechte Stücke schneiden.

5 Den angebratenen Speck in die Suppe geben und diese mit Salz und Pfeffer abschmecken. In Suppenteller verteilen und mit den vorbereiteten Brotstücken garnieren.

### TIPP

*Pancetta ist ein luftgetrockneter, gesalzener und 6 Monate gereifter italienischer Schweinespeck, der im Fachhandel erhältlich ist. Er kann durch ungeräucherten Speck ersetzt werden.*

# Grüne Suppe

**Für 4 Personen**

## ZUTATEN

1 EL Olivenöl
1 Zwiebel, gehackt
1 Knoblauchzehe, zerdrückt
200 g Kartoffeln, geschält und grob gewürfelt
700 ml Gemüse- oder Hühnerbrühe
1 kleine oder 1/2 große Salatgurke, gewürfelt
80 g Brunnenkresse
125 g Buschbohnen, Spitzen und Stielansätze entfernt und halbiert
Salz und Pfeffer

1 Das Öl in einer großen Pfanne erhitzen. Zwiebel und Knoblauch darin 3–4 Minuten weich dünsten. Dann die Kartoffelwürfel zugeben und weitere 2–3 Minuten dünsten.

2 Die Brühe zugießen, aufkochen und etwa 5 Minuten köcheln.

3 Die Gurke zugeben und das ganze Gemüse weiter kochen, bis die Kartoffeln gar sind. Zum Test die Kartoffeln mit einem Messer einstechen und prüfen, ob sie sich leicht zerteilen lassen.

4 Die Kresse zugeben und kochen, bis sie zusammengefallen ist. Dann den Pfanneninhalt in eine Küchenmaschine geben und glatt pürieren. Oder die Suppe mit einem Kartoffelstampfer pürieren, durch ein Sieb streichen, die Kresse fein hacken und unterheben.

5 Die Bohnen in einem kleinen Topf mit kochendem Wasser 3–4 Minuten weich dünsten.

6 Die gedünsteten Bohnen zu der Suppe geben, diese aufwärmen und mit Salz und Pfeffer abschmecken.

## VARIATION

*Anstelle der Bohnen kann die Suppe auch mit 125 g Zuckererbsen zubereitet werden.*

# Artischockensuppe

**Für 4 Personen**

**ZUTATEN**

1 EL Olivenöl
1 Zwiebel, gehackt
1 Knoblauchzehe, zerdrückt
800 g eingelegte Artischockenherzen, abgetropft
600 ml Gemüsebrühe, erhitzt
150 ml Halbrahm (s. Tipp S. 480)
2 EL frisch gezupfter Thymian
2 getrocknete Tomaten, in Streifen geschnitten, zum Garnieren
knuspriges Brot, zum Servieren

1 Das Öl in einem großen Topf erhitzen. Die Zwiebel und den Knoblauch darin weich dünsten.

2 Die Artischockenherzen mit einem Messer grob zerkleinern und in den Topf geben. Dann die Brühe zugießen und gut umrühren.

3 Die Brühe aufkochen, dann die Hitze reduzieren und alles abgedeckt etwa 3 Minuten köcheln.

4 Die so vorbereitete Suppe in eine Küchenmaschine geben und glatt pürieren oder durch ein Sieb passieren, um eventuelle Klümpchen zu entfernen.

5 Die Suppe in den Topf zurückgießen. Halbrahm und Thymian zufügen und vorsichtig unterrühren.

6 Die fertige Suppe in eine große Schüssel geben, abdecken und 3–4 Stunden in den Kühlschrank stellen.

7 Die gekühlte Suppe in Suppenschalen füllen, mit den getrockneten Tomaten garnieren und mit Brot servieren.

## VARIATION

*Der Suppe bei Schritt 5 2 Teelöffel trockenen Wermut, z. B. Martini, zugeben.*

# Orangen-Thymian-Kürbis-Suppe

**Für 4 Personen**

## ZUTATEN

2 EL Olivenöl
2 mittelgroße Zwiebeln, gehackt
2 Knoblauchzehen, zerdrückt
1 kg Kürbis, geschält und grob gewürfelt
1 1/2 l Gemüse- oder Hühnerbrühe, erhitzt
Saft und fein geriebene Schale von 1 Orange
3 EL frisch gezupfter Thymian
Salz und Pfeffer
150 ml Milch
knuspriges Brot, zum Servieren

1 Das Öl in einem großen Topf erhitzen. Die Zwiebeln darin 3–4 Minuten weich dünsten. Dann Knoblauch und Kürbis zufügen und 2 Minuten unter Rühren mitdünsten.

2 Brühe, Orangensaft und -schale sowie 2 Esslöffel Thymian zugeben. Abdecken und etwa 20 Minuten köcheln, bis der Kürbis gar ist.

3 Den Topfinhalt in eine Küchenmaschine geben oder mit einem Kartoffelstampfer glatt pürieren. Dann mit Salz und Pfeffer abschmecken.

4 Die pürierte Suppe in den Topf zurückgeben und die Milch unterrühren. Das Ganze etwa 3–4 Minuten erwärmen, aber nicht mehr aufkochen. Dann den restlichen Thymian einstreuen.

5 Die fertige Suppe in 4 vorgewärmte Suppenteller verteilen und mit dem knusprigen Brot servieren.

## TIPP

*Ein Kürbis ist gewöhnlich recht groß. Wenn Sie kein Stück in der gewünschten Größe erhalten, stellen Sie die doppelte Menge Suppe her und frieren Sie den Rest ein.*

# *Kalabrische Pilzsuppe*

**Für 4 Personen**

## ZUTATEN

2 EL Olivenöl
1 Zwiebel, gehackt
500 g gemischte Pilze, etwa Champignons, Stein- und Austernpilze
300 ml Milch
850 ml Gemüsebrühe, erhitzt
8 Scheiben Bauernbrot oder Baguette
2 Knoblauchzehen, zerdrückt
50 g Butter, zerlassen
80 g fein geriebener Gruyère
Salz und Pfeffer

1 Das Öl in einer großen Pfanne erhitzen. Die Zwiebel darin 3–4 Minuten goldbraun andünsten.

2 Die Pilze mit einem feuchten Tuch abreiben. Große Exemplare in mundgerechte Stücke schneiden.

3 Die Pilze in die Pfanne geben und unter Rühren kurz im heißen Öl wenden.

4 Die Milch zugießen und aufkochen. Die Pfanne abdecken und die Pilze etwa 5 Minuten köcheln. Dann langsam die Brühe unterrühren.

5 Das Brot von beiden Seiten unter einem vorgeheizten Grill goldbraun rösten.

6 Knoblauch und Butter vermengen und großzügig auf die gerösteten Brotscheiben verteilen.

7 Das so vorbereitete Brot in eine große Suppenschüssel geben oder in 4 Schalen verteilen. Die heiße Suppe mit Salz und Pfeffer würzen, über das Brot gießen, mit dem Gruyère bestreuen und dann sofort servieren.

## TIPP

*Pilze verlieren schnell an Geschmack, wenn sie zu viel Wasser aufnehmen. Daher sollten sie nur mit einem feuchten Tuch abgewischt werden.*

## VARIATION

*Die Suppe kann auch mit einer Mischung aus Wild- und Zuchtpilzen zubereitet werden.*

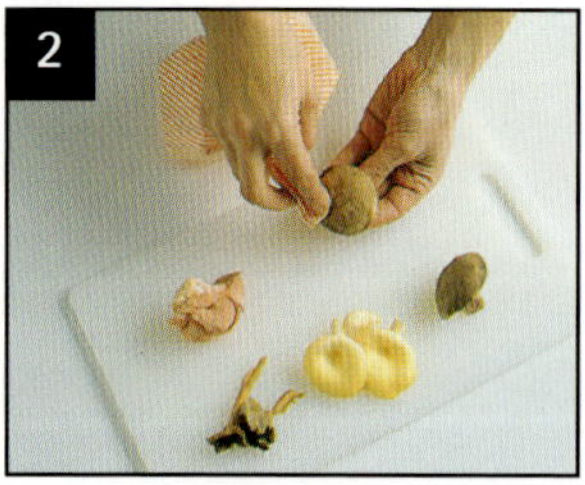
2

4

6

# *Tomaten mit Thunfischmayonnaise*

**Für 4 Personen**

## ZUTATEN

4 Eiertomaten
2 EL Paste von getrockneten Tomaten
2 Eigelb
2 TL Zitronensaft
fein geriebene Schale von 1 Zitrone
4 EL Olivenöl
120 g Thunfisch aus der Dose, abgetropft
2 EL Kapern
Salz und Pfeffer
2 getrocknete Tomaten, in Streifen, zum Garnieren
frisches Basilikum, zum Garnieren

1 Die Tomaten halbieren, ihre Kerngehäuse entfernen und inwändig mit der Tomatenpaste einreiben.

2 Die so vorbereiteten Tomaten mit der Schnittseite nach unten auf ein Backblech legen und in einem auf 200 °C vorgeheizten Ofen 12–15 Minuten rösten. Anschließend leicht abkühlen lassen.

3 Für die Mayonnaise Eigelb, Zitronensaft und -schale in einer Küchenmaschine oder mit einem Schneebesen gut vermengen. Bei laufender Maschine bzw. unter ständigem Rühren langsam das Öl zugeben, bis eine dickflüssige Masse entstanden ist.

4 Thunfisch und Kapern unter die Mayonnaise heben und mit Salz und Pfeffer abschmecken.

5 Die fertige Masse auf die gerösteten Tomatenhälften verteilen, mit getrockneten Tomaten und Basilikum garnieren und noch einmal kurz im Ofen aufwärmen oder gekühlt servieren.

## TIPP

*Wenn Sie die Tomaten für ein Picknick verwenden, sollten sie nicht geröstet, sondern nur entkernt und etwa 1 Stunde mit der Schnittseite nach unten zum Abtropfen auf Küchenpapier gestellt werden – sie lassen sich so leichter auf die Hand nehmen.*

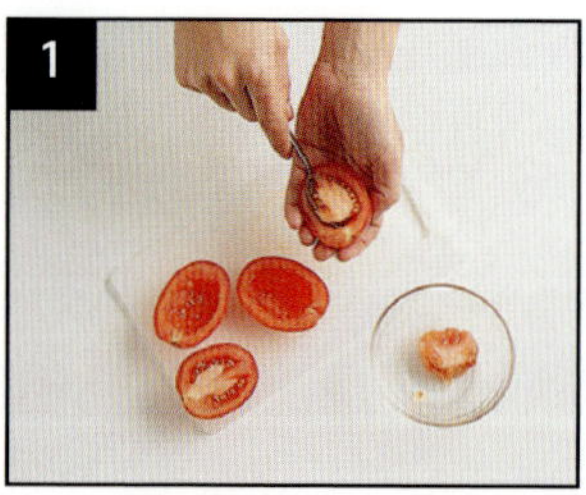

# Frittierte Risottobällchen

**Für 4 Personen**

## ZUTATEN

2 EL Olivenöl
1 mittelgroße Zwiebel, fein gehackt
1 Knoblauchzehe, zerdrückt
1/2 rote Paprika, fein gewürfelt
150 g Arborio-Reis, gewaschen
1 TL getrockneter Oregano
400 ml Gemüse- oder Hühnerbrühe, erhitzt
100 ml Weißwein
75 g Mozzarella
Öl, zum Frittieren
frisches Basilikum, zum Garnieren

1 Das Öl in einer Pfanne erhitzen. Die Zwiebel und den Knoblauch darin 3–4 Minuten glasig dünsten.

2 Paprika, Reis und Oregano zufügen und weitere 2–3 Minuten unter Rühren dünsten, damit der Reis die Ölmischung aufnimmt.

3 Nach und nach die Brühe und den Wein zugießen. Zwischendurch immer so lange warten, bis die neu zugegossene Flüssigkeit aufgesogen ist, bevor weitere zugegeben wird.

4 Nach etwa 15 Minuten, wenn die gesamte Flüssigkeit aufgesogen und der Reis gar ist, vom Herd nehmen und abkühlen lassen.

5 Den Käse in 12 kleine Würfel schneiden. Etwa 1 Esslöffel der abgekühlten Reismischung in die hohle Hand geben, dann einen Käsewürfel in die Mitte drücken und zu einer kleinen Kugel formen.

6 Das Öl in einer Pfanne so stark erhitzen, dass ein Brotwürfel in 30 Sekunden darin bräunt. Dann die Risottobällchen in Viererportionen darin 2 Minuten goldbraun frittieren.

7 Die fertigen Reisbällchen mit einer Schaumkelle aus der Pfanne nehmen und auf Küchenpapier abtropfen lassen. Mit etwas frischem Basilikum garnieren und noch heiß servieren.

### VARIATION

*Traditionell wird das Gericht zwar mit Mozzarella zubereitet, es können jedoch auch andere Käsesorten verwendet werden.*

1

2

5

# Schwarze Olivenpaste

**Für 4 Personen**

## ZUTATEN

150 g schwarze Oliven, entsteint und gehackt
Saft und geriebene Schale von 1 Zitrone
50 g Butter
4 Sardellen, abgetropft und gewaschen
2 EL Olivenöl
1 EL gemahlene Mandeln
geröstete Brotscheiben, zum Servieren

1 Entweder die Oliven sehr fein hacken und von Hand mit Zitronensaft und -schale sowie Butter vermengen oder diese Zutaten in eine Küchenmaschine geben und grob pürieren.

2 Die Sardellen zerkleinern, zu der Olivenmischung geben und von Hand unterrühren oder für etwa 20 Sekunden in der Küchenmaschine mit den Oliven vermengen.

3 Nach und nach das Olivenöl und die Mandeln einrühren. Anschließend alles in eine Servierschüssel geben.

4 Die fertige Paste für etwa 30 Minuten in den Kühlschrank stellen. Mit dünnen gerösteten Brotscheiben servieren.

### TIPP

*Die feinsten Olivenöle tragen die Bezeichnung* olio extra vergine *bzw. Natives Olivenöl Extra.*

### TIPP

*Bedeckt man die Paste mit etwas Olivenöl, so ist sie bis zu 5 Tagen im Kühlschrank haltbar. Das überschüssige Öl kann als Aufstrich für das geröstete Beilagenbrot verwendet werden.*

1

2

3

# Frische Feigen mit Parmaschinken

**Für 4 Personen**

## ZUTATEN

40 g Rucola
4 frische Feigen
4 Scheiben Parmaschinken
4 EL Olivenöl
1 EL frischer Orangensaft
1 EL klarer Honig
1 kleine rote Chilischote

1 Den Rucola in mundgerechte Stücke zupfen und auf 4 Teller verteilen.

2 Die Feigen vierteln und auf den Rucolablättern anrichten.

3 Den Schinken in Streifen schneiden und ebenfalls auf dem Salat anrichten.

4 Öl, Orangensaft und Honig in ein kleines Schraubglas füllen und durch kräftiges Schütteln vermengen, bis ein dickflüssiges Dressing entstanden ist. Dieses Dressing in eine kleine Schüssel füllen.

5 Die Chilischote mit einem scharfen Messer in kleine Stücke schneiden, dabei die Kerne entfernen, zum Dressing geben und gut unterrühren. Danach nicht das Gesicht berühren, bevor man die Hände gründlich gewaschen hat (siehe Tipp).

6 Das fertige Dressing über den angerichteten Salat träufeln. Den Salat sofort servieren.

### TIPP

*Da der Saft der Chillies ätzt, ist es ratsam, bei ihrer Verarbeitung Gummihandschuhe zu tragen.*

### TIPP

*Parmaschinken, der als einer der besten Schinken der Welt gilt, stammt aus der norditalienischen Stadt Parma.*

# Gegrillte Paprika

**Für 4 Personen**

**ZUTATEN**

je 2 rote, gelbe und orangefarbene Paprika
4 Tomaten, halbiert
1 EL Olivenöl
3 Knoblauchzehen, zerdrückt
1 Zwiebel, in Ringe geschnitten
2 EL frisch gezupfter Thymian
Salz und Pfeffer

1 Die Paprika halbieren, entkernen, mit der Schnittseite nach unten auf ein mit Alufolie ausgelegtes Backblech geben und etwa 10 Minuten unter einem vorgeheizten Grill rösten.

2 Die Tomaten zufügen und weitere 5 Minuten rösten, bis die Außenhaut des Gemüses Blasen wirft und stellenweise schwarz wird.

3 Die Paprika für etwa 10 Minuten zum Abkühlen in eine Plastiktüte geben, danach lässt sich ihre Haut leichter abziehen. Die Tomaten abkühlen lassen, enthäuten und grob hacken.

4 Die Paprika enthäuten und dann in Streifen schneiden.

5 Das Öl in einer großen Pfanne erhitzen. Den Knoblauch und die Zwiebel darin 3–4 Minuten glasig dünsten.

6 Paprika und Tomaten zugeben und weitere 5 Minuten mit der Zwiebel erhitzen. Dann mit Thymian, Salz und Pfeffer würzen.

7 Das fertige Gemüse auf Schalen verteilen und noch warm oder gekühlt servieren.

## TIPP

*Das fertige Gericht in saubere Gläser geben, mit Olivenöl auffüllen und in den Kühlschrank stellen. Oder 300 ml Weißweinessig mit einem Lorbeerblatt und 4 Wacholderbeeren aufkochen, über die Paprika gießen und abkühlen lassen, dann in saubere Gläser füllen. Auf diese Weise hält sich das Gemüse bis zu 1 Monat.*

# Auberginen-Tomaten-Gratin

Für 4 Personen

**ZUTATEN**

| | | |
|---|---|---|
| 3–4 EL Olivenöl | 2 große Auberginen | 200 g passierte Tomaten |
| 2 Knoblauchzehen, zerdrückt | 100 g Mozzarella, in dünne Scheiben geschnitten | 50 g geriebener Parmesan |

1 In einer großen Pfanne 2 Esslöffel Öl erhitzen. Den Knoblauch zufügen und 30 Sekunden anbraten.

2 Die Auberginen der Länge nach in etwa 1 cm dicke Scheiben schneiden, portionsweise in die Pfanne geben und unter allmählicher Zugabe des restlichen Öls von jeder Seite 3–4 Minuten braten.

3 Die fertigen Scheiben aus der Pfanne nehmen und auf Küchenpapier abtropfen lassen.

4 Eine Schicht Auberginen in eine tiefe Auflaufform geben, mit einer Schicht Mozzarella belegen und einen Teil der passierten Tomaten darüber gießen. Den Vorgang so lange wiederholen, bis das gesamte Gemüse und der Käse verbraucht sind. Abschließend eine letzte Schicht passierter Tomaten auftragen.

5 Das so geschichtete Gemüse mit dem Parmesan bestreuen und 25–30 Minuten in einem auf 200 °C vorgeheizten Ofen garen.

6 Das fertige Gericht auf Teller verteilen und heiß oder kalt servieren.

## TIPP

*Passierte Tomaten können auch selbst hergestellt werden. Dazu Tomaten aus der Dose pürieren, durch ein Sieb streichen und mit Salz und Pfeffer abschmecken.*

# *Zucchinireibekuchen mit Thymian*

**Ergibt 15 mittelgroße oder 30 kleine Reibekuchen**

## ZUTATEN

100 g Mehl
1 TL Backpulver
2 Eier, verquirlt
50 ml Milch
300 g Zucchini
2 EL frischer Thymian
Salz und Pfeffer
1 EL Öl

1 Mehl und Backpulver in eine große Schüssel sieben. Mit der Faust eine Vertiefung in die Mitte der Mischung drücken, die Eier hineingeben und mit einem Holzlöffel unterrühren.

2 Nach und nach die Milch zugießen und so lange rühren, bis ein dicker Teig entsteht.

3 Die Zucchini waschen und in eine mit Küchenpapier ausgelegte Schüssel reiben, damit das Papier einen Teil des austretenden Fruchtsafts aufsaugen kann.

4 Die abgetropften Zucchini und den Thymian mit dem fertigen Teig vermengen und dann mit Salz und Pfeffer würzen.

5 Das Öl in einer großen gusseisernen Pfanne erhitzen. Je 1 Esslöffel des Teigs in das heiße Öl geben, flach drücken und von jeder Seite 3–4 Minuten knusprig braten.

6 Die fertigen Reibekuchen aus der Pfanne nehmen und auf Küchenpapier abtropfen lassen. In einem vorgewärmten Ofen warm halten, während die restlichen Reibekuchen hergestellt werden. Heiß servieren.

## VARIATION

*Bei Schritt 4 1/2 Teelöffel zerstoßene getrocknete Chillies beigeben.*

# Aufschnittplatte mit Oliven & Tomaten

**Für 4 Personen**

## ZUTATEN

4 Eiertomaten
1 EL Balsamico
Salz und Pfeffer

6 Sardellen, abgetropft und gewaschen
2 EL Kapern
125 g grüne Oliven, entsteint

200 g gemischter Aufschnitt
8 frische Basilikumblätter
1 EL Olivenöl
knuspriges Brot, zum Servieren

1 Die Tomaten mit einem scharfen Messer in gleich große Streifen schneiden. Mit Balsamico beträufeln, mit Salz und Pfeffer abschmecken und beiseite stellen.

2 Die Sardellen in etwa olivengroße Stücke schneiden.

3 Jeweils ein Sardellenstück und eine Kaper in eine Olive füllen.

4 Den Aufschnitt mit den Tomaten, den gefüllten Oliven und den Basilikumblättern auf Tellern anrichten.

5 Das Olivenöl über den angerichteten Aufschnitt träufeln.

6 Die fertige Aufschnittplatte mit frischem knusprigem Brot servieren.

### TIPP

*In einem verschlossenen Glas und mit Öl bedeckt, sind die gefüllten Oliven bis zu 1 Monat im Kühlschrank haltbar.*

### TIPP

*Sehr schmackhaft ist eine Mischung aus Parmaschinken, Pancetta, Bresaola (getrocknetes gesalzenes Rindfleisch) und Mailänder Salami (aus Rind- und Schweinefleisch).*

# Spinat-Ricotta-Klöße

**Für 4 Personen**

## ZUTATEN

500 g frischer Spinat
250 g Ricotta
1 Ei, verquirlt
2 TL Fenchelsamen, leicht zerstoßen
Salz und Pfeffer
50 g geriebener Pecorino oder Parmesan
1 EL Mehl, mit 1 TL getrocknetem Thymian vermischt
75 g Butter
2 Knoblauchzehen, zerdrückt
frisch gemahlener schwarzer Pfeffer, zum Servieren

1 Den Spinat waschen und von langen Stielen befreien. In einen Topf mit Wasser geben, abdecken und 4–5 Minuten kochen, bis die Blätter zusammengefallen sind. In ein Abtropfsieb geben und abkühlen lassen.

2 Den Ricotta cremig rühren und mit dem Ei und den Fenchelsamen vermengen. Anschließend mit reichlich Salz und Pfeffer abschmecken und den geriebenen Käse unterrühren.

3 Den Spinat gut trockendrücken und klein hacken. Anschließend unter die Käsemischung heben.

4 Etwa 1 Esslöffel der fertigen Mischung zu einer Kugel formen, leicht flach drücken und in dem gewürzten Mehl wenden. Diesen Vorgang so oft wiederholen, bis die gesamte Mischung verarbeitet ist.

5 Einen großen Topf zur Hälfte mit Wasser füllen, die vorgeformten Klöße hineingeben und 3–4 Minuten sieden, bis sie an die Oberfläche steigen. Dann mit einer Schaumkelle aus dem Siedewasser heben.

6 Die Butter zerlassen, den Knoblauch zugeben und 2–3 Minuten darin erwärmen. Die Knoblauchbutter über die Klöße geben, mit frischem Pfeffer bestreuen und sofort servieren.

### TIPP

*Wird für diese Klöße Tiefkühlspinat verwendet, so muss dieser lediglich aufgetaut und trockengedrückt werden.*

1

2

3

# *Süß-saure Perlzwiebeln*

**Für 4 Personen**

## ZUTATEN

350 g Perlzwiebeln
2 EL Olivenöl
2 frische Lorbeerblätter, in Streifen geschnitten
Schale von 1 Zitrone
1 EL brauner Zucker
1 EL klarer Honig
4 EL Rotweinessig

1 Die Zwiebeln kurz in kochendem Wasser ziehen lassen, abgießen, abkühlen, schälen und halbieren.

2 Das Öl in einer großen Pfanne erhitzen. Lorbeerblätter und Zwiebeln zugeben und bei mittlerer Hitze 5–6 Minuten anbraten, bis die Zwiebeln von allen Seiten leicht gebräunt sind.

3 Die Zitronenschale in dünne Streifen schneiden und mit dem Zucker und dem Honig zu den Zwiebeln in die Pfanne geben. Diese weitere 2–3 Minuten unter gelegentlichem Rühren dünsten, bis sie leicht karamellisiert sind.

4 Vorsichtig den Essig in die Pfanne gießen – er wird spritzen – und die Zwiebeln weitere 5 Minuten unter Rühren dünsten, bis sie weich sind und die gesamte Flüssigkeit eingekocht ist.

5 Die fertigen Zwiebeln in eine Servierschüssel füllen und sofort servieren.

### TIPP

*Die Zwiebeln werden, je nachdem ob man mehr Zucker oder mehr Essig zugibt, süßer oder säuerlicher.*

### TIPP

*Werden Zwiebeln mit kochendem Wasser übergossen, 10 Minuten darin stehen gelassen, dann abgegossen und abgekühlt, sind sie anschließend leichter zu schälen.*

1

3

4

# Gedünstete Artischocken

**Für 4 Personen**

**ZUTATEN**

4 kleine frische Artischocken
Olivenöl, zum Dünsten
4 Knoblauchzehen, geschält
2 Lorbeerblätter
geriebene Schale und Saft von 1 Zitrone
2 EL frisch gezupfter Majoran
Zitronenspalten, zum Servieren

1 Die äußeren, harten Blätter der Artischocken mit einem scharfen Messer vorsichtig abtrennen. Die Stiele auf eine Länge von 2 cm kürzen.

2 Die Artischocken halbieren und das Heu in der Mitte entfernen.

3 Das so vorbereitete Gemüse in einen großen Topf geben. Diesen zur Hälfte mit Olivenöl auffüllen.

4 Knoblauch, Lorbeerblätter und die Hälfte der Zitronenschale zufügen.

5 Die Artischocken langsam erhitzen und abgedeckt bei niedriger Hitze etwa 40 Minuten köcheln lassen. Sie sollen in dem Öl dünsten, nicht frittiert werden.

6 Sobald die Artischocken gar sind, mit einer Schöpfkelle aus dem Topf heben und gut abtropfen lassen. Die Lorbeerblätter entfernen.

7 Die fertigen Artischocken auf vorgewärmte Teller geben, mit der restlichen Zitronenschale und etwas Majoran bestreuen und mit den Zitronenspalten servieren.

## TIPP

*Damit die Artischocken vor dem Kochen nicht braun werden, sollten sie nach der Vorbereitung mit Zitronensaft beträufelt werden. Das zum Kochen verwendete Öl kann abgekühlt als Salatdressing verwendet werden.*

# Kichererbsen mit Parmaschinken

**Für 4 Personen**

## ZUTATEN

1 EL Olivenöl
1 mittelgroße Zwiebel, in feine Ringe geschnitten
1 Knoblauchzehe, zerdrückt
1 kleine rote Paprika, entkernt und in feinen Streifen
200 g Parmaschinken, grob zerzupft
400 g Kichererbsen aus der Dose, abgetropft
1 EL frisch gehackte Petersilie
knuspriges Brot, zum Servieren

1 Das Öl in einer großen Pfanne erhitzen. Die Zwiebel, den Knoblauch und die Paprika darin 3–4 Minuten glasig dünsten.

2 Den Parmaschinken zugeben und 5 Minuten mitbraten, bis er leicht gebräunt ist.

3 Die Kichererbsen in die Pfanne geben und unter Rühren 2–3 Minuten erwärmen.

4 Das Gericht mit gehackter Petersilie bestreuen, auf vorgewärmte Teller verteilen und mit Brot servieren.

## TIPP

*Nach Möglichkeit sollten beim Kochen immer frische Kräuter verwendet werden, da sie aromatischer und nährstoffreicher sind. Es empfiehlt sich, kleine Kräutertöpfe zu kaufen. So hat man stets einen ausreichenden Vorrat frischer Kräuter im Haus.*

## VARIATION

*Bei Schritt 1 1 kleine, fein gewürfelte Chilischote zugeben.*

# Frittierte Meeresfrüchte

**Für 4 Personen**

**ZUTATEN**

200 g Kalmar
200 g rohe Riesengarnelen, geschält
150 g Sprotten

Öl, zum Frittieren
50 g Mehl
Salz und Pfeffer
1 EL getrocknetes Basilikum

ZUM SERVIEREN:
Knoblauchmayonnaise (s. Tipp)
Zitronenspalten

1 Alle Meeresfrüchte sorgfältig unter laufendem Leitungswasser abspülen, um Schmutz zu entfernen.

2 Den Kalmar in Ringe schneiden, die Tentakeln unversehrt lassen.

3 Das Öl in einem großen Topf so erhitzen, dass ein Brotwürfel in 30 Sekunden darin bräunt.

4 Das Mehl in eine Schüssel geben und mit Salz, Pfeffer und Basilikum vermengen.

5 Die Meeresfrüchte in der Mehlmischung wenden, bis sie vollständig bedeckt sind. Anschließend aus der Schüssel nehmen und eventuell überschüssiges Mehl abschütteln.

6 Die mit Mehl ummantelten Meeresfrüchte portionsweise für jeweils 2–3 Minuten in dem heißen Öl frittieren, bis sie knusprig und goldbraun gebraten sind. Mit einer Schaumkelle aus dem Topf heben und auf Küchenpapier abtropfen lassen.

7 Die fertigen Meeresfrüchte auf Teller verteilen, mit Knoblauchmayonnaise und Zitronenspalten servieren.

## TIPP

*Für die Knoblauchmayonnaise 2 Knoblauchzehen mit 8 Esslöffeln Mayonnaise vermengen, mit Salz und Pfeffer abschmecken und etwas gehackte Petersilie unterrühren.*

# *Bohnensalat mit Thunfisch*

**Für 4 Personen**

## ZUTATEN

1 kleine weiße Zwiebel oder 2 Frühlingszwiebeln, fein gehackt
800 g Limabohnen aus der Dose, abgetropft
2 mittelgroße Tomaten
200 g Thunfisch im eigenen Saft aus der Dose, abgetropft
2 EL frisch gehackte glatte Petersilie
2 EL Olivenöl
1 EL Zitronensaft
2 TL klarer Honig
1 Knoblauchzehe, zerdrückt
Salz und Pfeffer

1 Die Zwiebeln mit den Bohnen in eine Schüssel geben und gut vermengen.

2 Die Tomaten mit einem scharfen Messer in Streifen schneiden und mit der Bohnenmischung verrühren.

3 Den Thunfisch mit einer Gabel auflockern und zusammen mit der Petersilie ebenfalls unter die Bohnenmischung rühren.

4 Olivenöl, Zitronensaft, Honig und Knoblauch in ein kleines Schraubglas geben und dieses so lange kräftig schütteln, bis ein dickflüssiges Dressing entsteht.

5 Das fertige Dressing über den Bohnensalat gießen und gut unterheben und abschmecken.

### TIPP

*In einem verschließbaren Gefäß kann der Salat mehrere Tage im Kühlschrank aufbewahrt werden. Das Dressing sollte erst kurz vor dem Servieren hergestellt werden.*

### VARIATION

*Den Thunfisch durch frisch gekochten Lachs ersetzen.*

1

2

4

# Italienischer Kartoffelsalat

**Für 4 Personen**

## ZUTATEN

500 g kleine neue Kartoffeln, ungeschält
8 getrocknete Tomaten
4 EL Naturjoghurt
4 EL Mayonnaise
Salz und Pfeffer
2 EL frisch gehackte glatte Petersilie

1 Die Kartoffeln gründlich waschen und in einen großen Topf mit Wasser geben. Das Wasser aufkochen und die Kartoffeln darin 8–12 Minuten garen. Die genaue Garzeit hängt von der jeweiligen Größe der Kartoffeln ab.

2 Die getrockneten Tomaten mit einem scharfen Messer in dünne Streifen schneiden.

3 Für das Dressing Joghurt und Mayonnaise in einer Schüssel mischen und mit Salz und Pfeffer würzen. Dann die Tomatenstreifen und die Petersilie zugeben.

4 Die Kartoffeln abgießen und zum Abkühlen beiseite stellen. Größere Kartoffeln in mundgerechte Stücke schneiden.

5 Das Dressing über die Kartoffeln gießen und gut unterheben.

6 Den fertigen Salat für etwa 20 Minuten in den Kühlschrank stellen und danach als Vorspeise oder Beilage servieren.

## TIPP

*Größere Kartoffeln sollten besser erst nach dem Kochen zerkleinert werden. Kleinere Stücke benötigen zwar eine kürzere Garzeit, doch sie zerfallen auch ziemlich schnell.*

1

2

3

# Salat-Bruschetta

**Für 4 Personen**

## ZUTATEN

1 EL Pistazien
5 EL Olivenöl
1 EL frisch gehackter Rosmarin
2 Knoblauchzehen, zerdrückt
4 Scheiben Bauernbrot
1 EL Rotweinessig
1 TL körniger Senf
1 TL Zucker
25 g Rucola
25 g roter Mangold
50 g grüne Oliven, entsteint
frisches Basilikum, in Streifen

1 Die Pistazien schälen und mit einem scharfen Messer grob zerhacken.

2 Zunächst nur 2 Esslöffel des Olivenöls in einer Pfanne erhitzen und Rosmarin sowie Knoblauch darin 2 Minuten weich dünsten.

3 Das Brot in die Pfanne geben und von jeder Seite 2–3 Minuten goldbraun rösten. Dann aus der Pfanne nehmen und auf Küchenpapier abtropfen lassen.

4 Für das Dressing das restliche Olivenöl mit Essig, Senf und Zucker mischen.

5 Die Oliven je nach Größe halbieren oder vierteln. Die Brotscheiben auf Teller verteilen, mit Rucola und Mangold belegen und mit den Olivenstücken bestreuen.

6 Das Dressing über die Salatblätter träufeln. Pistazien und Basilikumstreifen zugeben und den fertigen Salat sofort servieren.

### TIPP

*Falls kein roter Mangold erhältlich ist, kann eine in sehr feine Streifen geschnittene Tomate verwendet werden.*

### VARIATION

*Die Rucolablätter können durch Brunnenkresse ersetzt werden.*

1

3

4

# Fenchelsalat mit Minze

**Für 4 Personen**

**ZUTATEN**

2 Fenchelknollen
Zitronensaft, zum Beträufeln
2 kleine Orangen
1 kleine oder 1/2 große Salatgurke
1 EL frisch gehackte Minze
1 EL Olivenöl (s. Tipp)
2 Eier, hart gekocht

1 Die äußeren Blätter des Fenchels abschneiden. Die Knollen in feine Scheiben schneiden, in eine Schüssel mit Wasser geben und mit Zitronensaft beträufeln.

2 Die Schale der Orangen in eine Schüssel reiben. Den Rest der Schale mit einem scharfen Messer vom Fruchtfleisch entfernen. Die einzelnen Fruchtsegmente der Orangen entlang der Hautlappen einschneiden und die Filets herauslösen. Dabei eventuell austretenden Fruchtsaft in der Schüssel auffangen.

3 Die Gurke in etwa 1 cm breite Scheiben schneiden, anschließend vierteln. Gurkenstücke, Orangenfilets und Fenchel in eine Schüssel geben und mit der Minze mischen.

4 Das Olivenöl über den Salat geben und gut unterheben.

5 Die Eier schälen und vierteln, den fertigen Salat damit garnieren und sofort servieren.

### TIPP

*Für diesen Salat empfiehlt sich ein Dressing aus Nativem Olivenöl, das etwas säurehaltiger ist als das edlere Native Olivenöl Extra.*

### TIPP

*Um zu verhindern, dass sich der Fenchel nach dem Aufschneiden verfärbt, sollte man ihn in eine Schüssel mit Wasser und etwas Zitronensaft geben.*

# Caprisalat

**Für 4 Personen**

## ZUTATEN

4 Fleischtomaten
125 g Mozzarella
12 schwarze Oliven
8 große Basilikumblätter
1 EL Balsamico
1 EL Olivenöl
Salz und Pfeffer
frisches Basilikum, zum Garnieren

1 Die Tomaten mit einem scharfen Messer in Scheiben schneiden.

2 Den Mozzarella in Scheiben schneiden.

3 Die Oliven entsteinen und in Ringe schneiden.

4 Die Tomaten, die Mozzarellascheiben, die Oliven und die Basilikumblätter zu 4 oder 8 Türmchen aufschichten; dabei jeweils mit einer Mozzarellaschicht abschließen.

5 Die fertigen Stapel 2–3 Minuten unter einen vorgeheizten Grill stellen, bis der Käse geschmolzen ist.

6 Essig und Olivenöl über die Gemüsetürmchen träufeln und diese mit Salz und Pfeffer würzen.

7 Die Tomatentürmchen auf Teller verteilen, mit Basilikum garnieren und sofort servieren.

### TIPP

*Balsamico gewinnt man aus Wein, der so lange destilliert wird, bis er dunkelbraun ist und ein außerordentlich starkes Aroma angenommen hat.*

### TIPP

*Etwas geschmackvoller als der weit verbreitete, aus Kuhmilch hergestellte Mozzarella ist der traditionelle, jedoch teure Büffelmozzarella. Er wird vor allem für Salate und aromatische Gratins verwendet.*

1

2

5

# Champignonsalat

**Für 4 Personen**

**ZUTATEN**

150 g feste weiße Champignons
4 EL Olivenöl
1 EL Zitronensaft
5 Sardellenfilets, abgetropft und gehackt
schwarzer Pfeffer
1 EL frisch gezupfter Majoran
Salz

1 Die Champignons mit einem feuchten Tuch sorgfältig reinigen und mit einem scharfen Messer in Scheiben schneiden.

2 Olivenöl und Zitronensaft mischen, über die Champignons gießen und gut mit diesen vermengen, damit alle Pilze von der Mischung bedeckt werden.

3 Die Sardellenstücke unterrühren, die Champignons mit Pfeffer würzen und mit Majoran garnieren.

4 Den fertigen Salat vor dem Servieren etwa 5 Minuten ruhen lassen, damit die Pilze das Dressing aufnehmen können. Erst kurz vor dem Servieren mit etwas Salz abschmecken (siehe Tipp).

## TIPP

*Den Salat erst kurz vor dem Servieren salzen, da Salz die Champignons schwarz verfärbt und sie schnell entwässert. Dadurch werden sie nicht nur unansehnlich, sondern verlieren auch an Aroma.*

## TIPP

*Wenn statt frischen getrocknete Kräuter verwendet werden, reicht 1/3 der angegeben Menge.*

1

2

3

# Gelber Paprikasalat

**Für 4 Personen**

## ZUTATEN

4 Scheiben durchwachsener Speck, gewürfelt (s. Tipp)
2 gelbe Paprika
8 Radieschen, geputzt
1 Selleriestange, in dünne Scheiben geschnitten
3 Eiertomaten, in Streifen
3 EL Olivenöl
1 EL frischer Thymian
Salz und Pfeffer

1 Den Speck in eine Pfanne geben und darin etwa 4–5 Minuten knusprig braten. Vom Herd nehmen, beiseite stellen und abkühlen lassen.

2 Die Paprika mit einem scharfen Messer halbieren, entkernen und in Streifen schneiden.

3 Die Radieschen halbieren und in Scheiben schneiden.

4 Paprika, Radieschen, Sellerie, Tomaten, Olivenöl und Thymian mischen und mit Salz und Pfeffer abschmecken.

5 Den Salat auf Teller verteilen und mit den Speckwürfeln garnieren.

### TIPP

*Tomaten werden in vielen verschiedenen Formen und Größen kultiviert und verkauft. In der italienischen Küche verwendet man meist die besonders aromatischen Eiertomaten.*

### TIPP

*Es kann auch fertig gewürfelter Speck verwendet werden, der in den meisten Supermärkten erhältlich ist.*

# Spinatsalat

**Für 4 Personen**

## ZUTATEN

50 g Champignons
100 g junger Spinat, geputzt
75 g Radicchio, zerkleinert
100 g gekochte Hähnchenbrust
50 g Parmaschinken
2 EL Olivenöl
fein geriebene Schale von ½ Orange
Saft von 1 Orange
1 EL Naturjoghurt
Salz und Pfeffer

1 Die Champignons mit einem feuchten Tuch sorgfältig reinigen.

2 Spinat und Radicchio in einer großen Salatschüssel mischen.

3 Die Champignons in dünne Scheiben schneiden und zu dem Salat in die Schüssel geben.

4 Hähnchenfleisch und Parmaschinken in feine Streifen reißen und ebenfalls in die Schüssel geben.

5 Für das Dressing Olivenöl, Orangenschale, Orangensaft und Joghurt in ein Schraubglas geben. Gut schütteln, bis sich die Zutaten zu einer dickflüssigen Sauce verbunden haben. Diese mit Salz und Pfeffer abschmecken.

6 Das fertige Dressing über den Salat gießen, gut unterheben und sofort servieren.

### TIPP

*Radicchio ist eine italienische Chicorée-Art mit einem leicht bitteren Geschmack.*

### VARIATION

*Die jungen Blätter von rohem Spinat sind eine wahre Delikatesse. Sie schmecken köstlich mit gebratenem Speck und Knoblauch-Croûtons.*

2

4

5

# *Süß-saurer Auberginensalat*

**Für 4 Personen**

## ZUTATEN

6 EL Olivenöl
1 Zwiebel, gehackt
2 Knoblauchzehen, zerdrückt
2 Selleriestangen, in Scheiben geschnitten
500 g Auberginen
400 g gehackte Tomaten aus der Dose
50 g grüne Oliven, entsteint und gehackt
1 EL Zucker
100 ml Rotweinessig
25 g Kapern, abgetropft
Salz und Pfeffer
1 EL grob gehackte glatte

1 Zunächst 2 Esslöffel des Olivenöls in einer großen Pfanne erhitzen. Zwiebeln, Knoblauch und Sellerie zufügen und unter Rühren 3–4 Minuten dünsten.

2 Die Auberginen mit einem scharfen Messer in dicke Scheiben schneiden. Anschließend die Scheiben vierteln.

3 Die Auberginenviertel mit dem restlichen Öl zu dem Gemüse in die Pfanne geben und etwa 5 Minuten lang goldbraun anbraten.

4 Tomaten, Oliven und Zucker zugeben und so lange kochen, bis sich der Zucker aufgelöst hat.

5 Den Essig zugießen. Die Hitze reduzieren, 10–15 Minuten köcheln, bis die Sauce eingedickt ist und die Auberginen weich sind.

6 Die Kapern zugeben und das Gemüse mit Salz und Pfeffer abschmecken.

7 Das Gericht auf einem Servierteller anrichten und mit Petersilie garnieren.

### TIPP

*Den Salat am besten gekühlt einen Tag nach der Zubereitung servieren.*

# *Linsen-Thunfisch-Salat*

**Für 4 Personen**

## ZUTATEN

2 reife Tomaten
1 kleine rote Zwiebel
3 EL Olivenöl
1 EL Zitronensaft
1 TL körniger Senf
1 Knoblauchzehe, zerdrückt
1/2 TL gemahlener Kreuzkümmel
1/2 TL gemahlener Koriander
400 g Linsen aus der Dose, abgetropft
200 g Thunfisch aus der Dose, abgetropft
2 EL frisch gehackter Koriander
frisch gemahlener schwarzer Pfeffer

1 Die Tomaten entkernen und fein würfeln.

2 Die Zwiebel mit einem Messer fein hacken.

3 Für das Dressing Olivenöl, Zitronensaft, Senf, Knoblauch, Kreuzkümmel und Koriander in einer kleinen Schüssel mischen.

4 Zwiebel, Tomaten und Linsen in einer großen Schüssel vermengen.

5 Den Thunfisch mit einer Gabel auseinander zupfen und unter die Linsen mischen.

6 Den Koriander unterheben.

7 Das Dressing über den Salat gießen und gut unterrühren. Den fertigen Salat mit dem frisch gemahlenen Pfeffer würzen und sofort servieren.

## TIPP

*Getrocknete Linsen müssen vor dem Verzehr eingeweicht und gekocht werden. In Wasser eingelegte Dosenlinsen können nach dem Abtropfen sofort verarbeitet werden.*

## VARIATION

*Zusätzlich gehackte Nüsse beigeben.*

1

3

4

# Bruschetta mit Tomaten

**Für 4 Personen**

**ZUTATEN**

300 g Kirschtomaten
4 getrocknete Tomaten
4 EL Olivenöl
16 frische Basilikumblätter, in Streifen geschnitten
Salz und Pfeffer
8 Scheiben Ciabatta
2 Knoblauchzehen, geschält

1 Die Kirschtomaten mit einem Messer halbieren.

2 Die getrockneten Tomaten in schmale Streifen schneiden.

3 Beide Tomatensorten in eine Schüssel geben, mit Olivenöl und Basilikum mischen und mit Salz und Pfeffer abschmecken.

4 Die Knoblauchzehen halbieren. Die Ciabattascheiben leicht rösten.

5 Das Brot von beiden Seiten mit der Schnittseite der halbierten Knoblauchzehen einreiben.

6 Das Ciabatta auf Teller verteilen, die Tomatenmischung darauf anrichten und sofort servieren.

## TIPP

*Ciabatta ist ein luftiges, saugfähiges italienisches Bauernbrot. Es nimmt den würzigen Knoblauch- und Olivenölgeschmack sehr gut auf.*

## VARIATION

*Statt Kirschtomaten halbierte, in Spalten geschnittene Eiertomaten verwenden.*

# Italienisches Omelett

**Für 4 Personen**

## ZUTATEN

1 kg Kartoffeln
1 EL Öl
1 große Zwiebel, in Ringe geschnitten
2 Knoblauchzehen, zerdrückt
6 getrocknete Tomaten, in Streifen geschnitten
400 g Artischockenherzen aus der Dose, abgetropft und halbiert
250 g Ricotta
4 große Eier, verquirlt
2 EL Milch
50 g geriebener Parmesan
3 EL frisch gehackter Thymian

1 Die Kartoffeln schälen und in eine Schüssel mit kaltem Wasser geben (siehe Tipp). Anschließend in dünne Scheiben schneiden.

2 Einen großen Topf mit Wasser füllen. Das Wasser salzen, aufkochen und die Kartoffelscheiben darin 5–6 Minuten garen.

3 Das Öl in einer großen Pfanne erhitzen. Die Zwiebel und den Knoblauch darin unter gelegentlichem Rühren 3–4 Minuten glasig dünsten.

4 Die Tomaten zugeben und 2 Minuten dünsten.

5 Eine tiefe Auflaufform mit einigen Kartoffelscheiben auslegen. Mit einer Lage aus der Zwiebel-Knoblauch-Mischung, den Artischockenherzen und dem Ricotta bedecken. So oft wiederholen, bis alle Zutaten verbraucht sind; mit einer Schicht Kartoffeln enden.

6 Eier, Milch, Thymian und die Hälfte des Parmesans mischen. Mit Salz und Pfeffer abschmecken und über die Kartoffeln gießen.

7 Diese Mischung mit dem restlichen Parmesan bestreuen und 25 Minuten in einem auf 190 °C vorgeheizten Ofen goldbraun backen. Anschließend in Stücke schneiden und noch warm servieren.

### TIPP

*Geschälte Kartoffeln vor dem Kochen am besten in kaltem Wasser aufbewahren, damit sie sich nicht braun verfärben.*

# Bohnen in Tomatensauce

**Für 4 Personen**

**ZUTATEN**

400 g Cannelini-Bohnen aus der Dose
400 g Borlotti-Bohnen aus der Dose
2 EL Olivenöl
1 Selleriestange, in Scheiben geschnitten
2 Knoblauchzehen, zerdrückt
150 g Perlzwiebeln, halbiert
500 g Tomaten
80 g Rucola

1 Die Bohnen abgießen, dabei 6 Esslöffel der Abtropfflüssigkeit auffangen und beiseite stellen.

2 Das Öl in einem Topf erhitzen. Sellerie, Knoblauch und Zwiebeln darin etwa 5 Minuten dünsten, bis die Zwiebeln goldbraun sind.

3 Die Tomaten von unten kreuzförmig einritzen. In eine hitzebeständige Schüssel geben, mit heißem Wasser übergießen und 30 Sekunden ruhen lassen, bis die Haut aufplatzt. Das Wasser abgießen, die Tomaten auskühlen lassen, enthäuten, hacken, mit der zurückbehaltenen Bohnenflüssigkeit zu dem Gemüse in die Pfanne geben und 5 Minuten mitkochen.

4 Die Bohnen zugeben und mit dem Gemüse weitere 3–4 Minuten kochen.

5 Die Rucolablätter zugeben und leicht zusammenfallen lassen, bevor die Bohnen serviert werden.

## VARIATION

*Pikanter wird es, wenn man bei Schritt 4 1–2 Teelöffel scharfe Pfeffersauce zugibt.*

## TIPP

*Um Tomaten zu häuten, können sie nach dem Einritzen auf eine Gabel gespießt und unter leichtem Drehen über eine Gasflamme gehalten werden, sodass ihre Haut aufplatzt und leicht schälbar ist.*

1

2

3

# Pfannkuchen mit Räucherfisch

**Ergibt 12 Pfannkuchen**

## ZUTATEN

PFANNKUCHEN:
100 g Mehl
1/2 TL Salz
1 Ei, verquirlt
300 ml Milch
1 EL Öl, zum Braten

FÜLLUNG:
500 g geräucherter Schellfisch, gehäutet
300 ml Milch
2 EL Butter oder Margarine
2 EL Mehl
300 ml Fischfond
75 g geriebener Parmesan
Salz und Pfeffer
100 g Erbsen, Tiefkühlware aufgetaut
100 g Riesengarnelen, gekocht und geschält
50 g geriebener Gruyère

1 Für die Pfannkuchen Mehl und Salz in eine Schüssel sieben. Eine Vertiefung in die Mitte der Mischung drücken, das Ei hineingeben und vermengen. Rührend langsam soviel Milch zugießen, bis ein glatter Teig entsteht.

2 Den Fisch in eine große Pfanne geben, die Milch zugießen, aufkochen und den Fisch darin etwa 10 Minuten köcheln, bis er zerfällt. Dann die Milch abgießen und auffangen; den Fisch beiseite stellen.

3 Die Butter in einem Topf zerlassen, mit dem Mehl vermengen und 2–3 Minuten bräunen. Vom Herd nehmen, die aufgefangene Milch zugießen und zu einer glatten Sauce verrühren. Den Fischfond einrühren. Unter Rühren aufkochen. Parmesan zugeben und mit Salz und Pfeffer abschmecken.

4 In eine eingefettete Pfanne 2 Esslöffel des Teigs geben, verteilen und 2–3 Minuten goldbraun backen. Den halbfertigen Kuchen wenden und von der anderen Seite backen. Mit dem übrigen Teig ebenso verfahren. Die fertigen Kuchen mit je etwas Backpapier dazwischen stapeln und im vorgewärmten Ofen warm halten.

5 Fisch, Erbsen und Garnelen mit der Hälfte der Fischsauce mischen und als Füllung für die Pfannkuchen verwenden. Diese in eine feuerfeste Form geben, mit der übrigen Sauce übergießen, mit Gruyère bestreuen und 20 Minuten in einem auf 190 °C vorgeheizten Ofen goldbraun backen.

# Gebackene Meeresfrüchte

**Für 4 Personen**

**ZUTATEN**

600 g neue Kartoffeln
3 rote Zwiebeln, in Spalten
2 Zucchini, in Scheiben
8 Knoblauchzehen, geschält
2 Zitronen, in Spalten
4 Rosmarinzweige
4 EL Olivenöl
Salz und Pfeffer
350 g Riesengarnelen, mit Schale, vorzugsweise ungekocht
2 kleine Kalmare, in Ringen
4 Tomaten, geviertelt

1 Die Kartoffeln waschen, große Exemplare halbieren und mit Zwiebeln, Zucchini, Knoblauch, Zitronen und Rosmarin in einen flachen Bräter geben.

2 Das so vorbereitete Gemüse mit dem Öl beträufeln und gut vermengen, damit es von allen Seiten mit Öl bedeckt ist. Abschmecken.

3 Das Gemüse unter gelegentlichem Wenden etwa 40 Minuten in einem auf 200 °C vorgeheizten Ofen backen, bis die Kartoffeln weich sind.

4 Dann Garnelen, Kalmare und Tomaten zugeben, mit Gemüse und Öl vermischen und weitere 10 Minuten backen, bis das gesamte Gemüse gar und leicht angeröstet ist.

5 Das fertige Gericht auf Teller verteilen und heiß servieren.

## TIPP

*Kalmar und Oktopus sind in Italien sehr beliebte Nahrungsmittel.*

## VARIATION

*Das Gericht kann auch mit verschiedenen Kürbisarten oder Auberginen zubereitet werden.*

# *Omelettstreifen in Tomatensauce*

**Für 4 Personen**

## ZUTATEN

1 EL Butter
1 Zwiebel, fein gehackt
2 Knoblauchzehen, zerdrückt
4 Eier, verquirlt
150 ml Milch
75 g Gruyère, gewürfelt
400 g gehackte Tomaten aus der Dose
1 EL frisch gehackter Rosmarin
150 ml Gemüsebrühe
frisch geriebener Parmesan, zum Bestreuen
knuspriges Brot, zum Servieren

1 Die Butter in einer großen Pfanne zerlassen. Die Zwiebel und den Knoblauch darin 4–5 Minuten glasig dünsten.

2 Die Eier mit der Milch verquirlen und zu der Zwiebel-Knoblauch-Mischung in die Pfanne geben.

3 Während die Eimischung stockt, die angebackenen Teigränder immer wieder von der Pfanne lösen und die noch flüssige Masse darunter laufen lassen.

4 Den Gruyère über die fast vollständig gestockte Eimasse streuen und das Omelett unter einmaligem Wenden 5 Minuten backen, bis es auf beiden Seiten goldbraun ist. Aus der Pfanne nehmen und zusammenklappen.

5 Tomaten, Rosmarin und Brühe in die Pfanne geben und unter Rühren aufkochen.

6 Die Sauce etwa 10 Minuten einkochen.

7 Das Omelett in Streifen schneiden, zu der Sauce geben und 3–4 Minuten erhitzen.

8 Das fertige Gericht mit Parmesan bestreuen und mit Brot servieren.

## VARIATION

*Bei Schritt 1 100 g Pancetta oder anderen ungeräucherten Speck anbraten.*

# *Frittierte Mozzarellataschen*

**Für 4 Personen**

## ZUTATEN

8 Scheiben (am besten altbackenes) Brot, ohne Kruste
100 g Mozzarella, in dicke Scheiben geschnitten
8 Sardellenfilets, abgetropft und gehackt
16 frische Basilikumblätter
50 g schwarze Oliven, entsteint und gehackt
Salz und Pfeffer
4 Eier, verquirlt
150 ml Milch
Öl, zum Frittieren

1 Die Brotscheiben in je 2 Dreiecke schneiden. 8 der Dreiecke mit Mozzarella und Sardellen belegen.

2 Basilikum und Oliven auf die belegten Dreiecke streuen und diese mit Salz und Pfeffer würzen.

3 Die belegten Dreiecke mit den übrigen 8 bedecken und die so entstandenen Sandwichs an den Enden zusammendrücken und in einen tiefe Schale legen.

4 Eier und Milch verquirlen, über die Sandwichs gießen und diese 5 Minuten einweichen lassen.

5 Das Öl in einem großen Topf so stark erhitzen, dass ein Brotwürfel innerhalb von 30 Sekunden darin bräunt.

6 Die Ränder der Sandwichs noch einmal kräftig zusammendrücken.

7 Die Sandwichs vorsichtig in das heiße Öl gleiten lassen und unter einmaligem Wenden von beiden Seiten goldbraun frittieren. Mit einer Schaumkelle aus dem Topf heben, auf Küchenpapier abtropfen lassen und noch heiß servieren.

### TIPP

*1 geschälte Riesengarnele in jedes Sandwich geben. Für kleinere Taschen, die Brotscheiben in je 4 Dreiecke teilen.*

# *Gratinierter Fenchel*

**Für 4 Personen**

## ZUTATEN

2 Fenchelknollen
2 Selleriestangen, in 7–8 cm langen Stücken
6 getrocknete Tomaten, halbiert
200 g passierte Tomaten
Salz und Pfeffer
2 TL getrockneter Oregano
50 g geriebener Parmesan

1 Den Fenchel mit einem scharfen Messer von den grünen Stängeln und den harten Außenschalen befreien. Anschließend vierteln.

2 Wasser in einem großen Topf aufkochen, Fenchel und Sellerie darin 8–10 Minuten blanchieren. Aus dem Topf nehmen und abtropfen lassen.

3 Das Gemüse mit den getrockneten Tomaten in eine feuerfeste Form geben.

4 Die passierten Tomaten und den Oregano über das Gemüse verteilen und abschmecken.

5 Das so vorbereitete Gratin mit Parmesan bestreuen und in einem auf 190 °C vorgeheizten Ofen 20 Minuten backen.

6 Das fertige Gericht als Gemüsebeilage oder mit etwas Brot als Vorspeise servieren.

## VARIATION

*Falls kein Fenchel erhältlich sein sollte, kann das Gericht auch mit 750 g gehacktem, gut geputztem Porree zubereitet werden.*

## VARIATION

*Für ein vegetarisches Hauptgericht 400 g abgetropfte Limabohnen bei Schritt 3 zugeben.*

# Knoblauch-Pinienkern-Törtchen

Für 4 Personen

**ZUTATEN**

4 Scheiben Vollkornbrot
50 g Pinienkerne
150 g Butter
5 Knoblauchzehen, geschält und halbiert
2 EL frisch gehackter Oregano
4 schwarze Oliven, halbiert
frischer Oregano, zum Garnieren

1 Das Brot mit einem Nudelholz leicht flach walzen. Mit einer Ausstechform aus den Brotscheiben 4 Kreise von mindestens 10 cm Durchmesser stechen, die in vorhandene Tortelettformen passen. Die Brotreste aufbewahren und für mindestens 10 Minuten in den Kühlschrank legen.

2 Währenddessen die Pinienkerne auf ein Backblech legen und unter einem vorgeheizten Grill 2–3 Minuten goldbraun rösten.

3 Brotreste, Pinienkerne, Butter, Knoblauch und Oregano in einer Küchenmaschine oder einem Mörser zu einer grobkörnigen Mischung verarbeiten.

4 Die Mischung auf die in die Tortelettformen eingepassten Brotkreise geben und mit Oliven garnieren. Dann 10–15 Minuten in einem auf 200 °C vorgeheizten Ofen goldbraun backen.

5 Die fertigen Törtchen noch warm mit frischem Oregano garniert servieren.

## VARIATION

*Statt des Brots können auch 200 g Blätterteig verwendet werden. Die ausgestochenen Kreise 20 Minuten im Kühlschrank abkühlen, dann in die Tortelettformen einpassen, mit Alufolie abdecken und 10 Minuten vorbacken. Die Folie entfernen und den Teig weitere 3–4 Minuten backen, bis er abgesunken ist. Statt Brotresten Semmelbrösel verwenden.*

# *Kartoffeln mit Oliven & Sardellen*

**Für 4 Personen**

## ZUTATEN

500 g kleine neue Kartoffeln
75 g gemischte Oliven
8 Sardellen, abgetropft
2 EL Olivenöl
2 Fenchelknollen, geputzt und in Scheiben geschnitten
2 EL frischer Rosmarin
frisch gemahlener schwarzer Pfeffer

1 Wasser in einem großen Topf aufkochen und die Kartoffeln darin 12–15 Minuten garen. Dann das Wasser abgießen und die Kartoffeln etwas abkühlen lassen.

2 Die abgekühlten Kartoffeln mit einem Messer in Spalten schneiden.

3 Die Oliven entsteinen und halbieren.

4 Die Sardellen in schmale Streifen schneiden.

5 Das Öl in einer großen Pfanne erhitzen, Kartoffelspalten, Fenchel und Rosmarin zugeben und so lange braten, bis die Kartoffeln goldbraun sind.

6 Oliven und Sardellen zugeben und 1 Minute mitbraten. Leicht pfeffern.

7 Das fertige Gericht auf Teller verteilen und sofort servieren.

## TIPP

*Frischer Rosmarin ist in Italien sehr beliebt, je nach Geschmack können für dieses Gericht aber auch andere Kräuter verwendet werden.*

# Toskanische Hühnerleber auf Toast

**Für 4 Personen**

## ZUTATEN

- 2 EL Olivenöl
- 1 Knoblauchzehe, zerdrückt
- 250 g frische oder tiefgekühlte Hühnerleber
- 2 EL Weißwein
- 2 EL Zitronensaft
- 4 frisch gehackte Salbeiblätter oder 1 TL getrockneter Salbei
- Salz und Pfeffer
- 4 Scheiben Ciabatta
- Zitronenspalten, zum Garnieren

1 Das Öl in einer großen Pfanne erhitzen und den Knoblauch darin 1 Minute dünsten.

2 Die Hühnerleber waschen und mit einem scharfen Messer grob zerkleinern.

3 Leber, Wein und Zitronensaft in die Pfanne geben und 3–4 Minuten braten, bis die Leber gar ist.

4 Salbei zugeben und die Leber mit Salz und Pfeffer würzen.

5 Das Brot unter einem vorgeheizten Grill von beiden Seiten 2 Minuten goldbraun rösten.

6 Die heiße Leber auf die Brotscheiben verteilen und mit Zitronenspalten garniert servieren.

### TIPP

*Wenn Leber zu lange gegart wird, trocknet sie aus und verliert an Geschmack.*

### VARIATION

*Man kann Brot auch rösten, indem man es in einer Pfanne mit heißem Öl von beiden Seiten knusprig brät und vor der weiteren Verwendung kurz auf Küchenpapier abtropfen lässt. Oder Sie stecken es einfach in den Toaster.*

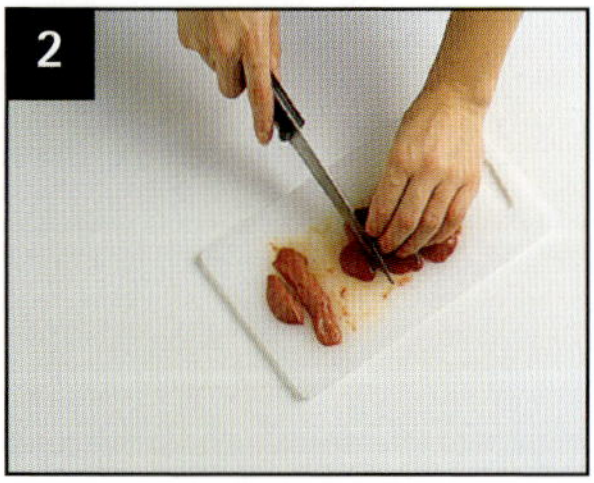

# *Zwiebel-Mozzarella-Törtchen*

**Für 4 Personen**

**ZUTATEN**

250 g fertiger Blätterteig, Tiefkühlware auftauen

2 mittelgroße rote Zwiebeln, geschält
1 rote Paprika

8 Kirschtomaten, halbiert
100 g Mozzarella, gewürfelt
8 Thymianzweige

1 Den Blätterteig zu 4 Quadraten mit einer Seitenlänge von je 7–8 cm ausrollen. Die Ränder mit einem scharfen Messer begradigen und die abgeschnittenen Reste zusammen mit den Quadraten für 30 Minuten in den Kühlschrank stellen.

2 Die gekühlten Teigquadrate auf ein mit Backpapier ausgelegtes Backblech legen, die Ränder mit ein wenig Wasser bestreichen, und mit den Teigresten einen kleinen erhöhten Rand um jedes Quadrat ziehen.

3 Die Zwiebeln in Spalten schneiden, die Paprika halbieren und entkernen.

4 Zwiebeln und Paprika etwa 15 Minuten unter einen vorgeheizten Grill legen, bis ihre Haut stellenweise schwarz geworden ist.

5 Die Paprika abkühlen lassen. Dann häuten und in Streifen schneiden.

6 Die Teigquadrate mit Alufolie bedecken und 10 Minuten in einem auf 200 °C vorgeheizten Ofen vorbacken. Dann die Folie entfernen und die Teigstücke weitere 5 Minuten backen.

7 Zwiebeln, Paprikastreifen, Tomaten und Käse auf die vorgebackenen Quadrate verteilen und mit Thymianzweigen belegen.

8 Die Törtchen für weitere 15 Minuten in den Ofen geben und goldbraun backen.

# *Spaghetti alla Carbonara*

**Für 4 Personen**

## ZUTATEN

400 g getrocknete Spaghetti
2 EL Olivenöl
1 große Zwiebel, geschält und in dünne Streifen geschnitten
2 Knoblauchzehen, gehackt
150 g Schinkenspeck ohne Schwarte, in dünne Streifen geschnitten
25 g Butter
200 g Champignons, in dünne Scheiben geschnitten
300 g Sahne
3 Eier, geschlagen
100 g frisch geriebener Parmesan, plus Parmesan zum Servieren
Salz und Pfeffer
Salbeizweige, zum Garnieren

1 Eine große Schüssel vorwärmen. Salzwasser in einem großen Topf aufkochen. Die Spaghetti darin mit 1 Esslöffel Öl bissfest kochen. Abgießen, wieder in den Topf geben und warm stellen.

2 Das restliche Öl in einer Pfanne bei mittlerer Temperatur erhitzen. Die Zwiebel glasig dünsten. Knoblauch und Speck hineingeben und braten, bis der Speck knusprig ist. In die warme Schüssel geben.

3 Die Butter in der Pfanne zerlassen und die Champignons unter gelegentlichem Rühren 3–4 Minuten anbraten. Die Speckmischung wieder in die Pfanne geben. Abdecken und warm stellen.

4 Sahne, Eier und Käse in einer großen Schüssel verrühren und mit Salz und Pfeffer abschmecken.

5 Sehr schnell die Spaghetti in die Champignon-Speck-Mischung geben und mit dem Ei übergießen. Schnell und gründlich mit zwei Gabeln vermengen. Garnieren und mit etwas geriebenem Parmesan servieren.

## TIPP

*Der Erfolg hängt hier davon ab, dass das Ei nicht stockt. Darum müssen alle Zutaten noch so heiß sein, dass es nicht notwendig ist, sie erneut zu erwärmen, um so ein Stocken der Eimasse zu vermeiden.*

2

3

4

# *Linguine mit Räucherschinken*

**Für 4 Personen**

## ZUTATEN

450 g getrocknete Linguine
450 g Brokkoliröschen
150 ml italienische Käsesauce (s. Tipp)
250 g italienischer Räucherschinken
Salz und Pfeffer
italienisches Brot, zum Servieren

1 Salzwasser in einem großen Topf aufkochen. Linguine und Brokkoliröschen hineingeben und 10 Minuten bissfest kochen.

2 Linguine und Brokkoli gründlich abtropfen und warm stellen.

3 In der Zwischenzeit die italienische Käsesauce zubereiten.

4 Den Schinken mit einem scharfen Messer in dünne Streifen schneiden. Linguine, Brokkoli und Schinken mit der Käsesauce vermengen und bei sehr schwacher Hitze sanft erwärmen.

5 Die Nudeln in eine vorgewärmte Schüssel geben. Mit Pfeffer bestreuen und mit italienischem Brot servieren.

### TIPP

*Für dieses Gericht eignen sich viele italienische Brotsorten. Ciabatta wird mit Olivenöl zubereitet und ist mit verschiedenen Zutaten wie Oliven oder sonnengetrockneten Tomaten erhältlich.*

### TIPP

*Für die italienische Käsesauce 2 EL Butter in einem Topf zerlassen. 2 EL Mehl einrühren und anschwitzen. 300 ml heiße Milch einrühren und 15 Minuten köcheln. 1 Prise Muskatpulver, 1 Prise getrockneten Thymian und 2 EL Weißweinessig einrühren. Abschmecken. 3 EL Sahne, 60 g geriebener Mozzarella, 60 g geriebenen Parmesan, 1 TL Senfpulver und 2 EL saure Sahne einrühren.*

1

4

4

# *Chorizo & Wildpilze mit pikanten Vermicelli*

**Für 6 Personen**

## ZUTATEN

700 g getrocknete Vermicelli
125 ml Olivenöl
2 Knoblauchzehen, zerdrückt
125 g Chorizo, in Scheiben geschnitten
250 g Wildpilze
3 frische rote Chilischoten, gehackt
2 EL frisch geriebener Parmesan
Salz und Pfeffer
10 Sardellenfilets, zum Garnieren

1 Salzwasser in einem großen Topf aufkochen. Vermicelli mit 1 Esslöffel Öl bissfest kochen. Abgießen und warm stellen.

2 In der Zwischenzeit das restliche Öl in einer großen Pfanne erhitzen und den Knoblauch 1 Minute andünsten. Chorizo und Pilze zugeben und 4 Minuten braten, dann die Chillies zugeben und 1 weitere Minute braten.

3 Wurst und Pilze über die Vermicelli geben und mit Salz und Pfeffer abschmecken. Mit frisch geriebenem Parmesan bestreuen, mit einem Gitter aus Sardellenfilets garnieren und sofort servieren.

## VARIATION

*Die Sardellen können durch gebratene, gesalzene Sardinen ersetzt werden, nehmen Sie die Sardinen aber gründlich aus, bevor Sie sie verwenden.*

## TIPP

*Kaufen Sie Wildpilze immer aus verlässlicher Quelle. Pflücken Sie sie niemals selbst, wenn Sie sich nicht absolut sicher mit Pilzen auskennen. Viele Pilzarten werden heute kultiviert und sind von den wilden Arten kaum zu unterscheiden. Hier wurden Austernpilze verwendet, aber Sie können auch Pfifferlinge nehmen, die allerdings beim Kochen schrumpfen.*

# *Pancetta-Pecorino-Kuchen auf einem Bett von Farfalle*

**Für 4 Personen**

**ZUTATEN**

1 EL Butter,
plus Butter zum Einfetten
100 g Pancetta ohne Schwarte
250 g Mehl,
mit 2 TL Backpulver versetzt
75 g geriebener Pecorino
150 ml Milch,
plus Milch zum Glasieren
1 EL Tomatenketchup
1 TL Worcestersauce
400 g Farfalle
1 EL Olivenöl
Salz und Pfeffer
3 EL Pesto oder Anchovispaste
(nach Wunsch)
grüner Salat,
zum Servieren

1 Ein Backblech einfetten. Die Pancetta unter dem Grill braten, dann abkühlen und fein hacken.

2 Mehl und 1 Prise Salz in eine Schüssel sieben. Die Butter mit den Fingerspitzen einkneten, dann Pancetta und ein Drittel des Käses zugeben.

3 Milch, Ketchup und Worcestersauce mischen und mit den Trockenzutaten zu einem weichen Teig verkneten.

4 Den Teig auf einer bemehlten Arbeitsfläche zu einem 18 cm großen Kreis ausrollen. Mit Milch bestreichen und in 8 Ecken schneiden.

5 Die Teigecken auf dem Backblech auslegen und mit dem restlichen Käse bestreuen. 20 Minuten im vorgeheizten Backofen bei 200 °C backen.

6 Salzwasser in einem großen Topf aufkochen. Die Farfalle darin mit Öl bissfest kochen. Abgießen und in eine Schüssel geben. Mit den Kuchenecken belegen und mit einer Sauce nach Wahl und einem grünen Salat servieren.

2

4

5

# Orecchiette mit Speck & Tomaten

**Für 4 Personen**

## ZUTATEN

1 kg kleine Tomaten
6 Scheiben Räucherspeck ohne Schwarte
60 g Butter
1 Zwiebel, gehackt
1 Knoblauchzehe, zerdrückt
4 frische Oreganozweige, fein gehackt
450 g getrocknete Orecchiette
1 EL Olivenöl
Salz und Pfeffer
frisch geriebener Pecorino, zum Servieren
frische Basilikumzweige, zum Garnieren

1 Die Tomaten in sprudelndem Wasser blanchieren. Abtropfen, häuten und entkernen, dann grob hacken. Den Speck klein würfeln.

2 Die Butter in einem Topf zerlassen und den Speck goldgelb anbraten. Zwiebel und Knoblauch zugeben und 5–7 Minuten anbraten.

3 Tomaten und Oregano in den Topf geben und abschmecken. Temperatur reduzieren und 12 Minuten köcheln.

4 Salzwasser in einem großen Topf aufkochen. Die Orecchiette darin mit Öl bissfest kochen. Abgießen und in eine Schüssel geben. Die Speck-Tomaten-Sauce darüber geben und vermengen. Garnieren und servieren.

## VARIATION

*Sie können auch 500 g scharfe italienische Würstchen nehmen, die Pelle abziehen und statt des Specks in den Topf geben.*

## TIPP

*Verwenden Sie für den echten italienischen Geschmack Pancetta anstelle von gewöhnlichem Speck. Dieser ist durchwachsen und verleiht vielen traditionellen italienischen Gerichten eine ganz besondere Note. Er ist geräuchert und ungeräuchert erhältlich. Sie erhalten ihn in einigen Supermärkten und italienischen Feinkostgeschäften.*

# *Sahnenierchen mit Penne & Pesto*

**Für 4 Personen**

## ZUTATEN

75 g Butter
12 Kalbsnieren, pariert und dünn aufgeschnitten
200 g Knopfchampignons, in Scheiben geschnitten
1 TL Senfpulver
1 Prise frisch geriebener Ingwer
2 EL trockener Sherry
150 g Sahne
2 EL Pesto
400 g getrocknete Penne
1 EL Olivenöl
Salz und Pfeffer
4 heiße Toastscheiben, in Dreiecke geschnitten
frische Petersilienzweige, zum Garnieren

1 Die Butter in einer Pfanne zerlassen und die Nieren 4 Minuten darin anbraten. In eine feuerfeste Form geben und warm stellen.

2 Die Champignons in die Pfanne geben und 2 Minuten braten.

3 Senf und Ingwer in die Pfanne geben und abschmecken. 2 Minuten braten, dann Sherry, Sahne und Pesto zugeben. Weitere 3 Minuten kochen, dann die Sauce über die Nieren geben. 10 Minuten im vorgeheizten Backofen bei 190 °C backen.

4 Salzwasser in einem großen Topf aufkochen. Die Penne darin mit Öl bissfest kochen. Abgießen und in eine vorgewärmte Servierschüssel geben.

5 Nieren und Sauce über die Nudeln geben. Mit Toastdreiecken belegen, mit frischer Petersilie garnieren und servieren.

## TIPP

*Pesto hält sich im Glas bis zu einer Woche im Kühlschrank oder bis zu 3 Monate im Gefrierfach (ohne den Parmesan).*

# *Marinierte Aubergine auf einem Bett von Linguine*

**Für 4 Personen**

**ZUTATEN**

150 ml Gemüsebrühe
150 ml Weißweinessig
2 TL Balsamico-Essig
3 EL Olivenöl
1 frischer Oreganozweig
500 g Aubergine, geschält und in dünne Scheiben geschnitten
400 g getrocknete Linguine

MARINADE:
2 EL Olivenöl, extra vergine
2 Knoblauchzehen, zerdrückt
2 EL frisch gehackter Oregano
2 EL fein gehackte, geröstete Mandeln
2 EL gewürfelte rote Paprika
2 EL Limettensaft
geriebene Schale und Saft von 1 Orange
Salz und Pfeffer

1 Brühe und Essige in einen Topf geben und bei schwacher Hitze aufkochen. 2 Teelöffel des Olivenöls und den Oreganozweig zugeben und 1 Stunde sanft köcheln.

2 Die Auberginenscheiben in den Topf geben, vom Herd nehmen und 10 Minuten ziehen lassen.

3 Für die Marinade Öl, Knoblauch, Oregano, Mandeln, Paprika, Limettensaft, Orangenschale und -saft und Gewürze in einer großen Schüssel mischen.

4 Die Auberginen mit einem Schaumlöffel aus dem Topf heben und gut abtropfen. Die Scheiben in der Marinade wenden und 12 Stunden ziehen lassen.

5 Salzwasser in einem großen Topf aufkochen. Die Hälfte des restlichen Öls und die Linguine hineingeben und die Nudeln bissfest kochen. Abgießen und mit dem restlichen Öl vermengen. Die Nudeln auf einem Servierteller anrichten, die Auberginenscheiben und die Marinade darauf geben und servieren.

# Spinat-Käse-Muscheln

**Für 4 Personen**

## ZUTATEN

400 g getrocknete Lumache rigate grande
5 EL Olivenöl
60 g frische weiße Semmelbrösel
125 ml Milch
300 g Spinat, Tiefkühlware aufgetaut und abgetropft
250 g Ricotta
1 Prise frisch geriebene Muskatnuss
400 g gehackte Tomaten aus der Dose, abgetropft
1 Knoblauchzehe, zerdrückt
Salz und Pfeffer

1 Salzwasser in einem großen Topf aufkochen. Die Lumache und 1 Esslöffel des Öls hineingeben und die Nudeln gar, aber noch bissfest kochen. Abgießen, unter kaltem Wasser abschrecken und beiseite stellen.

2 Semmelbrösel, Milch und 3 Esslöffel des übrigen Olivenöls im Mixer verrühren.

3 Spinat und Ricotta in den Mixer geben und glatt pürieren. In eine Schüssel geben, das Muskatpulver einrühren und mit Salz und Pfeffer abschmecken.

4 Tomaten, Knoblauch und das restliche Öl mischen und auf den Boden einer Auflaufform geben.

5 Die Lumache mithilfe eines Teelöffels mit der Spinatmischung füllen und auf die Tomatensauce setzen. Abdecken und 20 Minuten im vorgeheizten Backofen bei 180 °C backen. Heiß servieren.

### TIPP

*Ricotta ist ein cremiger italienischer Käse aus Schafs-, Kuh- oder Büffelmilch. Er ist weiß und geschmeidig und hat einen leicht süßlichen Geschmack. Er sollte binnen 2–3 Tagen verbraucht werden.*

2

3

5

# *Rotelle in pikanter italienischer Sauce*

**Für 4 Personen**

## ZUTATEN

200 ml italienische Rotweinsauce (s. Tipp)
5 EL Olivenöl
3 Knoblauchzehen, zerdrückt
2 frische rote Chilischoten, gehackt
1 grüne Chilischote, gehackt
400 g getrocknete Rotelle
Salz und Pfeffer
warmes italienisches Brot, zum Servieren

1 Die italienische Rotweinsauce zubereiten (siehe Tipp).

2 4 Esslöffel des Öls in einem Topf erhitzen und Knoblauch und Chillies 3 Minuten darin anbraten.

3 Die Rotweinsauce zugießen, mit Salz und Pfeffer abschmecken und 20 Minuten sanft köcheln.

4 Die Rotelle und das restliche Öl 8 Minuten in einem großen Topf mit leicht gesalzenem Wasser bissfest kochen. Abgießen.

5 Die Rotelle mit der Sauce vermengen, in eine vorgewärmte Schüssel geben und sofort servieren.

### TIPP

*Seien Sie bei der Verwendung frischer Chillies vorsichtig. Fassen Sie sie so wenig wie möglich an und tragen Sie Gummihandschuhe. Waschen Sie sich hinterher gründlich die Hände, bevor Sie Gesicht oder Augen berühren. Entfernen Sie die Kerne der Chillies, da sie die meiste Schärfe enthalten.*

### TIPP

*ROTWEINSAUCE: Zunächst eine Kraftsauce zubereiten: je 150 ml Braune Sauce und Espagnole-Sauce (s. S. 16) mischen, 10 Minuten kochen und abseihen. 125 ml Rotwein, 2 EL Rotweinessig, 4 EL gehackte Schalotten, 1 Lorbeerblatt und 1 Thymianzweig in einem Topf aufkochen und um drei Viertel reduzieren. Die Kraftsauce zugeben und 20 Minuten köcheln. Abschmecken und abseihen.*

2

3

5

# *Dreifarbige Timbalini*

**Für 4 Personen**

## ZUTATEN

1 EL weiche Butter
60 g Paniermehl
200 g getrocknete dreifarbige Spaghetti, in 5 cm lange Stücke gebrochen
3 EL Olivenöl
1 Eigelb
125 g geriebener Gruyère
300 ml Béchamel-Sauce (s. S. 304)
1 Zwiebel, fein gehackt
1 Lorbeerblatt
150 ml trockener Weißwein
150 ml passierte Tomaten
1 EL Tomatenmark
Salz und Pfeffer
frische Basilikumblätter, zum Garnieren

1 Vier 180-ml-Ramequin-Förmchen mit Butter einfetten. Gleichmäßig mit der Hälfte des Paniermehls ausstreuen.

2 Die Spaghetti mit 1 Esslöffel des Öls in Salzwasser bissfest kochen. Abtropfen und in eine Rührschüssel geben.

3 Eigelb und Käse zu den Nudeln geben und abschmecken. Die Béchamel-Sauce zugeben und vermengen. Nudeln in die Förmchen geben und mit dem übrigen Paniermehl bestreuen.

4 Die Förmchen auf ein Backblech setzen und 20 Minuten im vorgeheizten Backofen bei 220 °C überbacken. Für 10 Minuten beiseite stellen.

5 Das restliche Öl für die Sauce in einem Topf erhitzen und Zwiebel und Lorbeerblatt 2–3 Minuten sanft anbraten.

6 Wein, passierte Tomaten und Tomatenmark einrühren, abschmecken und 20 Minuten köcheln und eindicken lassen. Das Lorbeerblatt entfernen.

7 Die Timbalini auf einzelnen Tellern mit den Basilikumblättern garnieren und mit der Tomatensauce servieren.

1

3

6

# *Tagliarini mit Gorgonzola*

Für 4 Personen

## ZUTATEN

1 EL Butter
250 g Gorgonzola, zerkrümelt
150 g Sahne
2 EL trockener Weißwein
1 TL Maisstärke
4 frische Salbeizweige, fein gehackt
400 g getrocknete Tagliarini
2 EL Olivenöl
Salz und weißer Pfeffer
frische Kräuterzweige, zum Garnieren

1 Die Butter in einem schweren Topf zerlassen. 150 g Gorgonzola einrühren und 2 Minuten bei schwacher Hitze schmelzen.

2 Sahne, Wein und Stärke zugeben und gründlich verquirlen.

3 Den Salbei einrühren und abschmecken. Unter ständigem Schlagen bei schwacher Hitze aufkochen, bis die Sauce eindickt. Vom Herd nehmen und beiseite stellen.

4 Salzwasser in einem großen Topf aufkochen. Die Tagliarini mit 1 Esslöffel des Olivenöls 12–14 Minuten bissfest kochen, gründlich abtropfen und mit dem restlichen Olivenöl vermengen. In eine Servierschüssel geben und warm stellen.

5 Die Sauce unter ständigem Rühren bei schwacher Hitze aufwärmen. Über die Tagliarini geben, mit dem restlichen Käse bestreuen, garnieren und servieren.

## TIPP

*Gorgonzola ist einer der ältesten und besten Blauschimmelkäse der Welt. Achten Sie beim Kauf auf die cremig gelbe Farbe und feine grüne Adern. Meiden Sie harten oder verfärbten Käse. Er sollte ein volles, pikantes, aber nicht bitteres Aroma haben. Sie können ihn durch milderen Danish blue ersetzen.*

# Gnocchi Piemontese

**Für 4 Personen**

## ZUTATEN

500 g warme Kartoffeln, zerstampft
80 g Mehl, mit 1/2 TL Backpulver versetzt

1 Ei
2 Eigelb
1 EL Olivenöl
150 ml Espagnole-Sauce (s. S. 16)

SAUCE:
60 g Butter
180 g frisch geriebener Parmesan
Salz und Pfeffer
frische Kräuter, zum Garnieren

1 Kartoffeln, Mehl, Ei und Eigelb in einer Schüssel mischen, kräftig mit Salz und Pfeffer abschmecken und zu einem Teig verrühren.

2 Kleine Teigstücke abzupfen und zwischen den Handflächen zu walnussgroßen Kugeln rollen. Mit einer Gabel zu kleinen Rollen flach drücken.

3 Die Gnocchi mit Olivenöl 10 Minuten in einem großen Topf mit leicht gesalzenem, sprudelndem Wasser garen.

4 Espagnole-Sauce und Butter bei schwacher Hitze in einem großen Topf verrühren. Nach und nach den Parmesan einrühren.

5 Die Gnocchi aus dem Wasser nehmen und mit der Sauce vermengen, auf Tellern anrichten, garnieren und servieren.

### TIPP

*Zusammen mit einem knackigen Salat ist dies eine gute Hauptspeise.*

### VARIATION

*Diese Gnocchi schmecken auch köstlich in einer Trentiner Tomatensauce. 120 g fein gehackte sonnengetrocknete Tomaten, 1 dünn geschnittene Selleriestange, 1 zerdrückte Knoblauchzehe und 6 EL Rotwein in einem Topf 15–20 Minuten bei schwacher Hitze köcheln. 8 gehäutete, gehackte Eiertomaten einrühren, mit Salz und Pfeffer abschmecken und weitere 10 Minuten köcheln.*

# Nudelomelett

**Für 2 Personen**

**ZUTATEN**

4 EL Olivenöl
1 kleine Zwiebel, gehackt
1 Fenchelknolle, in dünne Streifen geschnitten
150 g Kartoffeln, klein gewürfelt
1 Knoblauchzehe, gehackt
4 Eier
1 EL frisch gehackte glatte Petersilie
1 Prise Chilipulver
100 g gekochte kurze Nudeln
2 EL gefüllte grüne Oliven, halbiert
Salz und Pfeffer
frische Majoranzweige, zum Garnieren
Tomatensalat, zum Servieren

1 Die Hälfte des Öls in einer Pfanne erhitzen und Zwiebel, Fenchel und Kartoffeln unter Rühren 8–10 Minuten garen.

2 Den Knoblauch zugeben und 1 Minute braten. Die Pfanne vom Herd nehmen, die Gemüse auf einen Teller geben und beiseite stellen.

3 Die Eier schaumig schlagen. Die Petersilie einrühren und mit Salz, Pfeffer und Chilipulver würzen.

4 1 Esslöffel des restlichen Öls in einer sauberen Pfanne erhitzen. Die Hälfte der Eimischung in die Pfanne gießen und Gemüse, Nudeln und die Hälfte der Oliven zugeben. Die restliche Mischung darüber gießen und backen, bis die Ränder stocken.

5 Die Ränder des Omeletts mit einem Pfannenwender anheben und das rohe Ei darunter laufen lassen. Backen, bis die Unterseite goldbraun ist.

6 Das Omelett auf einen Teller gleiten lassen. Die Pfanne mit Küchenpapier auswischen und das restliche Öl erhitzen. Das Omelett in die Pfanne stürzen und von der anderen Seite goldbraun backen.

7 Das Omelett auf einen vorgewärmten Servierteller gleiten lassen und mit den restlichen Oliven und dem Majoran garnieren. In Ecken schneiden und mit einem Tomatensalat servieren.

4

4

5

# Spaghetti mit Ricotta

**Für 4 Personen**

## ZUTATEN

350 g getrocknete Spaghetti
3 EL Olivenöl
2 EL Butter
2 EL frisch gehackte glatte Petersilie
125 g frisch gemahlene Mandeln
125 g Ricotta
1 Prise Muskatpulver
1 Prise Zimtpulver
150 ml Crème fraîche
125 ml Hühnerbrühe, erhitzt
1 EL Pinienkerne
Salz und Pfeffer
frische glatte Petersilie, zum Garnieren

1 Salzwasser in einem großen Topf aufkochen. Die Spaghetti darin mit 1 Esslöffel Öl bissfest kochen.

2 Die Nudeln abgießen, wieder in den Topf geben, mit Butter und Petersilie vermengen und warm stellen.

3 Für die Sauce Mandeln, Ricotta, Muskat, Zimt und Crème fraîche bei schwacher Hitze zu einer dickflüssigen Paste verrühren. Das restliche Öl einrühren, dann langsam mit der Brühe glatt rühren. Mit Salz und Pfeffer abschmecken.

4 Die Spaghetti in eine vorgewärmte Servierschüssel geben, mit der Sauce übergießen und gut vermengen (siehe Tipp). Mit Pinienkernen bestreuen, mit Petersilie garnieren und warm servieren.

## TIPP

*Verwenden Sie zwei lange Gabeln zum Vermengen von Spaghetti oder anderen langen Nudeln mit Sauce. In Haushaltsfachgeschäften bekommt man auch spezielle Spaghettigabeln. Führen Sie die Gabeln mit beiden Händen leicht unter die Nudeln und heben Sie sie zur Mitte hin an. Fahren Sie fort, bis sie vollständig mit Sauce überzogen sind.*

# Gnocchi Romana

Für 4 Personen

## ZUTATEN

700 ml Milch
1 Prise frisch geriebene Muskatnuss
100 g Butter, plus Butter zum Einfetten
Salz und Pfeffer
250 g Weizengrieß
125 g geriebener Parmesan
2 Eier, geschlagen
60 g geriebener Gruyère
frische Basilikumzweige, zum Garnieren

1 Die Milch in einem Topf aufkochen. Vom Herd nehmen und Muskat, 1 Esslöffel Butter und Salz und Pfeffer nach Geschmack einrühren.

2 Den Grieß unter Schlagen in die Milch rühren, um Klümpchen zu verhindern, und bei schwacher Hitze wieder auf den Herd stellen. Unter ständigem Rühren 10 Minuten köcheln, bis die Milch eindickt.

3 Die Hälfte des Parmesans unter die Milch rühren, dann die Eier zugeben und verquirlen. Die Mischung einige Minuten leicht abkühlen lassen.

4 Den Grießteig in einer 1 cm dicken Schicht auf ein Blatt Backpapier oder ein großes eingeöltes Backblech streichen. Vollständig abkühlen lassen, dann 1 Stunde in den Kühlschrank stellen.

5 Mit einem glatten, eingefetteten Ausstecher 4 cm große Gnocchi-Scheiben aus dem Grießteig ausstechen.

6 Eine flache Auflaufform einfetten und den Boden mit den Teigresten auslegen. Mit einander überlappenden Gnocchi bedecken.

7 Die restliche Butter zerlassen und über die Gnocchi träufeln. Mit dem restlichen Parmesan, dann mit dem Gruyère bestreuen. 25–30 Minuten im vorgeheizten Backofen bei 200 °C backen, bis die Oberfläche knusprig und goldbraun ist. Mit Basilikum garnieren und servieren.

# Drei-Käse-Auflauf

**Für 4 Personen**

**ZUTATEN**

Butter, zum Einfetten
400 g getrocknete Penne
1 EL Olivenöl
2 Eier, geschlagen
350 g Ricotta
4 frische Basilikumzweige
100 g geriebener Mozzarella oder Halloumi
4 EL frisch geriebener Parmesan
Salz und schwarzer Pfeffer
frische Basilikumblätter, zum Garnieren (nach Wunsch)

1 Eine feuerfeste Form leicht einfetten.

2 Salzwasser in einem großen Topf aufkochen. Penne mit Olivenöl darin bissfest kochen. Abgießen und warm stellen.

3 Die Eier mit Ricotta verquirlen und mit Salz und Pfeffer abschmecken.

4 Die Hälfte der Penne in den Boden der Form füllen und mit der Hälfte der Basilikumblätter bedecken.

5 Die Hälfte der Ricottamischung darüber geben. Mit Mozzarella oder Halloumi bestreuen und mit den restlichen Basilikumblättern belegen. Mit den restlichen Penne bedecken und die verbliebene Ricottamischung darüber geben. Dünn mit geriebenem Parmesan bestreuen.

6 30–40 Minuten im vorgeheizten Backofen bei 190 °C backen, bis der Käse goldbraun ist und Blasen wirft. Nach Wunsch mit frischen Basilikumblättern garnieren und heiß servieren.

## VARIATION

*Ersetzen Sie für einen etwas anderen, aber genauso leckeren Geschmack Mozzarella durch geräucherten bayerischen Käse und Parmesan durch geriebenen Cheddar.*

# *Überbackene Rigatoni mit Thunfisch-Ricotta-Füllung*

**Für 4 Personen**

## ZUTATEN

Butter, zum Einfetten
500 g getrocknete Rigatoni
1 EL Olivenöl
200 g Thunfisch aus der Dose, abgetropft

250 g Ricotta
125 g Sahne
200 g geriebener Parmesan

125 g sonnengetrocknete Tomaten, abgetropft und in Streifen geschnitten
Salz und Pfeffer

1 Eine feuerfeste Form leicht einfetten.

2 Salzwasser in einem großen Topf aufkochen. Rigatoni und Olivenöl hineingeben und kochen, bis die Nudeln gar, aber noch bissfest sind. Abgießen und zum Abkühlen beiseite stellen.

3 Thunfisch und Ricotta in einer Schüssel zu einer geschmeidigen Paste verrühren. Die Mischung in einen Spritzbeutel geben und die Rigatoni füllen. Die gefüllten Nudeln nebeneinander in die Form legen.

4 Für die Sauce Sahne und Parmesan mischen und mit Salz und Pfeffer abschmecken. Die Sauce über die Rigatoni geben und kreuzförmig mit den getrockneten Tomaten belegen. 20 Minuten im vorgeheizten Backofen bei 200 °C backen. Heiß direkt aus der Form servieren.

## VARIATION

*Ersetzen Sie den Thunfisch für eine vegetarische Version dieses Gerichts einfach durch entkernte und gehackte schwarze Oliven und gehackte Walnüsse. Die Zubereitung bleibt identisch.*

3

3

4

# Spaghetti mit Sardellen-Pesto-Sauce

Für 4 Personen

## ZUTATEN

100 ml Olivenöl
2 Knoblauchzehen, zerdrückt
60 g Sardellenfilets aus der Dose, abgetropft
500 g getrocknete Spaghetti
60 g Pesto
2 EL frisch gehackter Oregano
100 g geriebener Parmesan, plus Parmesan zum Servieren (nach Wunsch)
Salz und Pfeffer
2 frische Oreganozweige, zum Garnieren

1 1 Esslöffel des Öls in einem kleinen Topf erhitzen und den Knoblauch 3 Minuten darin anbraten.

2 Die Sardellen zugeben und unter Rühren braten, bis sie auseinander fallen.

3 Salzwasser in einem großen Topf aufkochen. Die Spaghetti mit dem restlichen Olivenöl bissfest kochen.

4 Pesto und gehackten Oregano zur Sardellenmischung geben und mit schwarzem Pfeffer abschmecken.

5 Die Spaghetti mit einem Schaumlöffel abtropfen und in eine vorgewärmte Schüssel geben. Die Sauce über die Nudeln geben und mit geriebenem Parmesan bestreuen. Mit Oreganozweigen garnieren und nach Wunsch mit zusätzlichem Käse servieren.

### VARIATION

*Ersetzen Sie die Sardellen für eine vegetarische Version durch abgetropfte sonnengetrocknete Tomaten.*

### TIPP

*Wenn die Sardellen aus der Dose zu salzig sind, 5 Minuten in eine Schale mit kalter Milch legen, abtropfen und trockentupfen.*

1

2

4

# *Fettuccine mit Sardellen-Spinat-Sauce*

**Für 4 Personen**

**ZUTATEN**

1 kg frische junge Spinatblätter
400 g frische Fettuccine
6 EL Olivenöl
3 EL Pinienkerne
3 Knoblauchzehen, zerdrückt
8 Sardellenfilets aus der Dose, abgetropft und gehackt
Salz

1 Alle harten Spinatstängel entfernen. Die Blätter abspülen und nass in einen großen Topf geben. Abdecken und bei mittlerer Hitze dünsten. Dabei den Topf hin und wieder schütteln, bis die Blätter zusammenfallen, aber noch ihre Farbe haben. Gut abtropfen und warm stellen.

2 Salzwasser in einem großen Topf aufkochen. Fettuccine und 1 Esslöffel des Öls hineingeben und 5–6 Minuten kochen, bis die Nudeln gar, aber noch bissfest sind.

3 4 Esslöffel des restlichen Öls in einem Topf erhitzen. Die Pinienkerne hineingeben und goldgelb rösten. Aus dem Topf nehmen und beiseite stellen.

4 Den Knoblauch in den Topf geben und goldgelb anbraten. Sardellen und Spinat zugeben. Unter Rühren 2–3 Minuten erwärmen. Die Pinienkerne wieder in den Topf geben.

5 Die Fettuccine abgießen, mit dem restlichen Olivenöl vermengen und in eine vorgewärmte Schüssel geben. Die Sauce über die Nudeln geben, kurz vermengen und sofort servieren.

## TIPP

*Tiefkühlspinat zunächst auftauen und abtropfen, dabei möglichst viel Flüssigkeit herausdrücken. Die Blätter in Streifen schneiden und zusammen mit den Sardellen zugeben.*

# *Penne mit Muscoli Fritti nell'Olio*

**Für 4-6 Personen**

**ZUTATEN**

400 g getrocknete Penne
125 ml Olivenöl
450 g Miesmuscheln, gekocht und ausgelöst
1 TL Meersalz
100 g Mehl
100 g sonnengetrocknete Tomaten, in Streifen geschnitten
2 EL gehackte frische Basilikumblätter
Salz und Pfeffer
1 Zitrone, in dünne Scheiben geschnitten, zum Garnieren

1 Salzwasser in einem großen Topf aufkochen. Die Penne mit 1 Esslöffel des Öls darin bissfest kochen.

2 Die Nudeln abgießen, in eine vorgewärmte Servierschüssel geben und warm stellen.

3 Die Muscheln mit Meersalz bestreuen. Das Mehl mit Salz und Pfeffer würzen, in eine Schüssel geben und die Muscheln darin wenden.

4 Das restliche Öl in einer Pfanne erhitzen und die Muscheln unter Rühren goldbraun braten.

5 Die Muscheln mit den Penne vermengen und mit getrockneten Tomaten und Basilikum bestreuen. Mit Zitronenscheiben garnieren und sofort servieren.

## VARIATION

*Sie können die Miesmuscheln auch durch kleine, frische Venusmuscheln ersetzen.*

## TIPP

*In der Sonne getrocknete und in Öl eingelegte Tomaten haben am Mittelmeer eine lange Tradition, sind aber erst in jüngerer Zeit bei uns erhältlich. Sie haben einen intensiven Geschmack und eine feste Konsistenz und sollten vor dem Gebrauch abgetropft und evtl. klein geschnitten werden.*

# Frittierte Polentastreifen

**Für 4 Personen**

## ZUTATEN

2 TL Salz
350 g Instant-Polenta
2 TL Chilipulver
Salz und Pfeffer
1 EL Olivenöl
150 ml saure Sahne
1 EL frisch gehackte Petersilie

1 In einem Topf 1 1/2 Liter Wasser aufkochen. Das Salz zufügen, die Polenta gleichmäßig einstreuen und sorgfältig unterrühren.

2 Die Hitze ein wenig reduzieren und die Polentamischung etwa 5 Minuten weiterrühren. Das Rühren ist sehr wichtig, da die Polenta sonst anbrennt. Sie ist fertig, wenn sie so steif geworden ist, dass der Kochlöffel aufrecht darin stehen bleibt.

3 Das Chilipulver zufügen und gut unterrühren. Dann die Polenta mit etwas Salz und Pfeffer abschmecken.

4 Die fertige Polenta auf eine Arbeitsfläche oder ein Küchenbrett streichen; die Schicht sollte etwa 4 cm dick sein. Dann auskühlen lassen.

5 Anschließend die abgekühlte Polenta in dünne Streifen schneiden.

6 Das Öl in einer Pfanne erhitzen und die Polentastreifen darin von jeder Seite 3–4 Minuten goldbraun und knusprig frittieren. Aus der Pfanne nehmen und auf Küchenpapier abtropfen lassen. Oder die Streifen mit zerlassener Butter bestreichen und 6–7 Minuten unter einem vorgeheizten Grill rösten.

7 Die saure Sahne und die Petersilie in einer Schüssel mischen.

8 Die fertigen Polentastreifen mit dem Petersiliendip servieren.

### TIPP

*Instant-Polenta ist in den meisten Supermärkten erhältlich und einfach zuzubereiten. Fertig zubereitet ist sie bis zu 1 Woche im Kühlschrank haltbar.*

1

2

4

# Polenta-Spieße

**Für 4 Personen**

**ZUTATEN**

750 ml Wasser
175 g Instant-Polenta
2 EL frisch gezupfter Thymian
Salz und Pfeffer
8 Scheiben Parmaschinken
1 EL Olivenöl
frischer grüner Salat, zum Servieren

1 Das Wasser in einem Topf aufkochen. Die Polenta gleichmäßig einstreuen und sorgfältig unterrühren, bis sie steif ist. Eventuell abweichende Packungsangaben beachten.

2 Thymian zugeben und mit Salz und Pfeffer abschmecken.

3 Die fertige Polenta auf ein Küchenbrett streichen, bis die Schicht etwa 2 cm dick ist. Dann auskühlen lassen.

4 Die erkaltete Polenta mit einem scharfen Messer in 2 cm große Würfel schneiden.

5 Die Schinkenscheiben längs halbieren und um die Polentawürfel wickeln.

6 Die fertigen Würfel auf Spieße stechen.

7 Die Polenta-Spieße mit etwas Öl bestreichen und unter regelmäßigem Wenden 7–8 Minuten unter einem vorgeheizten Backofengrill oder auf einem Holzkohlengrill braten. Anschließend auf Teller verteilen und mit grünem Salat servieren.

## VARIATION

*Polenta kann auch mit anderen Kräutern wie Oregano, Majoran oder Basilikum gewürzt werden. Für 350 g Instant-Polenta benötigt man etwa 3 Esslöffel frisch gehackte Kräuter.*

# Paprika mit Risottofüllung

Für 4 Personen

## ZUTATEN

4 rote oder orangefarbene Paprika
1 EL Olivenöl
1 große Zwiebel, fein gehackt
350 g Arborio-Reis, gewaschen
1 Msp. Safran
150 ml Weißwein
850 ml Gemüse- oder Hühnerbrühe, erhitzt
50 g Butter
50 g geriebener Pecorino
50 g grobe italienische Salami, etwa Salami Felino, gewürfelt
200 g Mozzarella, in Scheiben geschnitten

1 Die Paprika so halbieren, dass an beiden Hälften ein Stück Stiel bleibt. Dann entkernen.

2 Die Paprika mit der Schnittseite nach oben 12–15 Minuten unter einen vorgeheizten Grill geben, bis sie weich und stellenweise schwarz verfärbt sind.

3 Das Öl in einer Pfanne erhitzen. Die Zwiebel darin 3–4 Minuten glasig dünsten. Reis und Safran zugeben und etwa 1 Minute lang gut mit der Zwiebelmischung vermengen.

4 Nach und nach Wein und Brühe zugießen. Immer so lange warten, bis die neu zugefügte Flüssigkeit aufgesogen ist, bevor weitere zugegeben wird. Nach etwa 15 Minuten sollte die gesamte Flüssigkeit aufgesogen sein. Falls der Reis noch hart ist, etwas Wasser zugießen und weiterkochen, bis er gar ist.

5 Butter, Pecorino und Salami unter den Reis rühren.

6 Den Risotto auf die Paprikahälften verteilen, jede Hälfte mit einer Scheibe Mozzarella belegen und alle Hälften 4–5 Minuten unter einen vorgeheizten Grill überbacken, bis der Käse Blasen wirft. Heiß servieren.

### VARIATION

*Die Paprika durch Tomaten ersetzen. Dazu 4 große Tomaten halbieren und entkernen, aber nicht wie die Paprika rösten. Ansonsten wie beschrieben vorgehen.*

# *Kartoffelgnocchi mit Tomatensauce*

**Für 4 Personen**

## ZUTATEN

350 g mehlige Kartoffeln, halbiert
Salz und Pfeffer
75 g Mehl
1 TL Backpulver
Mehl, für die Arbeitsfläche
2 TL getrockneter Oregano
2 EL Öl
1 große Zwiebel, gehackt
2 Knoblauchzehen, zerdrückt
400 g Tomaten aus der Dose, gehackt
1/2 Würfel Gemüsebrühe in 100 ml kochendem Wasser
2 EL frisches Basilikum, in Streifen
frisch gemahlener schwarzer Pfeffer
frische Basilikumblätter
geriebener Parmesan

1 Salzwasser in einem Topf aufkochen, die Kartoffeln zugeben und 12–15 Minuten weich garen. Dann abgießen und abkühlen lassen.

2 Die abgekühlten Kartoffeln schälen, stampfen, mit Salz, Pfeffer, Mehl, Backpulver und Oregano mischen und von Hand zu einem festen Teig kneten.

3 Das Öl in einer Pfanne erhitzen. Zwiebel und Knoblauch darin 3–4 Minuten dünsten. Tomaten und Brühe zugeben und 10 Minuten kochen. Dann mit Salz und Pfeffer abschmecken.

4 Den Kartoffelteig zu einer langen Rolle mit einem Durchmesser von etwa 2 cm rollen. Hiervon etwa 2 cm dicke Scheiben abschneiden. Die Hände mit Mehl bestäuben, je eine Seite der Scheiben auf den Zeigefinger legen und von oben mit einer Gabel andrücken.

5 Wasser in einem großen Topf aufkochen und die vorbereiteten Gnocchi portionsweise darin garen.

6 Die Basilikumstreifen in die Tomatensauce geben und diese über die fertigen Gnocchi gießen. Mit Basilikum garnieren und mit frisch gemahlenem schwarzen Pfeffer sowie etwas Parmesan bestreuen.

## VARIATION

*Die Gnocchi mit Pesto servieren.*

2

3

4

# Gebackene Grießgnocchi

**Für 4 Personen**

## ZUTATEN

425 ml Gemüsebrühe
100 g Grieß
1 EL frisch gezupfter Thymian
1 Ei, verquirlt
50 g geriebener Parmesan
Salz und Pfeffer
50 g Butter
2 Knoblauchzehen, zerdrückt
frisch gemahlener schwarzer Pfeffer

1 Die Brühe aufkochen. Den Grieß einstreuen und unterrühren. Unter stetigem Rühren 3–4 Minuten kochen, bis die Masse so fest ist, dass der Kochlöffel aufrecht darin stehen bleibt. Anschließend die Masse beiseite stellen und leicht abkühlen lassen.

2 Den Thymian, das Ei und die Hälfte des Parmesans unter die Grießmischung rühren und mit Salz und Pfeffer abschmecken.

3 Die Masse auf ein Küchenbrett streichen, bis die Schicht etwa 1 cm dick ist. Dann abkühlen lassen.

4 Die abgekühlte Grießmasse in briefmarkengroße Quadrate schneiden. Die Teigreste aufbewahren.

5 Eine Auflaufform einfetten. Eventuelle Teigreste auf dem Boden der Form verteilen. Die Quadrate darüber anordnen und mit dem restlichen Parmesan bestreuen.

6 Die Butter in einer Pfanne zerlassen, Knoblauch zufügen und mit frisch gemahlenem Pfeffer abschmecken. Die fertige Buttersauce über die Grießgnocchi gießen und diese 15–20 Minuten in einem auf 220 °C vorgeheizten Ofen backen, bis sie aufgegangen und goldbraun sind. Heiß servieren.

## VARIATION

*Die Grießmischung kann bei Schritt 2 mit 1/2 Teelöffel Paste aus getrockneten Tomaten oder 50 g fein gehackten Champignons verfeinert werden.*

1

3

5

# Fleisch & Geflügel

*Nudeln mit Fleisch oder Geflügel sind klassische Kombinationen, die sich in einfachen, preiswerten Alltagsgerichten, aber auch in anspruchsvollen und eleganten Kompositionen wieder finden.*

*Fleisch wird in Italien meist entbeint und quer zur Faser aufgeschnitten verkauft. Die Spitzenposition nimmt dabei Kalb ein. Schwein ist ebenfalls beliebt. Lamm wird meist bei besonderen Anlässen am Spieß gebraten oder im Ofen mit Wein, Knoblauch und Kräutern gebacken.*

*Geflügelgerichte sind die Stars der italienischen Küche. Neben dem Huhn sind Pute, Ente, Gans und Perlhuhn sehr beliebt. Das gleiche gilt für Wild. Besonders in Sardinien zählen Wildkaninchen, Hase, Wildschwein und Rotwild zu den traditionellen Speisen.*

*Dieses Kapitel enthält viele Familienrezepte und einige aufregende Variationen traditioneller Gerichte. Dazu finden Sie hier eine schöne Sammlung hinreißender Originalrezepte, die verblüffend schnell und einfach zubereitet sind.*

# Spaghetti Bolognese

**Für 4 Personen**

## ZUTATEN

3 EL Olivenöl
2 Knoblauchzehen, zerdrückt
1 große Zwiebel, fein gehackt
1 Karotte, gewürfelt
250 g mageres Hack von Rind, Kalb oder Schwein
100 g Hühnerleber, fein gehackt
100 g magerer Parmaschinken, gewürfelt
150 ml Marsala
300 g gehackte Tomaten aus der Dose
1 EL frisch gehackte Basilikumblätter
2 EL Tomatenmark
Salz und Pfeffer
500 g getrocknete Spaghetti

1 2 Esslöffel des Olivenöls in einem großen Topf erhitzen. Knoblauch, Zwiebel und Karotte hineingeben und 6 Minuten anbraten.

2 Hackfleisch, Hühnerleber und Parmaschinken zugeben und 12 Minuten bei mittlerer Hitze bräunen.

3 Marsala, Tomaten, Basilikum und Tomatenmark einrühren und 4 Minuten kochen. Mit Salz und Pfeffer abschmecken. Abdecken und etwa 30 Minuten köcheln.

4 Den Deckel abnehmen, durchrühren und weitere 15 Minuten köcheln.

5 In der Zwischenzeit Salzwasser in einem großen Topf aufkochen. Spaghetti und das restliche Öl hineingeben und etwa 12 Minuten kochen, bis die Nudeln gar, aber noch bissfest sind. Abgießen und in eine Servierschüssel geben. Die Sauce über die Nudeln geben, vermengen und heiß servieren.

### VARIATION

*Hühnerleber ist ein wichtiger Bestandteil der klassischen Bolognese-Sauce, der sie geschmackliche Fülle verleiht. Sie können sie aber auch durch die gleiche Menge Rinderhack ersetzen.*

# *Rindergeschnetzeltes mit Rigatoni*

**Für 4 Personen**

**ZUTATEN**

80 g Butter
500 g mageres Rindfleisch, in dünne Streifen geschnitten
180 g kleine Champignons, in Scheiben geschnitten
1 TL Senf
1 Msp. frisch geriebene Ingwerwurzel
2 EL trockener Sherry
150 g Sahne
Salz und Pfeffer
4 Scheiben Weißbrot, getoastet und in Dreiecke geschnitten, zum Servieren

NUDELN:
500 g Rigatoni
2 EL Olivenöl
2 frische Basilikumzweige
125 g Butter

1 Die Butter in einer Pfanne zerlassen und das Fleisch darin bei mittlerer Hitze anbraten. In eine Auflaufform füllen, beiseite stellen und warm halten.

2 Die Pilze in die Pfanne geben und kurz im Bratensatz anbraten. Senf, Ingwer, Salz und Pfeffer zugeben und weitere 2 Minuten köcheln, Sherry und Sahne zugießen. Alles 3 Minuten kochen, dann die Sahnesauce über das Fleisch gießen.

3 Das Fleisch mit der Sauce in einem auf 180 °C vorgeheizten Ofen 5–10 Minuten backen.

4 Salzwasser in einem großen Topf aufkochen. Die Rigatoni, das Öl und einen Basilikumzweig zugeben und die Nudeln darin bissfest garen. Dann abgießen und auf vorgewärmte Teller verteilen. Die Nudeln mit der Butter mischen und mit dem restlichen Basilikum garnieren.

5 Das Geschnetzelte mit den Nudeln und getoastetem Weißbrot servieren.

# *Frische Spaghetti mit italienischen Fleischbällchen in Tomatensauce*

**Für 4 Personen**

## ZUTATEN

150 g Vollkorn-Semmelbrösel
150 ml Milch
1 EL Butter
1 EL Vollkornmehl
200 ml Rinderbrühe
400 g gehackte Tomaten aus der Dose
2 EL Tomatenmark
1 TL Zucker
1 EL fein gehackter frischer Estragon
1 große Zwiebel, gehackt
500 g Rinderhack
1 TL Paprikapulver
4 EL Olivenöl
500 g frische Spaghetti
1 EL Öl
Salz und Pfeffer
frische Estragonzweige, zum Garnieren

1 Die Semmelbrösel 30 Minuten in Milch einweichen.

2 Die Hälfte der Butter in einem Topf zerlassen. Das Mehl 2 Minuten anschwitzen. Die Brühe zugießen und 5 Minuten kochen. Tomaten, Tomatenmark, Zucker und Estragon zugeben. Kräftig abschmecken und 25 Minuten köcheln.

3 Zwiebel, Fleisch und Paprikapulver mit den Semmelbröseln mischen und abschmecken. Zu 14 Kugeln formen.

4 Die Fleischbällchen im Öl und der restlichen Butter rundum anbräunen. In einen Topf geben, mit der Sauce übergießen, abdecken und 25 Minuten im vorgeheizten Backofen bei 180 °C backen.

5 Salzwasser in einem großen Topf aufkochen. Die Spaghetti darin mit dem Öl bissfest kochen.

6 Die Fleischbällchen aus dem Ofen nehmen und 3 Minuten abkühlen lassen. Fleischbällchen, Sauce und Spaghetti mit Estragonzweigen garnieren und servieren.

# Geschichteter Hackbraten

Für 6 Personen

## ZUTATEN

1 EL Butter, plus Butter zum Einfetten
1 kleine Zwiebel, fein gehackt
1 kleine rote Paprika, entkernt und gehackt
1 Knoblauchzehe, gehackt
500 g Rinderhack
25 g Semmelbrösel
1/2 TL Cayennepfeffer
1 EL Zitronensaft
1/2 TL geriebene Zitronenschale
2 EL frisch gehackte Petersilie
100 g getrocknete kurze Nudeln, z. B. Fusilli
1 EL Olivenöl
250 ml italienische Käsesauce
4 Lorbeerblätter
150 g durchwachsener Speck ohne Schwarte
Salz und Pfeffer
Salatblätter, zum Garnieren

1 Den Backofen auf 180 °C vorheizen. Die Butter in einem Topf zerlassen, Zwiebel und Paprika 3 Minuten anbraten. Den Knoblauch 1 Minute andünsten.

2 Das Fleisch mit einem Holzlöffel zerdrücken, bis es klebt. Mit Zwiebelmischung, Semmelbrösel, Cayennepfeffer, Zitronensaft und -schale, Petersilie und Gewürzen mischen.

3 Salzwasser in einem großen Topf aufkochen. Die Nudeln 8–10 Minuten kochen. Abgießen und in die italienische Käsesauce rühren.

4 Eine 1-kg-Kastenform einfetten und den Boden mit Lorbeerblättern auslegen. Die Speckscheiben strecken und Boden und Seiten der Form damit auslegen. Die Hälfte des Hackfleischs hineingeben und glatt streichen. Mit Nudeln und Sauce bedecken, dann das restliche Hackfleisch darüber geben. Glatt streichen und mit Alufolie abdecken.

5 Den Hackbraten 1 Stunde backen, bis beim Einstechen klarer Saft austritt. Überschüssiges Fett abgießen und den Braten auf einen Servierteller stürzen. Mit Salatblättern garnieren.

2

2

4

# Eiernudeln mit Rindfleisch

**Für 4 Personen**

## ZUTATEN

250 g Eiernudeln, bissfest gegart
3 EL Walnussöl
2-cm-Stück frische Ingwerwurzel, in dünne Scheiben geschnitten
5 Frühlingszwiebeln, in feine Ringe geschnitten
2 Knoblauchzehen, fein gehackt
1 rote Paprika, entkernt und in dünne Streifen geschnitten
100 g kleine Champignons, in dünne Scheiben geschnitten
350 g Filetsteak, in dünne Streifen geschnitten
Salz und Pfeffer
1 EL Speisestärke
5 EL trockener Sherry
3 EL Sojasauce
1 TL brauner Zucker
250 g Bohnensprossen
1 EL Sesamöl
Frühlingszwiebeln, in Streifen geschnitten, zum Garnieren

1 Das Walnussöl in einem vorgeheizten Wok erhitzen. Ingwer, Frühlingszwiebeln und Knoblauch zugeben und etwa 45 Sekunden anbraten. Paprika, Pilze und Fleisch zugeben und alles weitere 4 Minuten braten. Dann mit Salz und Pfeffer abschmecken.

2 Stärke, Sherry und Sojasauce in einer kleinen Schale zu einer glatten Masse verrühren und in den Wok gießen. Den Zucker darüber streuen und alle Zutaten unter Rühren 2 Minuten erhitzen.

3 Die Bohnensprossen und die Nudeln in den Wok geben, mit Sesamöl beträufeln, 1 weitere Minute kochen und gut mit den anderen Zutaten verrühren. Das fertige Gericht mit Frühlingszwiebelstreifen garnieren und sofort servieren.

## TIPP

*Wer keinen Wok hat, kann auch eine große Pfanne verwenden. Der Wok hat jedoch den Vorteil, dass sich durch den gewölbten Boden die Hitze besser verteilt. Zudem rutschen die Zutaten beim Rühren immer wieder in die Mitte.*

無

# *Tagliarini mit Fleischbällchen in Rotwein-Pilz-Sauce*

**Für 4 Personen**

## ZUTATEN

150 g Semmelbrösel
150 ml Milch
250 g Austernpilze, klein geschnitten
1 EL Butter
9 EL Olivenöl
1 EL Vollkornmehl
200 ml Rinderbrühe
150 ml Rotwein
4 Tomaten, gehäutet und gehackt
1 EL Tomatenmark
1 TL brauner Zucker
1 EL frisch gehacktes Basilikum
12 Schalotten, gehackt
500 g Rinderhack
1 TL Paprikapulver
500 g getrocknete Eier-Tagliarini
Salz und Pfeffer
frische Basilikumzweige, zum Garnieren

1 Die Semmelbrösel 30 Minuten in Milch einweichen.

2 Die Pilze in der Hälfte der Butter und 4 Esslöffeln Öl andünsten. Mehl einrühren. Brühe und Wein zugießen und 15 Minuten köcheln. Tomaten, Tomatenmark, Zucker und Basilikum zugeben und 30 Minuten köcheln.

3 Schalotten, Hackfleisch und Paprikapulver mit den Semmelbröseln mischen. Abschmecken und zu 14 Kugeln formen.

4 4 Esslöffel Öl und die restliche Butter in einer Pfanne erhitzen. Die Fleischbällchen rundum anbräunen. In eine Kasserolle geben, mit der Rotwein-Pilz-Sauce übergießen, abdecken und 30 Minuten im vorgeheizten Backofen bei 180 °C backen.

5 Salzwasser in einem großen Topf aufkochen und die Nudeln darin bissfest kochen. Abgießen und in eine Schüssel geben. Fleischbällchen und Sauce über die Nudeln geben, mit Basilikum garnieren und servieren.

# *Spaghetti Siciliana*

**Für 4 Personen**

## ZUTATEN

150 ml Olivenöl,
plus Öl, zum Bestreichen
2 Auberginen
350 g Rinderhack
1 Zwiebel, gehackt
2 Knoblauchzehen, zerdrückt
2 EL Tomatenmark
400 g gehackte Tomaten
aus der Dose
1 TL Worcestersauce
1 TL frisch gehackter Majoran oder
Oregano oder 1/2 TL getrockneter Majoran oder Oregano
60 g entkernte schwarze Oliven, in
Scheiben geschnitten
1 grüne, rote oder gelbe Paprika,
entkernt und gehackt
200 g getrocknete Spaghetti
1 EL Olivenöl
100 g frisch geriebener Parmesan
Salz und Pfeffer

1 Eine 20-cm-Springform mit Öl einfetten, den Boden mit Backpapier auslegen und mit Öl einfetten.

2 Die Auberginen in Scheiben schneiden und in ein wenig Öl von beiden Seiten anbräunen. Auf Küchenpapier abtropfen.

3 Hackfleisch, Zwiebel und Knoblauch in etwas Öl unter Rühren in einem Topf anbräunen. Tomatenmark, Tomaten, Worcestersauce, Kräuter und Salz und Pfeffer zugeben. 10 Minuten köcheln. Oliven und Paprika zugeben und weitere 10 Minuten kochen.

4 Salzwasser in einem großen Topf aufkochen. Spaghetti darin mit 1 Esslöffel Öl bissfest kochen. Abgießen und in eine Schüssel geben. Die Hackfleischsauce und den Käse darüber geben und vermengen.

5 Boden und Seiten der Springform mit Auberginenscheiben auslegen. Nudeln und Sauce hineingeben und mit der restlichen Aubergine bedecken. 40 Minuten im vorgeheizten Backofen bei 200 °C backen. 5 Minuten ruhen lassen, dann auf einen Servierteller stürzen. Das Backpapier entfernen.

2

3

5

# *Rindfleisch-Nudel-Kasserolle*

**Für 4 Personen**

## ZUTATEN

KHORMA-PASTE:
60 g abgezogene Mandeln
6 Knoblauchzehen
2-cm-Stück frische Ingwerwurzel, grob gehackt
6 EL Rinderbrühe
1 TL gemahlenes Kardamom
4 Gewürznelken, zerdrückt
1 TL Zimtpulver
2 große Zwiebeln, gehackt
1 TL Korianderkörner
2 TL gemahlener Kreuzkümmel
1 Prise Cayennepfeffer
6 EL Sonnenblumenöl

800 g Rindersteak, gewürfelt
150 ml Rinderbrühe
450 g getrocknete Makkaroni
1 EL Olivenöl
300 g Sahne
1/2 TL Garam Masala
frischer Koriander und geröstete Mandeln, zum Garnieren
Naan-Brot, zum Servieren

1 Die Mandeln im Mörser fein zermahlen. Mit den anderen Khorma-Zutaten im Mixer zu einer sehr glatten Paste verarbeiten.

2 Das Rindfleisch in einer flachen Schale mit der Paste bedecken und gründlich darin wenden. 6 Stunden im Kühlschrank marinieren.

3 Das Fleisch in einen großen Topf geben und 35 Minuten sanft köcheln. Bei Bedarf etwas Brühe nachgießen.

4 Salzwasser in einem großen Topf aufkochen. Die Makkaroni darin mit dem Öl ca. 10 Minuten bissfest kochen. Abgießen und in einen hohen, ofenfesten Topf geben. Fleisch, Sahne und Garam Masala zugeben.

5 30 Minuten im Backofen bei 200 °C backen. Aus dem Ofen nehmen und 10 Minuten stehen lassen. Mit Koriander garnieren und mit Naan-Brot servieren.

## VARIATION

*Sie können dieses Gericht auch mit Hühnerfleisch und -brühe statt Rindfleisch und -brühe zubereiten.*

# *Lasagne Verde*

**Für 4–6 Personen**

**ZUTATEN**

Butter, zum Einfetten
14 vorgekochte Lasagneblätter
850 ml Béchamel-Sauce
75 g Mozzarella, gerieben
frisches Basilikum (nach Wunsch), zum Garnieren

FLEISCHSAUCE:
25 ml Olivenöl
500 g Rinderhack
1 große Zwiebel, gehackt
1 Selleriestange, gewürfelt
4 Knoblauchzehen, zerdrückt
25 g Mehl
300 ml Rinderbrühe
150 ml Rotwein
1 EL frisch gehackte Petersilie
1 EL frisch gehackter Majoran
1 TL frisch gehacktes Basilikum
2 EL Tomatenmark
Salz und Pfeffer

1 Das Olivenöl für die Fleischsauce in einer großen Pfanne erhitzen. Das Hackfleisch unter regelmäßigem Rühren rundum anbräunen. Zwiebel, Sellerie und Knoblauch zugeben und 3 Minuten braten.

2 Mit Mehl bestreuen und unter ständigem Rühren 1 Minute braten. Nach und nach Brühe und Rotwein zugießen. Kräftig abschmecken, dann Petersilie, Majoran und Basilikum zugeben. Aufkochen, die Temperatur reduzieren und 35 Minuten köcheln. Das Tomatenmark hinzugeben und weitere 10 Minuten köcheln.

3 Eine Auflaufform leicht mit Butter einfetten. Den Boden mit Lasagneblättern auslegen und je eine Schicht Fleisch- und Béchamel-Sauce darüber geben. Mit einer weiteren Schicht Teigblätter bedecken und den Vorgang zweimal wiederholen. Mit einer Schicht Béchamel-Sauce abschließen. Mit Mozzarella bestreuen.

4 Die Lasagne 35 Minuten im vorgeheizten Backofen bei 190 °C goldbraun backen. Nach Wunsch mit frischem Basilikum garnieren und sofort servieren.

1

2

3

# *Pasticcio*

**Für 6 Personen**

**ZUTATEN**

250 g getrocknete Fusilli
1 EL Olivenöl,
plus Öl zum Einfetten
4 EL Sahne
gemischter Salat, zum Servieren

SAUCE:
2 EL Olivenöl
1 Zwiebel, in dünne Streifen geschnitten
1 rote Paprika, entkernt und gehackt
2 Knoblauchzehen, gehackt
600 g Rinderhack
400 g gehackte Tomaten aus der Dose
125 ml trockener Weißwein
2 EL frisch gehackte Petersilie
60 g Sardellen aus der Dose, abgetropft und gehackt
Salz und Pfeffer

BELAG:
300 ml Naturjoghurt
3 Eier
1 Prise frisch geriebene Muskatnuss
40 g frisch geriebener Parmesan

1 Das Öl für die Sauce in einer Pfanne erhitzen und Zwiebel und Paprika 3 Minuten anbraten. Den Knoblauch zugeben und 1 Minute braten. Das Hackfleisch zufügen und bräunen.

2 Tomaten und Wein zugeben und aufkochen. 20 Minuten unter Köcheln eindicken. Petersilie, Sardellen und Gewürze einrühren.

3 Die Nudeln mit dem Öl 10 Minuten in sprudelndem Salzwasser bissfest kochen. Abgießen, in eine Schüssel geben und mit Sahne vermengen.

4 Für den Belag Joghurt, Eier und Muskat verquirlen.

5 Eine feuerfeste Form mit Öl einfetten. Die Hälfte der Nudeln mit der Hälfte der Sauce bedecken. Den Vorgang wiederholen, den Belag darüber geben und mit Käse bestreuen.

6 25 Minuten im vorgeheizten Backofen bei 190 °C goldgelb backen. Mit einem gemischten Salat servieren.

1

2

5

# *Fettuccine mit Kalbsfilet & Grapefruit in Rosenbutter-Sauce*

**Für 4 Personen**

## ZUTATEN

500 g getrocknete Fettuccine
7 EL Olivenöl
1 TL frisch gehackter Oregano
1 TL frisch gehackter Majoran
150 g Butter
400 g Kalbsfilet, dünn aufgeschnitten

150 ml Rosenblütenessig (s. Tipp)
150 ml Fischbrühe
50 ml Grapefruitsaft
50 g Sahne
Salz

ZUM GARNIEREN:
12 Pink Grapefruitfilets
12 rosa Pfefferkörner
Rosenblätter
frische Kräuterblätter

1 Die Fettuccine mit 1 Esslöffel Öl in Salzwasser bissfest kochen. Abgießen, in eine vorgewärmte Servierschüssel geben und mit 2 Esslöffeln Olivenöl, Oregano und Majoran besprenkeln.

2 50 g Butter mit dem restlichen Öl in einer Pfanne erhitzen und das Fleisch 6 Minuten darin anbraten. Auf die Nudeln geben.

3 Essig und Fischbrühe in den Topf geben und sprudelnd kochend um zwei Drittel reduzieren. Grapefruitsaft und Sahne zugeben und 4 Minuten köcheln. Die restliche Butter unter Schlagen in der Sauce zerlassen. Abschmecken.

4 Die Sauce um das Fleisch gießen, garnieren und servieren.

### TIPP

*Rosenblütenessig: Die Blütenblätter von 8 ungespritzten Rosen 48 Stunden in 150 ml Weißweinessig einlegen.*

# Neapolitanische Kalbskoteletts mit Mascarpone

**Für 4 Personen**

## ZUTATEN

200 g Butter
4 parierte Kalbskoteletts (à 250 g)
1 große Zwiebel, in Streifen geschnitten
2 Äpfel, geschält, entkernt und in Scheiben geschnitten
200 g Knopfchampignons
1 EL frisch gehackter Estragon
8 schwarze Pfefferkörner
1 EL Sesamsaat
400 g getrocknete Marille
100 ml Olivenöl, extra vergine
200 g Mascarpone, in kleine Stücke gebrochen
Salz und Pfeffer
2 große Fleischtomaten, halbiert
Blätter von 1 frischen Basilikumzweig

1 60 g der Butter in einer Pfanne zerlassen. Die Koteletts 5 Minuten von jeder Seite sanft anbraten. In eine Schale geben und warm stellen.

2 Zwiebel und Äpfel goldgelb anbraten. In eine Schale geben und warm stellen.

3 Champignons, Estragon und Pfefferkörner 3 Minuten in der restlichen Butter braten. Mit Sesamsaat bestreuen.

4 Salzwasser in einem großen Topf aufkochen. Die Nudeln darin mit 1 Esslöffel Öl bissfest kochen. Abgießen und auf einen Servierteller geben.

5 Die Nudeln mit Käse bestreuen und mit dem restlichen Olivenöl beträufeln. Zwiebel, Äpfel und Koteletts auf den Nudeln anrichten. Champignons, Pfefferkörner und Bratsaft über die Koteletts geben, Tomaten und Basilikumblätter am Rand anrichten und 5 Minuten im vorgeheizten Backofen bei 150 °C backen. Mit Salz und Pfeffer abschmecken und sofort servieren.

# Gemüsepfanne mit Schweinefleisch

**Für 4 Personen**

**ZUTATEN**

3 EL Sesamöl
350 g Schweinefilet, in schmale Streifen geschnitten
Salz und Pfeffer
500 g Taglioni
1 EL Olivenöl
8 Schalotten, in Ringe geschnitten
2 Knoblauchzehen, fein gehackt
2-cm-Stück frische Ingwerwurzel, gerieben
1 frische grüne Chilischote, fein gehackt
1 rote Paprika, entkernt und in dünne Streifen geschnitten
1 grüne Paprika, entkernt und in dünne Streifen geschnitten
3 Zucchini, in dünne Scheiben geschnitten
2 EL gemahlene Mandeln
1 TL gemahlener Zimt
1 EL Austernsauce
60 g Kokoscreme, geraspelt (s. Tipp)

1 Das Sesamöl in einem vorgeheizten Wok erhitzen. Fleisch mit Salz und Pfeffer würzen und unter Rühren anbraten.

2 Die Nudeln mit Öl in Salzwasser bissfest garen. Abgießen, beiseite stellen und warm halten.

3 Schalotten, Knoblauch, Ingwer und Chili in den Wok geben und 3 Minuten unter Rühren braten. Dann Paprika und Zucchini zugeben und alles 1 weitere Minute braten.

4 Mandeln, Zimt, Austernsauce und Kokoscreme 1 Minute mitbraten.

5 Die Nudeln mit Fleisch und Gemüse in eine Schüssel geben und servieren.

## TIPP

*Kokoscreme wird in Asia Shops in Blockform angeboten. Sie lässt sich raspeln und verleiht Gerichten ein intensives Kokosaroma.*

1

3

4

# Orecchiette mit Schweinegeschnetzeltem und Wachteleiern

**Für 4 Personen**

**ZUTATEN**

500 g Schweinefilet, in feine Streifen geschnitten
4 EL Olivenöl
250 g kleine Champignons, in Scheiben geschnitten
200 ml fertige Rotweinsauce
350 g Orecchiette
1 EL Zitronensaft
1 Msp. Safran
4 EL Sahne
Salz und Pfeffer
12 Wachteleier (s. Tipp)

1 Das Öl in einer Pfanne erhitzen. Das Fleisch darin 5 Minuten anbraten. Die Pilze zugeben und 2 Minuten braten.

2 Die Rotweinsauce zugießen und alles 20 Minuten köcheln.

3 Währenddessen Salzwasser in einem großen Topf aufkochen. Die Orecchiette mit Zitronensaft und Safran bissfest garen. Abgießen, beiseite stellen und warm halten.

4 Die Sahne in die Pfanne geben, mit den anderen Zutaten verrühren, abschmecken und 3 Minuten köcheln.

5 Die Wachteleier 3 Minuten kochen, abschrecken, schälen und halbieren.

6 Die Nudeln auf Teller verteilen, das Geschnetzelte darauf anrichten, mit den Eiern garnieren und sofort servieren.

## TIPP

*Für dieses Rezept werden die Wachteleier wachsweich gekocht. Sie müssen ganz abkühlen, weil sie sich in heißem Zustand kaum schälen lassen und sehr leicht zerbrechen.*

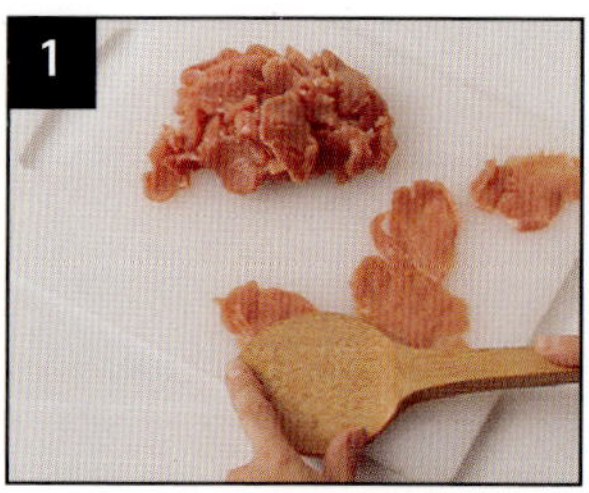
1

3

6

# *Gefüllte Cannelloni*

**Für 4 Personen**

## ZUTATEN

8 getrocknete Cannelloni
1 EL Olivenöl
2 EL frisch geriebener Parmesan
frische Kräuterzweige, zum Garnieren

FÜLLUNG:
1 EL Butter
300 Spinat, Tiefkühlware aufgetaut und gehackt
125 g Ricotta
1 EL frisch geriebener Parmesan
60 g gehackter Kochschinken
1 Prise frisch geriebene Muskatnuss
2 EL Sahne
2 Eier, leicht geschlagen
Salz und Pfeffer

SAUCE:
1 EL Butter
1 EL Mehl
300 ml Milch
2 Lorbeerblätter
1 Prise frisch geriebene Muskatnuss

1 Die Butter für die Füllung in einem Topf zerlassen und den Spinat 2–3 Minuten pfannenrühren. Vom Herd nehmen und Käse und Schinken einrühren. Mit Muskat, Salz und Pfeffer abschmecken. Mit Sahne und Eiern zu einer dicken Paste verquirlen.

2 Die Nudeln mit dem Öl in kochendem Salzwasser bissfest garen. Abtropfen und beiseite stellen.

3 Die Butter für die Sauce in einem Topf zerlassen. Das Mehl einrühren und kurz unter Rühren anschwitzen. Milch und Lorbeerblätter einrühren und 5 Minuten köcheln. Muskat und Gewürze zugeben. Vom Herd nehmen und die Lorbeerblätter entfernen.

4 Die Füllung in einen Spritzbeutel geben und die Cannelloni füllen.

5 Etwas Sauce in eine Auflaufform geben. Die Cannelloni hineinlegen und die restliche Sauce darüber geben. Mit Parmesan bestreuen und 40–45 Minuten im vorgeheizten Backofen bei 190 °C backen. Mit frischen Kräuterzweigen garnieren und sofort servieren.

1

3

5

# *Vollkornspaghetti mit Hähnchenbrust „Nell Gwyn“*

**Für 4 Personen**

## ZUTATEN

25 ml Rapsöl
3 EL Olivenöl
4 Hähnchenbrustfilets (à 250 g)
150 ml Orangenbrandy
15 g Mehl
150 ml frisch gepresster Orangensaft
25 g Zucchini, in Stifte geschnitten
25 g rote Paprika, in Stifte geschnitten
25 g Porree, in dünne Streifen geschnitten
400 g getrocknete Vollkorn-Spaghetti
3 große Orangen, filettiert
Schale von 1 Orange, in sehr dünne Streifen geschnitten
2 EL frisch gehackter Estragon
150 ml Frischkäse oder Ricotta
Salz und Pfeffer

1 Rapsöl und 1 Esslöffel Olivenöl in einer Pfanne erhitzen. Die Filets hineingeben und goldbraun anbraten. Den Orangenbrandy zugeben und 3 Minuten kochen. Das Mehl einstreuen und unter Rühren 2 Minuten kochen.

2 Die Temperatur reduzieren, Orangensaft, Zucchini, Paprika und Porree zugeben und abschmecken. 5 Minuten köcheln, bis die Sauce andickt.

3 Die Spaghetti und 1 Esslöffel Olivenöl 10 Minuten in Salzwasser kochen. Abgießen, in eine Servierschüssel geben und mit dem restlichen Öl beträufeln.

4 Die Hälfte der Orangenfilets, die Hälfte der Orangenschale, Estragon und Frischkäse in die Sauce rühren und 3 Minuten kochen.

5 Das Fleisch auf den Nudeln anrichten, mit der Sauce übergießen und mit Orangenfilets und -schale garnieren. Sofort servieren.

# *Lasagne mit Hähnchen & Wildpilzen*

**Für 4 Personen**

## ZUTATEN

Butter, zum Einfetten
14 vorgekochte Lasagneblätter
800 ml Béchamel-Sauce (s. S. 304)
80 g geriebener Parmesan

HÄHNCHEN-WILDPILZ-SAUCE:
2 EL Olivenöl
2 Knoblauchzehen, gehackt
1 große Zwiebel, fein gehackt
250 g Wildpilze, klein geschnitten
300 g Geflügelhack
80 g Hähnchenleber, fein gehackt
120 g Parmaschinken, gewürfelt
150 ml Marsala
300 g gehackte Tomaten aus der Dose
1 EL frisch gehacktes Basilikum
2 EL Tomatenmark
Salz und Pfeffer

1 Das Olivenöl für die Sauce in einem großen Topf erhitzen. Knoblauch, Zwiebel und Pilze hineingeben und 6 Minuten anbraten.

2 Hackfleisch, Leber und Schinken zugeben und 12 Minuten braten, bis das Fleisch gebräunt ist.

3 Marsala, Tomaten, Basilikum und Tomatenmark einrühren und 4 Minuten kochen. Abschmecken, abdecken und 30 Minuten köcheln. Durchrühren und weitere 15 Minuten köcheln.

4 Den Boden einer eingefetteten Auflaufform mit Lasagneblättern auslegen, eine Schicht Hackfleischsauce, dann eine Schicht Béchamel-Sauce darauf geben. Mit einer Lage Lasagne bedecken, den Vorgang zwei Mal wiederholen und mit einer Schicht Béchamel-Sauce abschließen. Mit geriebenem Käse bestreuen und 35 Minuten im vorgeheizten Backofen bei 190 °C goldbraun backen. Sofort servieren.

# Tagliatelle mit Geflügelsauce

Für 4 Personen

## ZUTATEN

250 g frische grüne Tagliatelle
1 EL Olivenöl
frische Basilikumblätter, zum Garnieren
Salz

TOMATENSAUCE:
2 EL Olivenöl
1 kleine Zwiebel, gehackt
1 Knoblauchzehe, gehackt
400 g gehackte Tomaten aus der Dose
2 EL frisch gehackte Petersilie
1 TL getrockneter Oregano
2 Lorbeerblätter
2 EL Tomatenmark
1 TL Zucker
Salz und Pfeffer

GEFLÜGELSAUCE:
60 g Butter
400 g Hähnchenbrust ohne Haut und Knochen, in dünne Streifen geschnitten
100 g abgezogene Mandeln
300 g Sahne
Salz und Pfeffer

1 Das Öl für die Tomatensauce erhitzen und die Zwiebel glasig dünsten. Den Knoblauch zugeben und 1 Minute dünsten. Tomaten, Kräuter, Tomatenmark, Zucker und Gewürze nach Geschmack einrühren. Aufkochen und köchelnd 15–20 Minuten auf die Hälfte reduzieren. Vom Herd nehmen und die Lorbeerblätter entfernen.

2 Die Butter für die Geflügelsauce in einer Pfanne zerlassen und Hähnchen und Mandeln 5–6 Minuten pfannenrühren, bis das Fleisch gar ist.

3 Die Sahne in einem Topf aufkochen und bei schwacher Hitze etwa 10 Minuten auf die Hälfte reduzieren. Über Hähnchen und Mandeln geben, durchrühren und abschmecken. Warm stellen.

4 Tagliatelle mit Olivenöl in Salzwasser bissfest kochen. Abgießen und in eine vorgewärmte Schüssel geben. Mit der Tomatensauce übergießen und die Geflügelsauce darauf anrichten. Mit Basilikumblättern garnieren und servieren.

# Senf-Hähnchen mit Lumaconi

**Für 4 Personen**

## ZUTATEN

8 Hähnchenteile (Flügel, Schenkel, à ca. 120 g)
60 g Butter, zerlassen
4 EL mittelscharfer Senf (s. Tipp)
2 EL Zitronensaft
1 EL brauner Zucker
1 TL Paprikapulver
3 EL Mohnsamen
400 g frische Lumaconi
1 EL Olivenöl
Salz und Pfeffer

1 Die Hähnchenteile mit der Haut nach unten in eine feuerfeste Form geben.

2 Butter, Senf, Zitronensaft, Zucker, Paprikapulver mit Salz und Pfeffer mischen. Die oben liegenden Seiten der Hähnchenteile mit der Senfglasur bestreichen und 15 Minuten im vorgeheizten Backofen bei 200 °C backen.

3 Die Form aus dem Ofen nehmen und die Hähnchenteile wenden. Die Oberseiten mit der restlichen Glasur bestreichen, mit Mohnsamen bestreuen und für weitere 15 Minuten in den Ofen schieben.

4 Salzwasser in einem großen Topf aufkochen. Die Nudeln darin mit dem Olivenöl bissfest kochen.

5 Die Nudeln abgießen und auf einem vorgewärmten Servierteller anrichten. Mit dem Hähnchen belegen, mit der Sauce übergießen und sofort servieren.

## TIPP

*Dijon-Senf wird häufig zum Kochen verwendet, weil er einen klaren und nur mild scharfen Geschmack hat. Düsseldorfer Senf ist scharf, bayerischer Senf etwas milder und süß. Amerikanischer Senf besitzt eine milde Schärfe.*

1

3

3

# *Tortellini in Sahnesauce*

**Für 4 Personen**

## ZUTATEN

120 g Hähnchenbrustfilet
60 g Parmaschinken
40 g gekochter Blattspinat, gut abgetropft
1 EL fein gehackte Zwiebel
2 EL frisch geriebener Parmesan

1 Prise gemahlenes Piment
1 Ei, geschlagen
500 g Nudel-Grundteig (s. S. 4)
Salz und Pfeffer
2 EL frisch gehackte Petersilie, zum Garnieren

SAUCE:
300 g Sahne
2 Knoblauchzehen, zerdrückt
120 g Knopfchampignons, in dünne Scheiben geschnitten
4 EL frisch geriebener Parmesan

1 Salzwasser in einem großen Topf aufkochen und das Hähnchenfleisch 10 Minuten darin pochieren. Leicht abkühlen lassen, dann mit Schinken, Spinat und Zwiebel im Mixer fein hacken. Parmesan, Piment und Ei einrühren und abschmecken.

2 Den Nudelteig dünn ausrollen und 5 cm große Scheiben ausstechen.

3 1 Teelöffel der Farce in die Mitte jeder Scheibe geben. Die Scheiben in der Mitte überschlagen und die Ränder zusammendrücken. Jede Teigtasche einmal um den Zeigefinger wickeln, die Enden kreuzen und den Teigrand nach hinten schlagen.

4 Die Tortellini 5 Minuten in Salzwasser bissfest sieden lassen. Abgießen und auf einen Servierteller geben.

5 Sahne und Knoblauch für die Sauce aufkochen und 3 Minuten köcheln. Die Pilze und die Hälfte des Käses zugeben, abschmecken und 3 Minuten köcheln. Die Sauce über die Tortellini geben. Mit Parmesan bestreuen, mit Petersilie garnieren und servieren.

1

3

3

# *Hähnchenbrustfilets mit Garnelenfüllung auf einem Nudelbett*

**Für 4 Personen**

## ZUTATEN

4 Hähnchenbrustfilets (à 200 g), pariert
125 g große Spinatblätter, geputzt und in heißem Salzwasser blanchiert
4 Scheiben Parmaschinken
12–16 rohe Riesengarnelen, geschält und geputzt
500 g getrocknete Tagliatelle
1 EL Olivenöl
60 g Butter, plus Butter zum Einfetten
3 Porreestangen, in Streifen geschnitten
1 große Karotte, gerieben
150 ml Mayonnaise
2 große gekochte Rote Bete

1 Jedes Filet zwischen zwei Lagen Backpapier plattieren.

2 Die Hälfte des Spinats auf die Filets verteilen, auf jedes Filet eine Schinkenscheibe legen und mit Spinat bedecken. Jeweils 3–4 Garnelen darauf anrichten. Die Filets einrollen. Jede Rolle in eingefettete Alufolie einschlagen, auf ein Backblech legen und 20 Minuten im vorgeheizten Backofen bei 200 °C backen.

3 Salzwasser in einem großen Topf aufkochen. Die Nudeln darin mit dem Öl bissfest kochen. Abgießen und auf einen vorgewärmten Teller geben.

4 Die Butter zerlassen und Porree und Karotte 3 Minuten darin andünsten. In die Mitte der Nudeln geben.

5 Die Mayonnaise und eine Rote Bete im Mixer glatt pürieren. Durch ein Sieb streichen und um die Nudeln und das Gemüse gießen.

6 Die zweite Rote Bete in Rauten schneiden und dekorativ am Tellerrand verteilen. Die Filetrollen auspacken und dünn aufschneiden. Auf Gemüse und Nudeln anrichten und servieren.

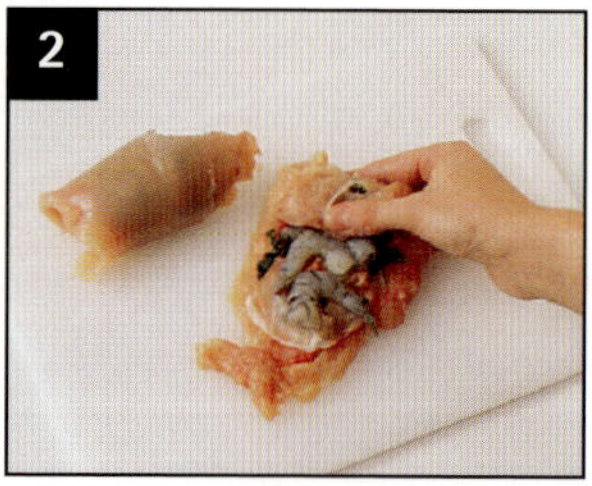

# *Hähnchen & Hummer auf Penne*

**Für 6 Personen**

## ZUTATEN

Butter, zum Einfetten
6 Hähnchenbrüste
500 g getrocknete Penne rigate
6 EL Olivenöl, extra vergine
100 g frisch geriebener Parmesan
Salz
frische Kräuter, zum Garnieren

FÜLLUNG:
120 g Hummerfleisch, gehackt
2 Schalotten, sehr fein gehackt
2 Feigen, gehackt
1 EL Marsala
2 EL Semmelbrösel
1 großes Ei, geschlagen
Salz und Pfeffer

1 6 für eine Hähnchenbrust ausreichend große Blätter Alufolie und ein Backblech einfetten.

2 Die Zutaten für die Füllung gründlich mit einem Löffel in einer Rührschüssel verrühren.

3 Mit einem scharfen Messer eine Tasche in jede Hähnchenbrust schneiden und die Hummerfüllung hineingeben. Jede Hähnchenbrust in Folie einschlagen, die Pakete auf das Backblech legen und 30 Minuten im vorgeheizten Backofen bei 200 °C backen.

4 In der Zwischenzeit Salzwasser in einem großen Topf aufkochen. Die Nudeln darin mit 1 Esslöffel Öl ca. 10 Minuten bissfest kochen. Die Nudeln abgießen und auf einem großen Servierteller anrichten. Das restliche Olivenöl und den Parmesan darüber geben und warm stellen.

5 Die Hähnchenbrüste vorsichtig aus der Folie auspacken, sehr dünn aufschneiden und auf den Nudeln anrichten. Mit frischen Kräutern garnieren und sofort servieren.

### TIPP

*Hähnchenbrustfilets bestehen aus dem Brustfleisch und dem Filetstück. Sie sind immer gehäutet.*

2

3

3

# *Hähnchen mit grünen Oliven*

**Für 4 Personen**

**ZUTATEN**

4 Hähnchenbrustfilets
3 EL Olivenöl
1 EL Butter
1 große Zwiebel, fein gehackt
2 Knoblauchzehen, zerdrückt
2 rote, gelbe oder grüne Paprika, entkernt und in große Stücke geschnitten
250 g Knopfchampignons, in Scheiben oder Viertel geschnitten
150 g Tomaten, gehäutet und halbiert
150 ml trockener Weißwein
200 g entkernte grüne Oliven
4–6 EL Sahne
400 g getrocknete Nudeln
Salz und Pfeffer
gehackte Petersilie, zum Garnieren

1 Die Hähnchenbrüste in 2 Esslöffeln Öl und der Butter goldbraun anbraten. Aus der Pfanne nehmen.

2 Zwiebel und Knoblauch in der Pfanne glasig dünsten. Paprika und Champignons zugeben und 2–3 Minuten braten. Tomaten und Gewürze zugeben. Das Gemüse mit dem Hähnchen in einen ofenfesten Topf geben.

3 Den Wein in einer Pfanne aufkochen. Über das Hähnchen geben, abdecken und 50 Minuten im vorgeheizten Backofen bei 180 °C garen.

4 Die Oliven in den Topf rühren. Die Sahne zugießen, abdecken und für 10–20 Minuten nochmals in den Ofen schieben.

5 In der Zwischenzeit Salzwasser in einem großen Topf aufkochen. Die Nudeln mit dem restlichen Öl bissfest kochen. Abgießen und auf einen Servierteller geben.

6 Das Hähnchen auf den Nudeln anrichten, die Sauce darüber geben, mit der Petersilie garnieren und sofort servieren. Alternativ die Nudeln in eine große Servierschüssel geben und separat reichen.

# *Jungentenbrust auf Linguine*

**Für 4 Personen**

## ZUTATEN

4 Jungentenbrüste (à 300 g)
1 EL Butter
50 g fein gehackte Karotten
50 g fein gehackte Schalotten
1 EL Zitronensaft
150 ml Fleischbrühe
4 EL klarer Honig
120 g frische oder aufgetaute Himbeeren
1 EL Mehl
1 EL Worcestersauce
400 g frische Linguine
1 EL Olivenöl
Salz und Pfeffer

ZUM GARNIEREN:
frische Himbeeren
frischer Zweig glatte Petersilie

1 Die Entenbrüste parieren, gitterförmig einschneiden und gut würzen. Die Butter in einer Pfanne zerlassen und die Entenbrüste leicht bräunen.

2 Karotten, Schalotten, Zitronensaft und die Hälfte der Brühe zugeben und 1 Minute köcheln. Je die Hälfte des Honigs und der Himbeeren einrühren. Die Hälfte des Mehls einrühren und 3 Minuten kochen. Pfeffern und die Worcestersauce zugeben.

3 Die restliche Brühe einrühren und 1 Minute kochen. Den Rest von Honig, Himbeeren und Mehl zufügen. Weitere 3 Minuten kochen.

4 Das Fleisch aus der heißen Sauce nehmen.

5 Salzwasser in einem großen Topf aufkochen. Die Linguine darin mit Olivenöl bissfest kochen. Abgießen und auf vier Teller verteilen.

6 Die Entenbrüste quer 5 mm dick aufschneiden. Ein wenig Sauce über die Nudeln geben und die Scheiben fächerförmig darauf anrichten. Garnieren und servieren.

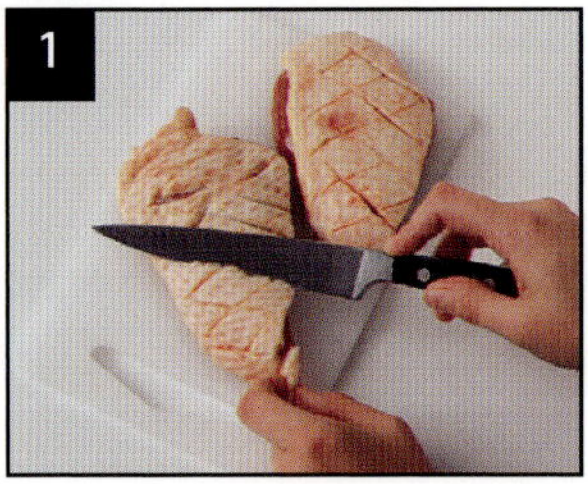

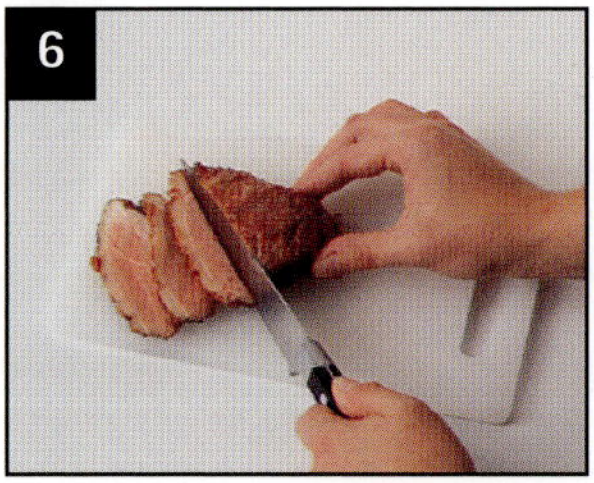

# Glasiertes Rebhuhn mit Rigatoni

**Für 4 Personen**

## ZUTATEN

8 Rebhuhnteile (à 120 g)
60 g Butter, zerlassen
4 EL Dijon-Senf
2 EL Limettensaft
1 EL brauner Zucker
6 EL Pesto
500 g getrocknete Rigatoni
1 EL Olivenöl
120 g frisch geriebener Parmesan
Salz und Pfeffer

1 Die Rebhuhnteile mit der Haut nach unten in eine große feuerfeste Form legen.

2 Butter, Senf, Limettensaft und Zucker in einer Schüssel verrühren und abschmecken. Die oben liegenden Seiten der Rebhuhnteile mit der Glasur bestreichen und 15 Minuten im vorgeheizten Backofen bei 200 °C backen.

3 Die Form aus dem Ofen nehmen und die Rebhuhnteile mit 3 Esslöffeln Pesto bestreichen. Wieder in den Ofen geben und weitere 12 Minuten backen.

4 Die Form aus dem Ofen nehmen und die Rebhuhnteile vorsichtig wenden. Die Oberseiten mit der restlichen Glasur bestreichen und für 10 Minuten in den Ofen schieben.

5 In der Zwischenzeit Salzwasser in einem großen Topf aufkochen. Die Rigatoni mit Olivenöl etwa 10 Minuten kochen, bis die Nudeln bissfest sind. Abgießen und auf einen Servierteller geben. Die Nudeln mit dem restlichen Pesto und dem Parmesan vermengen.

6 Die Rebhuhnteile neben den Nudeln anrichten, mit dem Bratensaft übergießen und sofort servieren.

## VARIATION

*Sie können auch jungen Fasan auf die gleiche Weise zubereiten.*

# *Lasagne mit Fasan & Erbsen*

**Für 4 Personen**

**ZUTATEN**

FÜLLUNG:
250 g fetter Speck, gewürfelt
16 kleine Zwiebeln
60 g Butter
8 große Fasanenbrüste, dünn aufgeschnitten
1 EL Mehl
600 ml Hühnerbrühe
1 Bouquet garni
500 g frische Erbsen, geschält
Salz und Pfeffer
Butter, zum Einfetten
14 vorgekochte Lasagneblätter
800 ml Béchamel-Sauce (s. S. 304)
75 g geriebener Mozzarella

1 Den Speck 3 Minuten in sprudelndem Salzwasser blanchieren, abtropfen und trockentupfen.

2 In einer Pfanne Speck und Zwiebeln in der Butter leicht anbräunen und herausnehmen.

3 Den Fasan in die Pfanne geben und bei schwacher Hitze rundum anbraten. In eine feuerfeste Form geben.

4 Das Mehl in die Pfanne rühren und bräunen, dann die Brühe einrühren. Über den Fasan geben, das Bouquet garni zufügen und 5 Minuten im vorgeheizten Backofen bei 200 °C garen.

5 Das Bouquet garni entfernen. Zwiebeln, Speck und Erbsen in die Form geben und für 10 Minuten in den Ofen schieben.

6 Fasanenbrust und Speck im Mixer zerkleinern.

7 Die Ofentemperatur auf 190 °C reduzieren. Lasagneblätter, Fasanensauce und Béchamel-Sauce in einer feuerfesten Form übereinander schichten. Mit Käse bestreuen und 30 Minuten überbacken. Mit Erbsen und Zwiebeln angerichtet servieren.

# Geflügel-Lasagne

**Für 4 Personen**

## ZUTATEN

350 g frische oder
150 g getrocknete Lasagne (ca. 9 Platten)
1 EL Olivenöl
1 rote Zwiebel, fein gehackt
1 Knoblauchzehe, zerdrückt
100 g Champignons, geputzt und in Scheiben geschnitten
350 g Hähnchen- oder Putenbrustfilet, gewürfelt
150 ml Rotwein, mit 100 ml Wasser vermischt
250 g passierte Tomaten
1 TL Zucker

BÉCHAMEL-SAUCE:
75 g Butter
50 g Mehl
600 ml Milch
1 Ei, verquirlt
75 g geriebener Parmesan
Salz und Pfeffer

1 Getrocknete Lasagneplatten vorkochen.

2 Das Öl in einer Pfanne erhitzen. Die Zwiebel und den Knoblauch darin 3–4 Minuten andünsten. Champignons und Geflügel zufügen und etwa 4 Minuten anbraten, bis das Fleisch von allen Seiten gebräunt ist.

3 Mit Wein ablöschen und aufkochen. Die Hitze reduzieren und 5 Minuten köcheln. Dann die Tomaten und den Zucker zugeben und weitere 3–5 Minuten kochen, bis das Fleisch gar und die Sauce etwas eingedickt ist.

4 Für die Béchamel-Sauce die Butter in einem Topf zerlassen, das Mehl einrühren und 2 Minuten anschwitzen. Dann den Topf vom Herd nehmen und nach und nach die Milch einrühren, bis eine glatte Sauce entsteht. Diese wieder auf den Herd stellen und unter Rühren kochen, bis sie eingedickt ist. Abkühlen lassen. Dann das Ei und die Hälfte des Parmesans einrühren. Die Sauce mit Salz und Pfeffer abschmecken.

5 Eine eingefettete Auflaufform mit 3 Lasagneplatten auslegen und mit der Hälfte der Geflügelmischung bedecken. Wiederholen und die letzte Geflügelschicht mit den letzten 3 Platten bedecken. Diese mit der Sauce übergießen und mit Parmesan bestreuen. Die Lasagne in einen auf 190 °C vorgeheizten Ofen geben und 30 Minuten goldbraun backen.

1

2

3

# Cannelloni

**Für 4 Personen**

## ZUTATEN

20 getrocknete Cannelloni (ca. 200 g) oder 20 zu dünnen Rechtecken ausgerollte frische Pastaplatten (ca. 350 g)
1 TL Öl (für getrocknete Pasta)
250 g Ricotta
150 g Spinat, Tiefkühlware aufgetaut
1/2 kleine rote Paprika, gewürfelt
2 Frühlingszwiebeln, gehackt
Salz und Pfeffer
150 ml Gemüse- oder Hühnerbrühe, erhitzt
1 Portion Basilikum-Tomaten-Sauce (Fertigprodukt)
50 g geriebener Parmesan oder Pecorino

1 Getrocknete Cannelloni müssen unter Umständen vorgekocht werden. Falls die Packungsanleitung dies vorschreibt, Salzwasser in einem großen Topf aufkochen, 1 Teelöffel Öl zufügen und die Pasta am besten portionsweise darin 3–4 Minuten kochen.

2 Ricotta, Spinat, Paprika und Frühlingszwiebeln in einer Schüssel mischen und mit Salz und Pfeffer abschmecken.

3 Eine große Auflaufform leicht einfetten. Die Cannelloni mit der Ricottamischung füllen und in die Form geben. Frische Pastaplatten an einem Ende mit einem Teil der Ricottamischung belegen und zum anderen Ende hin aufrollen.

4 Die Brühe mit der Basilikum-Tomaten-Sauce mischen und über die Cannelloni gießen.

5 Anschließend die Rollen mit dem Käse bestreuen und in einem auf 190 °C vorgeheizten Ofen 20–25 Minuten goldbraun backen, bis die Nudeln gar sind.

## VARIATION

*Das Gericht wird cremiger, wenn die Basilikum-Tomaten-Sauce durch Béchamel-Sauce ersetzt wird.*

# *Deftiger Rindfleischeintopf*

**Für 4 Personen**

## ZUTATEN

1 EL Öl
1 EL Butter
250 g Perlzwiebeln, geschält und halbiert
600 g Schmorfleisch, in 4 cm dicke Würfel geschnitten
300 ml Rindfleischbrühe
150 ml Rotwein
4 EL frisch gehackter Oregano
1 EL Zucker
1 Orange
25 g getrocknete Steinpilze oder andere getrocknete Pilze
250 g Eiertomaten
gekochter Reis oder Kartoffeln, zum Servieren

1 Öl und Butter in einer Pfanne erhitzen. Die Zwiebeln zugeben und 5 Minuten goldbraun dünsten. Dann mit einer Schöpfkelle aus der Pfanne nehmen, beiseite stellen und warm halten.

2 Das Fleisch in die Pfanne geben und unter Rühren 5 Minuten von allen Seiten kräftig anbraten.

3 Die Zwiebeln zurück in die Pfanne geben. Dann Brühe, Wein, Oregano und Zucker zufügen, gut unterrühren und die Mischung in einen Bräter geben.

4 Die Schale der Orange dünn abschälen und in feine Streifen schneiden. Das Fruchtfleisch in Ringe schneiden. Beides mit der Fleischmischung vermengen und diese für 75 Minuten in einem auf 180 °C vorgeheizten Backofen backen.

5 Die getrockneten Pilze 30 Minuten mit 4 Esslöffeln Wasser in einer kleinen Schüssel einweichen.

6 Die Tomaten häuten, halbieren und mit den Pilzen und ihrer Einweichflüssigkeit unter die Fleischmischung rühren. Das Fleisch weitere 20 Minuten im Backofen garen, bis es zart geworden und die Sauce eingedickt ist. Das fertige Gericht mit Reis oder Kartoffeln servieren.

## VARIATION

*Statt frischer Tomaten 8 in breite Streifen geschnittene getrocknete Tomaten verwenden.*

# *Schweinefilet mit Zitrone*

**Für 4 Personen**

## ZUTATEN

500 g Schweinefilet
50 g gehackte Mandeln
2 EL Olivenöl
100 g roher Schinken, fein gehackt
2 Knoblauchzehen, gehackt
1 EL frisch gehackter Oregano
Schale von 2 Zitronen
4 Schalotten, fein gehackt
200 ml Fleisch- oder Hühnerbrühe
1 TL Zucker

1 Das Fleisch in 4 gleich große Stücke schneiden. Die Stücke zwischen zwei Streifen Pergamentpapier legen und mit einem Fleischhammer flach klopfen.

2 Mit einem scharfen Messer jedes Filetstück an einem Ende tief einschneiden, damit eine Tasche entsteht, die gefüllt werden kann.

3 Die Mandeln auf ein Backblech legen und unter einem leicht angewärmten Grill 2–3 Minuten goldbraun rösten.

4 Die Mandeln mit 1 Esslöffel Olivenöl, Schinken, Knoblauch, Oregano und der fein geriebenen Schale von 1 Zitrone verrühren. Die so entstandene Mischung in die Fleischtaschen füllen.

5 Das restliche Öl in einer großen Pfanne erhitzen. Die Schalotten darin 2 Minuten dünsten.

6 Das Fleisch zugeben und von jeder Seite 2 Minuten braten, bis es gleichmäßig gebräunt ist.

7 Die Brühe zugießen und aufkochen. Dann die Hitze reduzieren und das Fleisch etwa 45 Minuten in der Brühe köcheln, bis es gar ist. Dann aus der Pfanne nehmen, beiseite stellen und warm halten.

8 Die zweite Zitrone mit einem Zestenschneider schälen. Zesten und Zucker in die Pfanne geben und 3–4 Minuten kochen, bis die Fleischbrühe sirupartig eingedickt ist. Die fertige Sauce über die warmen Filetstücke geben und sofort servieren.

# *Schweinekoteletts mit Wacholderbeeren*

**Für 4 Personen**

## ZUTATEN

1/2 Fenchelknolle
1 EL Wacholderbeeren
2 EL Olivenöl
geriebene Schale und Saft von 1 Orange
4 Schweinekoteletts à ca. 150 g
frisches Brot und knackiger Salat, zum Servieren

1 Den Fenchel mit einem scharfen Messer fein hacken. Die grünen Stiele der Knolle entfernen.

2 Die Wachholderbeeren in einem Mörser zerstoßen, dann mit dem Fenchel, dem Olivenöl und der Orangenschale mischen.

3 Jedes Kotelett mit einem scharfen Messer leicht einritzen.

4 Die Koteletts in einen flachen Bräter oder eine Auflaufform geben und mit der Fenchel-Wacholder-Mischung belegen.

5 Den Orangensaft nun vorsichtig über die einzelnen Koteletts gießen. Den Bräter bzw. die Form abdecken und das Fleisch für etwa 2 Stunden im Kühlschrank marinieren.

6 Das marinierte Fleisch 10–15 Minuten unter einem vorgeheizten Grill garen; dabei gelegentlich wenden. Die tatsächliche Garzeit hängt von der Dicke der Koteletts ab.

7 Das fertig gegarte Fleisch auf Teller verteilen und mit Salat und Brot zum Aufnehmen der Sauce servieren.

## TIPP

*In Italien werden Wacholderbeeren oft zum Kochen verwendet, um Speisen ein leichtes Zitrusaroma zu verleihen. Sie sind in getrockneter Form im Fachhandel erhältlich.*

1

2

5

# *Schweinebraten in Milch gekocht*

**Für 4 Personen**

## ZUTATEN

800 g Schweinefleisch aus der Keule, entbeint
1 EL Öl
1 EL Butter
1 Zwiebel, gehackt
2 Knoblauchzehen, zerdrückt
75 g Pancetta, gewürfelt
1,2 l Milch
1 EL grüne Pfefferkörner, zerstoßen
2 frische Lorbeerblätter
2 EL Majoran
2 EL Thymian

1 Das Fleisch mit einem scharfen Messer von seiner Fettschicht befreien, in Form drücken und mit Küchengarn fixieren.

2 Öl und Butter in einem großen Topf erhitzen. Zwiebel, Knoblauch und Pancetta darin 2–3 Minuten anbraten.

3 Das Fleisch zufügen und unter mehrmaligem Wenden von allen Seiten kräftig anbraten.

4 Die Milch über das angebratene Fleisch gießen. Pfeffer, Lorbeerblätter, Majoran und Thymian zugeben und das Fleisch bei niedriger Hitze 75–90 Minuten garen. Während der letzten 15 Minuten Garzeit immer wieder nach der Kochflüssigkeit sehen, da sie sehr schnell einkocht und leicht anbrennen kann. Falls die Flüssigkeit sehr weit eingekocht, das Fleisch aber noch nicht gar ist, erneut 100 ml Milch in den Topf geben und das Fleisch fertig garen. Übrig gebliebene Kochflüssigkeit aufbewahren.

### TIPP

*Während des Garens kocht die Milch auf ganz natürliche Weise ein. Übrig bleibt eine sehr delikate Sauce.*

5 Das Fleisch aus dem Topf nehmen und mit einem scharfen Messer in Scheiben schneiden. Auf Teller verteilen, mit der übrig gebliebenen Sauce (siehe Tipp) übergießen und sofort servieren.

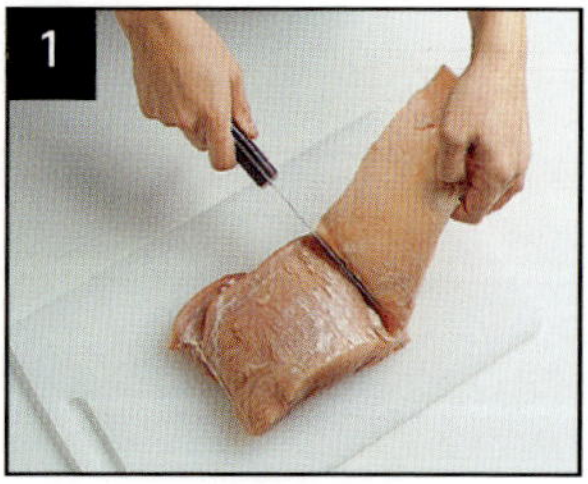


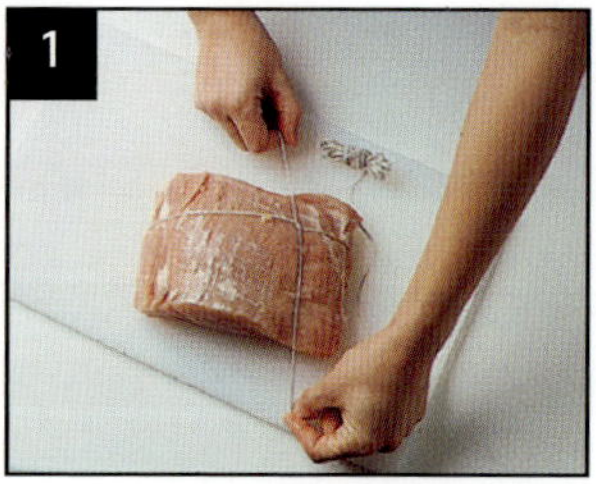

# Neapolitanische Schweinesteaks

**Für 4 Personen**

## ZUTATEN

2 EL Olivenöl
1 große Zwiebel, grob gehackt
1 Knoblauchzehe, zerdrückt
400 g Tomaten aus der Dose
2 EL Hefeextrakt
4 Lendensteaks vom Schwein, à ca. 125 g
75 g schwarze Oliven, entsteint
2 EL frisch gezupftes Basilikum
Salz und Pfeffer
frisch geriebener Parmesan, zum Servieren

1 Das Öl in einer großen Pfanne erhitzen. Die Zwiebel und den Knoblauch zugeben und unter Rühren 3–4 Minuten weich dünsten.

2 Tomaten und Hefeextrakt zugeben und etwa 5 Minuten kochen, bis der Tomatensaft einzudicken beginnt.

3 Die Steaks unter einem vorgeheizten Grill von beiden Seiten 5 Minuten braten, bis sie goldbraun und knusprig sind. Dann beiseite stellen und warm halten.

4 Oliven und Basilikum zu der Sauce in die Pfanne geben und unterrühren, dann mit Salz und Pfeffer abschmecken.

5 Die Steaks auf vorgewärmte Teller verteilen. Die Sauce darüber gießen. Mit Parmesan bestreuen und sofort servieren.

### TIPP

*Parmesan ist ein lange gereifter italienischer Hartkäse. Es reicht aus, ihn in kleinen Mengen zu verwenden.*

### TIPP

*Tomaten aus der Dose werden in zahlreichen verschiedenen Varianten angeboten, etwa als ganze Eiertomaten, gehackt oder passiert. Gehackt sind sie meist mit Gewürzen und Kräutern verfeinert und bestens zur Vorratshaltung geeignet.*

# *Lammfleisch „Roma"*

**Für 4 Personen**

## ZUTATEN

1 El Öl
1 EL Butter
600 g Lammfleisch (aus Schulter oder Keule), in Stücken
4 Knoblauchzehen, geschält
1 EL frisch gehackter Thymian
6 Sardellen
150 ml Rotwein
150 ml Lamm- oder Gemüsebrühe
1 TL Zucker
50 g schwarze Oliven, entsteint und halbiert
2 EL frisch gehackte Petersilie, zum Garnieren
Kartoffelpüree, zum Servieren

1 Öl und Butter in einer großen Pfanne erhitzen. Das Lammfleisch zugeben und 4–5 Minuten unter Rühren von allen Seiten kräftig anbraten.

2 Knoblauch, Thymian und Sardellen in einem Mörser zu einer glatten Paste verarbeiten.

3 Den Wein und die Lamm- oder Gemüsebrühe über das Fleisch in die Pfanne gießen und die Knoblauch-Sardellen-Paste sowie den Zucker zugeben.

4 Die so entstandene Mischung aufkochen. Dann die Hitze reduzieren, die Pfanne abdecken und das Fleisch 30–40 Minuten köcheln, bis es gar ist. Während der letzten 10 Minuten den Deckel von der Pfanne nehmen, damit die Sauce einkochen kann.

5 Oliven zugeben und gut unterrühren.

6 Das fertige Gericht in eine Servierschüssel geben, mit Petersilie bestreuen und mit Kartoffelpüree servieren.

### TIPP

*Die Gerichte aus Rom und Umgebung sind meist sehr einfach zuzubereiten. Sie werden mit vielen aromatischen Kräutern und Gewürzen angereichert und lassen sich schnell auf den Tisch bringen.*

# Lammnoisettes mit Lorbeer & Zitrone

Für 4 Personen

## ZUTATEN

4 Keulenstücke vom Lamm
1 EL Öl
1 EL Butter
150 ml Weißwein
150 ml Lamm- oder Gemüsebrühe
2 Lorbeerblätter
Zesten von 1 Zitrone
Salz und Pfeffer

1 Mit einem scharfen Messer die Knochen aus jedem Lammfleischstück entfernen. Das Fleisch selbst sollte dabei nicht beschädigt werden. Gegebenenfalls den Metzger bitten, diese Aufgabe zu übernehmen.

2 Das Fleisch aufrollen und mit Küchengarn zusammenbinden.

3 Öl und Butter in einer großen Pfanne erhitzen, bis die Mischung zu schäumen beginnt. Die Lammrollen hineingeben und von jeder Seite etwa 2–3 Minuten goldbraun und knusprig anbraten.

4 Die Pfanne vom Herd nehmen und das überschüssige Fett abgießen.

5 Die Pfanne wieder auf den Herd stellen. Wein, Brühe, Lorbeerblätter und Zitronenzesten zu den Lammrollen geben und diese 20–25 Minuten in der Flüssigkeit fertig garen.

6 Das Fleisch und die Sauce mit Salz und Pfeffer abschmecken.

7 Das Küchengarn von den Lammfleischrollen entfernen, diese auf Teller verteilen und mit der Sauce servieren.

### TIPP

*Ihr Metzger wird Ihnen sicherlich gerne verraten, wie Lammnoisettes optimal vorbereitet werden.*

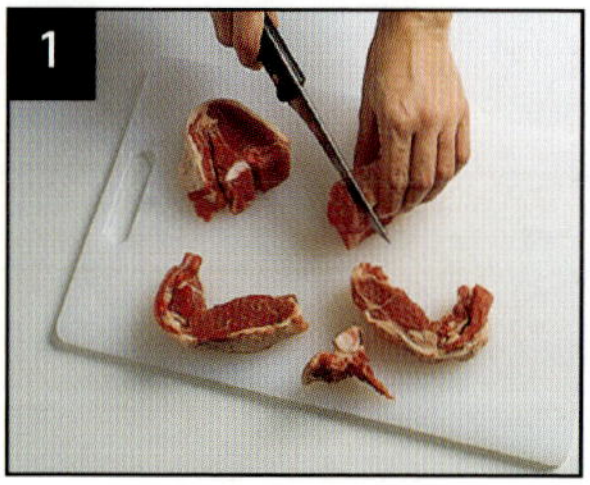


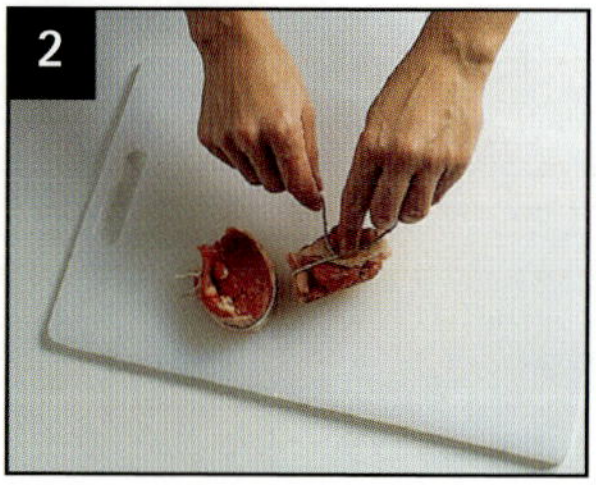

# *Hähnchen Marengo*

**Für 4 Personen**

## ZUTATEN

8 Stücke Hähnchenfleisch
3 EL Olivenöl
300 g passierte Tomaten
200 ml Weißwein
2 TL getrocknete italienische Kräuter (Majoran, Basilikum, Oregano, Thymian)
2 EL Butter, zerlassen
2 Knoblauchzehen, zerdrückt
8 Scheiben Weißbrot
100 g gemischte Pilze
40 g schwarze Oliven, gehackt
1 TL Zucker
Salz und Pfeffer
frisches Basilikum, zum Garnieren

1 Das Hähnchenfleisch mit einem scharfen Messer entbeinen.

2 2 Esslöffel Öl in einer Pfanne erhitzen. Das Fleisch unter gelegentlichem Wenden 4–5 Minuten darin goldbraun anbraten.

3 Die passierten Tomaten, den Wein und die italienischen Kräuter zugeben. Die so entstandene Sauce aufkochen. Dann die Hitze reduzieren und das Fleisch etwa 30 Minuten in der köchelnden Sauce garen. Das Ende der Garzeit kann ermittelt werden, indem das Fleisch an der dicksten Stelle eingestochen wird; wenn nach dem Einstechen klarer Bratensaft austritt, ist es gar.

4 Butter und Knoblauch vermengen. Das Brot leicht anrösten und mit der Knoblauchbutter bestreichen.

5 Das restliche Öl in eine zweite Pfanne geben und die Pilze darin 2–3 Minuten weich dünsten.

6 Oliven und Zucker zu dem Fleisch in die Pfanne geben, unterrühren, mit Salz und Pfeffer abschmecken und alles gut erwärmen.

7 Das Fleisch auf Teller verteilen, mit Sauce übergießen, mit Basilikum garnieren und mit dem Knoblauchbrot und den Pilzen servieren.

### TIPP

*Das Hähnchenfleisch mit dem Wein und den Kräutern für 2 Stunden im Kühlschrank marinieren. Dadurch wird das Fleisch etwas zarter.*

1
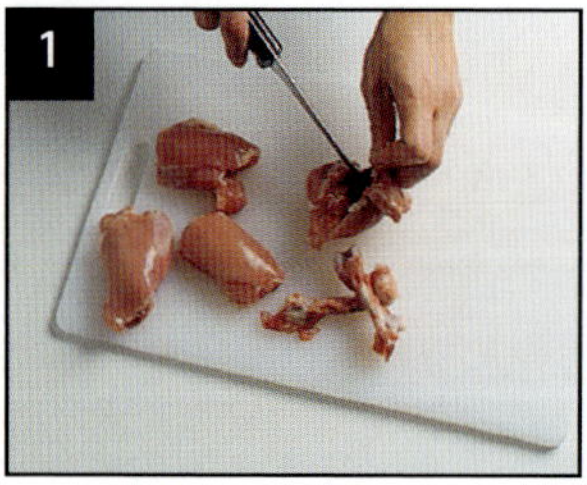

3

4
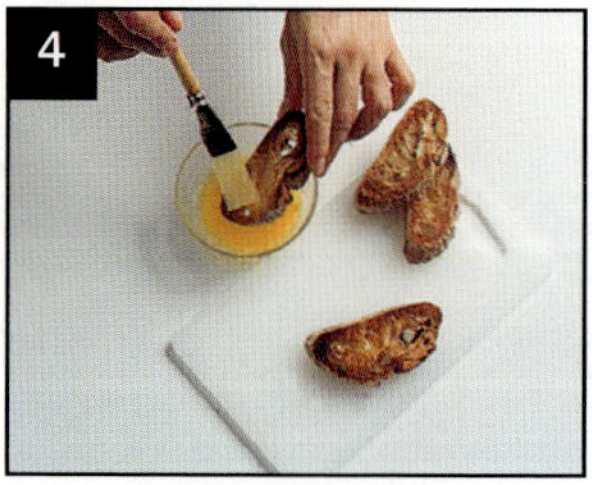

# Hähnchenbrust in Parmaschinken

Für 4 Personen

**ZUTATEN**

4 Hähnchenbrustfilets, enthäutet
100 g Frischkäse mit Kräutern
8 Scheiben Parmaschinken
150 ml Rotwein
150 ml Hühnerbrühe
1 EL brauner Zucker
Pfeffer

1 Die Hähnchenbrüste an einer Längsseite tief einschneiden, damit eine Tasche zum Füllen entsteht.

2 Den Käse mit einem Holzlöffel cremig rühren, dann in die vorbereiteten Filets füllen.

3 Jede Hähnchenbrust mit 2 Scheiben Parmaschinken umwickeln und mit Küchengarn fixieren.

4 Wein und Brühe in eine große Pfanne gießen und aufkochen. Wenn die Flüssigkeit zu kochen anfängt, Zucker einstreuen und rühren, bis er aufgelöst ist.

5 Die Hitze reduzieren, Fleisch zugeben und 12– 15 Minuten in der köchelnden Flüssigkeit garen. Das genaue Ende der Garzeit kann ermittelt werden, indem das Fleisch an der dicksten Stelle eingestochen wird; wenn nach dem Einstechen klarer Bratensaft austritt, ist es gar.

6 Das Fleisch aus der Pfanne nehmen, beiseite stellen und warm halten.

7 Die Sauce pfeffern, erneut aufkochen, bis sie eingedickt ist. Das Küchengarn von den Röllchen entfernen. Das Fleisch in Scheiben schneiden, auf Teller verteilen, mit Sauce übergießen und sofort servieren.

## VARIATION

*Nach Belieben können vor dem Füllen 2 fein gehackte getrocknete Tomaten unter den Käse gemischt werden.*

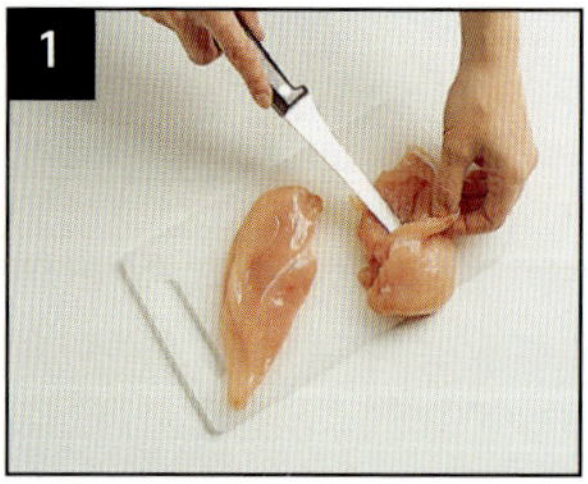
1

2

3

# *Hähnchenschenkel mit Balsamico*

**Für 4 Personen**

## ZUTATEN

4 Hähnchenschenkel, entbeint
2 Knoblauchzehen, zerdrückt
200 ml Rotwein
3 EL Weißweinessig
Salz und Pfeffer
1 EL Öl
1 EL Butter
4 Schalotten
3 EL Balsamico
frische Thymianzweige
gekochter Reis oder Polenta, zum Servieren

1 Die Haut der Hähnchenschenkel ein paar Mal einritzen. Dann mit dem Knoblauch einreiben und in ein metallfreies Gefäß geben.

2 Wein und Essig über die Schenkel gießen und mit Salz und Pfeffer abschmecken. Das Gefäß abdecken und das Fleisch über Nacht im Kühlschrank marinieren.

3 Die marinierten Schenkel mit einer Schaumkelle aus der Marinade heben und gut abtropfen lassen. Marinade aufbewahren.

4 Öl und Butter in einer Pfanne erhitzen. Die Schalotten darin 2–3 Minuten weich dünsten.

5 Die Hähnchenschenkel zugeben und 3–4 Minuten von allen Seiten goldbraun braten. Die Hitze reduzieren und die Hälfte der zurückbehaltenen Marinade in die Pfanne gießen. Die Pfanne abdecken und das Fleisch 15–20 Minuten darin garen. Falls die Flüssigkeit währenddessen zu sehr einkocht, etwas von der zurückbehaltenen Marinade zugießen.

6 Wenn die Schenkel gar sind, Balsamico und Thymian zu der Sauce geben und das Fleisch weitere 4 Minuten darin kochen.

7 Die fertigen Schenkel auf Teller verteilen, mit Sauce übergießen und mit Polenta oder Reis servieren.

### TIPP

*Die Schenkel mit Zahnstochern fixieren oder mit Küchengarn zusammenbinden.*

# Saltimbocca

Für 4 Personen

**ZUTATEN**

4 Putenfilets oder 4 Kalbsschnitzel, insgesamt 500 g
100 g Parmaschinken
8 Salbeiblätter
1 EL Olivenöl
1 Zwiebel, fein gehackt
200 ml Weißwein
200 ml Hühnerbrühe
Pfeffer

1 Das Fleisch zwischen Pergamentpapier legen und mit einem Fleischhammer flach klopfen. Dann die Schnitzel längs halbieren.

2 Den Parmaschinken so zuschneiden, dass er die halbierten Schnitzel genau bedeckt. Jeweils ein Salbeiblatt auf den Schinken und diesen auf die Schnitzel legen. Die Schnitzel zusammenrollen und mit 2 Zahnstochern fixieren.

3 Das Öl in einer Pfanne erhitzen. Die Zwiebel darin 3–4 Minuten weich dünsten. Dann das Fleisch zugeben und 5 Minuten braten, bis es gut gebräunt ist.

4 Wein und Brühe in die Pfanne gießen und die Putenfilets darin 15 Minuten garen, Kalbsschnitzel benötigen weniger. Abschmecken und sofort servieren.

## VARIATION

*Das Gericht Bocconcini wird wie Saltimbocca zubereitet, nur wird der Salbei durch kleine Stückchen Gruyère ersetzt.*

## TIPP

*Bei Putenfleisch darauf achten, dass es nicht zu lange kocht, da es leicht austrocknet.*

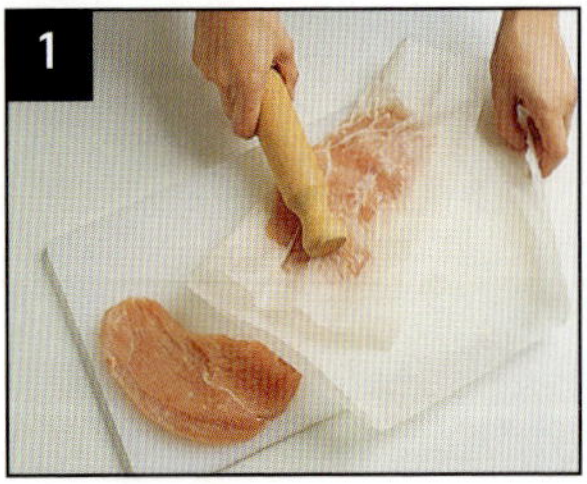


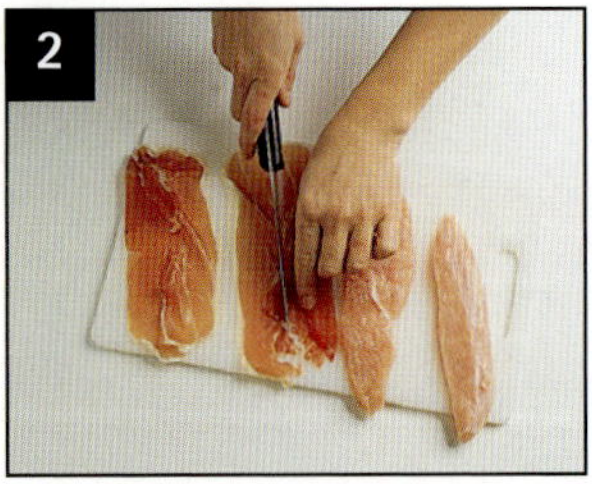

# Schnitzel mit Salami & Kapern

**Für 4 Personen**

## ZUTATEN

1 EL Olivenöl
6 Sardellen, abgetropft
1 EL Kapern, abgetropft
1 EL frisch gezupfter Rosmarin
geriebene Schale und Saft von 1 Orange
75 g italienische Salami, gewürfelt
3 Tomaten, enthäutet und gehackt
4 Puten- oder Kalbsschnitzel à 125 g
Salz und Pfeffer
knuspriges Brot oder gekochte Polenta, zum Servieren

1 Das Öl in einer Pfanne erhitzen. Sardellen, Kapern, Rosmarin, Orangenschale und -saft sowie Salami und Tomaten zugeben und 5–6 Minuten unter gelegentlichem Rühren anbraten.

2 Währendessen das Fleisch zwischen zwei Blätter Pergamentpapier legen und mit einem Fleischhammer flach klopfen.

3 Die so vorbereiteten Schnitzel in die Pfanne geben, mit Salz und Pfeffer würzen, abdecken und von jeder Seite 3–5 Minuten braten. Dickere Fleischstücke benötigen eine etwas längere Garzeit.

4 Die fertigen Schnitzel auf Teller verteilen und mit Brot oder Polenta servieren.

### VARIATION

*Statt der Schnitzel Minutensteaks verwenden. Sie benötigen eine Gesamtgarzeit von etwa 4–5 Minuten.*

### TIPP

*Polenta wird oft frittiert oder gegrillt und wie Brot zum Aufsaugen der Sauce zu Hauptgängen gereicht.*

1

2

3

# *Italienische Würstchen mit Bohnen*

**Für 4 Personen**

## ZUTATEN

- 1 grüne Paprika
- 8 italienische Würstchen
- 1 EL Olivenöl
- 1 große Zwiebel, gehackt
- 2 Knoblauchzehen, zerdrückt
- 250 g frische Tomaten, enthäutet und gehackt, oder 400 g Tomaten aus der Dose, gehackt
- 2 EL Paste von getrockneten Tomaten
- 400 g Cannellini-Bohnen aus der Dose
- Kartoffelpüree oder Reis, zum Servieren

1 Die Paprika entkernen und in lange Streifen schneiden.

2 Die Würstchen von allen Seiten mit einer Gabel einstechen. Dann unter einen vorgeheizten Grill geben und 10–12 Minuten von allen Seiten goldbraun rösten; dabei gelegentlich wenden. Anschließend beiseite stellen und warm halten.

3 Das Öl in einer großen Pfanne erhitzen. Zwiebel, Knoblauch und Paprika darin 5 Minuten unter gelegentlichem Rühren weich dünsten.

4 Die Tomaten zugeben und die Sauce 5 Minuten einkochen. Dabei gelegentlich umrühren.

5 Die Tomatenpaste und die Bohnen einrühren und 4–5 Minuten in der Sauce kochen. Falls die Sauce zu dickflüssig wird, 4–5 Esslöffel Wasser zufügen.

6 Die Würstchen und das Gemüse in eine Servierschüssel geben und wahlweise mit Kartoffelpüree oder Reis reichen.

### TIPP

*Italienische Würstchen sind sehr aromatisch und grobkörnig. Sie werden im Fachhandel oder in gut sortierten Lebensmittelläden angeboten. In diesem Rezept lassen sie sich nur durch Wildwürste ersetzten.*

# Grillhähnchen mit Pesto-Toast

**Für 4 Personen**

**ZUTATEN**

8 teils entbeinte Hähnchenkeulen
Olivenöl, zum Bestreichen
400 ml passierte Tomaten
120 ml grüner oder roter Pesto
12 Baguettescheiben
100 g frisch geriebener Parmesan
60 g Pinienkerne oder Mandelsplitter
Salatblätter, zum Servieren

1 Die Hähnchenkeulen in einer Lage in eine große feuerfeste Form legen und leicht mit Öl bestreichen. Unter gelegentlichem Wenden 15 Minuten unter dem Backofengrill goldbraun grillen.

2 Als Garprobe die Keulen mit einer Nadel einstechen. Wenn der Fleischsaft klar ist, ist das Fleisch gar.

3 Alles überschüssige Fett abgießen. Die passierten Tomaten und die Hälfte des Pestos erwärmen und über die Keulen geben. Einige Minuten grillen und das Fleisch dabei in der Sauce wenden.

4 In der Zwischenzeit die Brotscheiben mit dem restlichen Pesto bestreichen und sie auf die Keulen legen. Das Brot mit Käse und den Käse mit Pinienkernen bestreuen. 2–3 Minuten grillen, bis der Käse bräunt und Blasen wirft. Auf Tellern anrichten und mit gemischten Salatblättern servieren.

## TIPP

*Die Hühnerhaut enthält zwar viel Fett, sie verleiht dem Fleisch aber auch den vollen Geschmack und unter dem Grill eine knusprige Textur. Daneben hält sie das Fleisch saftig.*

# Parmesan-Hähnchen

**Für 6 Personen**

## ZUTATEN

1 ganzes Hähnchen (etwa 2,25 kg)
8 Scheiben Mortadella oder Salami
125 g frische Semmelbrösel
125 g frisch geriebener Parmesan
2 Knoblauchzehen, zerdrückt
6 EL frisch gehacktes Basilikum, ersatzweise Petersilie
1 Ei, verquirlt
Pfeffer
frisches Frühlingsgemüse, zum Servieren

1 Das Hähnchen entbeinen, aber nicht häuten. Die Beine am Hüftgelenk ausdrehen. Beiderseits entlang des Rückgrats schneiden, ohne die Brusthaut zu beschädigen.

2 Das Rückgrat herausziehen und wegwerfen. Die Rippen mit einem scharfen Messer auslösen.

3 Das Fleisch von den Beinknochen lösen und den Knochen am Gelenk mit einem Messer auslösen.

4 Die Knochen für Brühe verwenden. Das entbeinte Hähnchen mit der Haut nach unten auf ein Brett legen und die Wurstscheiben überlappend darauf anrichten.

5 Semmelbrösel, Parmesan, Knoblauch und Basilikum in eine Schüssel geben. Kräftig abschmecken und mischen. Zum Binden das geschlagene Ei einrühren. Die Mischung in das Hähnchen geben, das Fleisch darüber zusammenschlagen und mit Schnur zusammenbinden.

6 Das Hähnchen in einem Bräter leicht einölen. 90 Minuten im vorgeheizten Backofen bei 200 °C backen, bis beim Einstechen klarer Saft austritt.

7 Aufgeschnitten heiß oder kalt mit frischem Gemüse servieren.

## VARIATION

*Ersetzen Sie die Mortadella durch durchwachsenen Speck.*

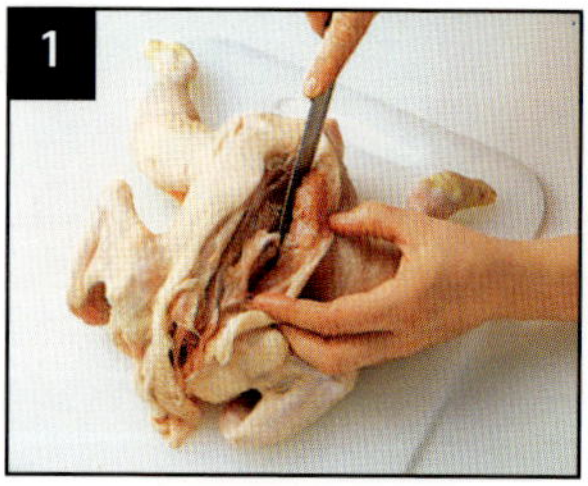


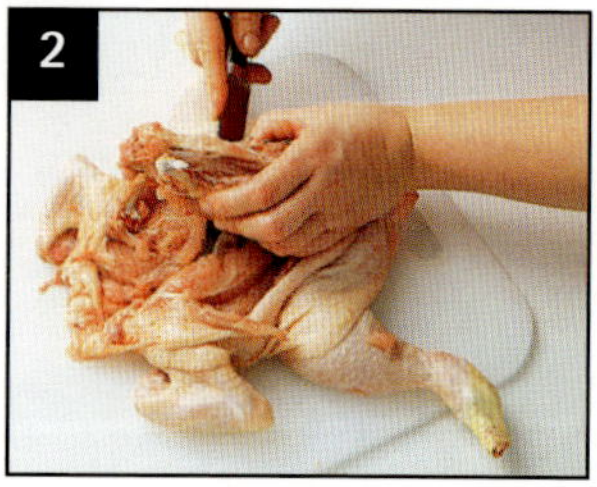


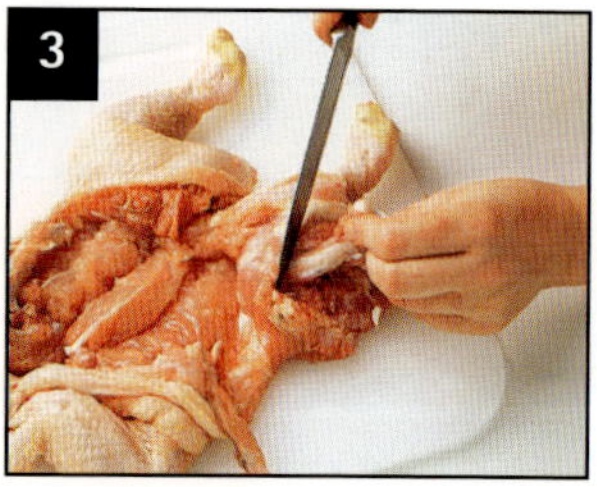

# Spiralnudeln mit Hähnchen

**Für 4 Personen**

## ZUTATEN

4 Hähnchenbrustfilets
25 g frische Basilikumblätter
15 g Haselnüsse
1 Knoblauchzehe, zerdrückt
250 g Vollkorn-Spiralnudeln
1 EL Olivenöl
2 sonnengetrocknete Tomaten oder frische Tomaten
1 EL Zitronensaft
1 EL Olivenöl
1 EL Kapern
60 g schwarze Oliven
Salz und Pfeffer

1 Die Hühnerbrüste mit einem Nudelholz gleichmäßig plattieren.

2 Basilikum und Haselnüsse im Mixer fein hacken und mit Knoblauch, Salz und Pfeffer mischen.

3 Die Hähnchenbrüste mit der Basilikummischung bestreichen und von der Schmalseite her aufrollen. Die Rollen fest in Alufolie einpacken und die Enden sicher verdrehen.

4 Salzwasser in einem großen Topf aufkochen. Die Nudeln darin mit 1 Esslöffel Öl bissfest kochen.

5 Die Hähnchenpakete in einem Dämpfeinsatz oder Sieb über das kochende Wasser stellen, fest abdecken und 10 Minuten dämpfen. In der Zwischenzeit die Tomaten abziehen.

6 Die Nudeln abtropfen und mit Zitronensaft, Olivenöl, Tomaten, Kapern und Oliven wieder in den Topf geben. Erhitzen.

7 Die Hähnchenrouladen mit einem Spieß einstechen, um sicherzustellen, dass der Fleischsaft klar und nicht rosa ist, dann aufschneiden, auf den Nudeln anrichten und servieren.

## VARIATION

*Sonnengetrocknete Tomaten sind sehr aromatisch. Als Alternative können Sie frische Tomaten verwenden.*

# *Hähnchenbrust im Schinkenmantel*

**Für 4 Personen**

**ZUTATEN**

125 g Spinat, Tiefkühlware aufgetaut
125 g Ricotta
1 Prise frisch geriebene Muskatnuss
Salz und Pfeffer
4 Hähnchenbrustfilets à ca. 200 g
4 Scheiben luftgetrockneter Schinken

1 EL Butter
1 EL Olivenöl
12 kleine Zwiebeln oder Schalotten
125 g kleine Champignons, in Scheiben geschnitten
1 EL Mehl

150 ml trockener Rot- oder Weißwein
300 ml Hühnerbrühe

ZUM SERVIEREN:
Karottenpüree
grüne Bohnen

1 Den Spinat in ein Sieb geben und alle Flüssigkeit mit einem Löffel herausdrücken. Dann den Spinat mit Ricotta und Muskat mischen und mit Salz und Pfeffer abschmecken.

2 Jedes Hähnchenbrustfilet mit einem scharfen Messer seitlich längs einschneiden, sodass jeweils eine Tasche entsteht. Die Spinatmischung in die Taschen füllen, die Taschen schließen und fest andrücken. Jedes Filet mit einer Scheibe Schinken umwickeln und mit einem Zahnstocher fixieren. Dann abdecken und im Kühlschrank erkalten lassen.

3 Butter und Öl in einer Pfanne erhitzen und die Filets von beiden Seiten je 2 Minuten anbraten. In eine große Auflaufform legen und bis zur weiteren Verarbeitung warm stellen.

4 Zwiebeln und Pilze 2–3 Minuten anbraten, bis sie leicht gebräunt sind. Dann das Mehl einstreuen und langsam den Wein und die Brühe zugießen. Die so entstandene Mischung unter ständigem Rühren aufkochen, mit Salz und Pfeffer abschmecken und zu dem Fleisch in die Form geben.

5 Das so vorbereitete Gericht in einem auf 200 °C vorgeheizten Ofen 20 Minuten backen. Dann das Fleisch wenden und weitere 10 Minuten backen. Die Zahnstocher entfernen und das fertige Gericht mit Karottenpüree und grünen Bohnen servieren.

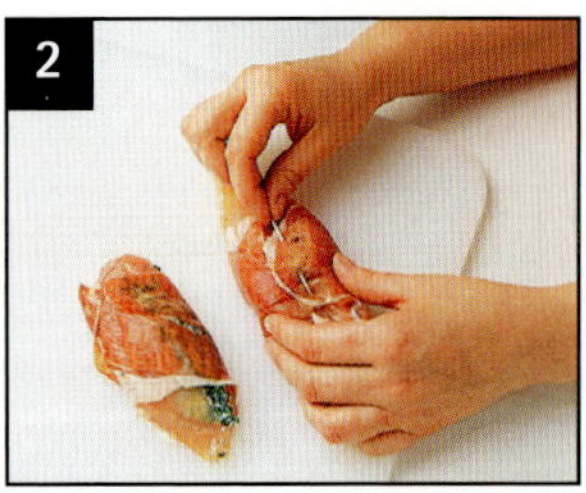

# *Hähnchen Pepperonata*

**Für 4 Personen**

## ZUTATEN

8 Hähnchenkeulen ohne Haut
2 EL Vollkornmehl
2 EL Olivenöl
1 kleine Zwiebel, in dünne Streifen geschnitten
1 Knoblauchzehe, zerdrückt
je 1 große rote, gelbe und grüne Paprika, in dünne Streifen geschnitten
400 g gehackte Tomaten aus der Dose
1 EL gehackter Oregano
Salz und Pfeffer
frischer Oregano, zum Garnieren
Vollkornbrot, zum Servieren

1 Die Hähnchenkeulen in Mehl wenden.

2 Das Öl in einer großen Pfanne erhitzen und die Keulen schnell leicht anbräunen, dann aus der Pfanne nehmen. Die Zwiebel in die Pfanne geben und glasig dünsten. Knoblauch, Paprika, Tomaten und Oregano zugeben und unter Rühren aufkochen.

3 Die Hähnchenkeulen auf das Gemüse legen, kräftig mit Salz und Pfeffer würzen, abdecken und 20–25 Minuten köcheln, bis das Fleisch gar ist.

4 Abschmecken, mit Oregano garnieren und mit ofenfrischem Vollkornbrot servieren.

### TIPP

*Wenn Sie keinen frischen Oregano haben, würzen Sie die Tomaten mit getrocknetem Oregano.*

### TIPP

*Für einen intensiveren Geschmack die Paprika halbieren und die Schale unter dem Grill schwärzen. Abkühlen lassen, Schale und Kerne entfernen und in dünne Streifen schneiden.*

# Fisch & Meeresfrüchte

*Die italienischen Fischmärkte sind mit ihrer geradezu unglaublichen Auswahl an Fischen ein Erlebnis. Allerdings kommt der größte Teil der Ware aus dem Mittelmeer und ist bei uns nicht immer überall erhältlich.*

*Nudeln sind die perfekten Begleiter für Fisch und Meeresfrüchte. Beide werden auf den Punkt gegart, um ihren Geschmack und ihre Konsistenz zu erhalten. Sie sind voller wertvoller Nährstoffe und ihre Vielfalt ist nahezu unerschöpflich. Diese Vielfalt spiegelt sich auch in den fantastischen Rezepten in diesem Kapitel wieder. Sie können sich für ein schnelles, einfaches Rezept oder auch für eine der ungewöhnlichen und raffinierten Kreationen entscheiden. Hier finden Sie Gerichte für jeden Geschmack – Süß- und Meerwasserfische, Schalentiere und andere Meeresfrüchte – und für jeden Geldbeutel. Sie alle sind einfach zuzubereiten. Das einzige Problem besteht in der Entscheidung, was man zuerst kochen soll.*

# *Cannelloni Filetti di Sogliola*

**Für 6 Personen**

## ZUTATEN

12 kleine Seezungenfilets (à 120 g)
150 ml Rotwein
100 g Butter
120 g Knopfchampignons, in Scheiben geschnitten
4 Schalotten, fein gehackt
120 g Tomaten, gehackt
2 EL Tomatenmark
3 EL Mehl
150 ml warme Milch
2 EL Sahne
6 getrocknete Cannelloni
200 g Garnelen, gekocht und geschält
Salz und Pfeffer
1 frischer Dillzweig, zum Garnieren

1 Die Filets mit Wein bestreichen. Mit Salz und Pfeffer würzen, mit der Haut nach innen aufrollen und mit einem Zahnstocher feststecken.

2 Die Fischröllchen in eine große Pfanne geben, den restlichen Wein zugeben und 4 Minuten pochieren. Aus der Pfanne nehmen und die Flüssigkeit aufbewahren.

3 Die Butter in einer zweiten Pfanne zerlassen. Champignons und Schalotten 2 Minuten dünsten, dann Tomaten und Tomatenmark zugeben. Das Mehl mit Salz und Pfeffer würzen und in die Pfanne rühren. Die Weinsauce und die Hälfte der Milch einrühren. Bei schwacher Hitze 4 Minuten rühren. Vom Herd nehmen und die Sahne einrühren.

4 Salzwasser in einem großen Topf aufkochen. Die Cannelloni darin bissfest kochen. Abgießen.

5 Die Zahnstocher entfernen. 2 Filets, 3–4 Garnelen und etwas Weinsauce in jede Cannelloni geben. Die Cannelloni in eine feuerfeste Form legen, mit der Sauce übergießen und 20 Minuten im vorgeheizten Backofen bei 200 °C backen.

6 Die Cannelloni mit einem Dillzweig garniert servieren.

# *Seebrasse mit Olivensauce auf Makkaroni*

**Für 4 Personen**

**ZUTATEN**

SAUCE:
2 EL Butter, zerlassen
4 Schalotten, fein gehackt
2 EL Kapern
180 g grüne Oliven, entsteint und gehackt
4 EL Balsamico
300 ml Fischfond
300 g Sahne
Salz und Pfeffer
Saft von 1 Zitrone

500 g Makkaroni
1 EL Olivenöl
8 Seebrassen-Medaillons à ca. 120 g

GARNIERUNG:
Zitronenspalten
Porree, in Streifen geschnitten
Karotten, in Stifte geschnitten

1 Für die Sauce Schalotten 4 Minuten in der Butter dünsten. Kapern und Oliven zugeben und 3 Minuten dünsten.

2 Balsamico und Fischfond zugießen, und die Flüssigkeit auf die Hälfte einkochen. Dann die Sahne einrühren und die Sauce erneut auf die Hälfte reduzieren. Mit Salz und Pfeffer abschmecken und mit dem Zitronensaft vermengen. Die Sauce vom Herd nehmen, beiseite stellen und warm halten.

3 Salzwasser in einem großen Topf aufkochen. Die Makkaroni darin mit dem Olivenöl bissfest garen.

4 Die Fischmedaillons von jeder Seite 4 Minuten braten, bis sie gar, aber noch saftig sind.

5 Die Nudeln abgießen und auf 4 Portionsteller verteilen. Den Fisch darauf anrichten, mit der Sauce übergießen, mit Porreestreifen und Karottenstiften garnieren und sofort servieren.

# *Spaghetti alla Bucaniera*

**Für 4 Personen**

## ZUTATEN

100 g Mehl
500 g Meerbutt- oder Seezungenfilets, gehäutet und gehackt
400 g Seehechtfilet, gehäutet und gehackt
100 g Butter
4 Schalotten, fein gehackt
2 Knoblauchzehen, zerdrückt
1 Karotte, gewürfelt
1 Porreestange, fein gehackt
300 ml trockener Cidre
300 ml halbtrockener Cidre
1 EL Estragonessig
2 TL Fischsauce
500 g getrocknete Spaghetti
1 EL Olivenöl
Salz und Pfeffer
frisch gehackte Petersilie, zum Garnieren
ofenfrisches Graubrot, zum Servieren

1 Das Mehl mit Salz und Pfeffer würzen. 25 g davon auf einen flachen Teller streuen und die Fischstücke darin wälzen.

2 Die Butter in einem ofenfesten Topf zerlassen. Fisch, Schalotten, Knoblauch, Karotte und Porree hineingeben und unter regelmäßigem Rühren 10 Minuten bei schwacher Hitze dünsten.

3 Mit dem restlichen Würzmehl bestreuen und unter ständigem Rühren 2 Minuten dünsten. Nach und nach Cidre, Essig und Fischsauce einrühren. Aufkochen und 30 Minuten bei schwacher Hitze köcheln. Alternativ 30 Minuten im vorgeheizten Backofen bei 180 °C garen.

4 Etwa 15 Minuten vor Ende der Garzeit Salzwasser in einem Topf aufkochen. Die Spaghetti mit dem Olivenöl bissfest kochen. Abgießen und auf einen Servierteller geben.

5 Die Sauce mit dem Fisch über die Spaghetti geben. Mit gehackter Petersilie garnieren und sofort mit ofenfrischem Brot servieren.

2

3

3

# Gedämpfter Nudelpudding

**Für 4 Personen**

## ZUTATEN

125 g getrocknete kurze Makkaroni oder andere kurze Nudeln
1 EL Olivenöl
500 g Weißfischfilets wie Kabeljau oder Schellfisch
2–3 Petersilienzweige
6 schwarze Pfefferkörner
125 g Sahne
2 Eier, getrennt
2 EL frisch gehackter Dill oder Petersilie
1 Prise frisch geriebene Muskatnuss
60 g frisch geriebener Parmesan
1 EL Butter, plus Butter zum Einfetten
Salz und Pfeffer
frische Dill- oder Petersilienzweige, zum Garnieren
Tomatensauce, zum Servieren

1 Die Nudeln mit Öl in Salzwasser bissfest kochen. Abgießen, wieder in den Topf geben, abdecken und warm stellen.

2 Fisch, Petersilie und Pfeffer in eine Pfanne geben und mit Wasser bedecken. Bedeckt 10 Minuten köcheln. Den Fisch aus der Pfanne nehmen und die Flüssigkeit aufbewahren.

3 Den Fisch häuten und in mundgerechte Stücke schneiden. Sahne, Eigelb, gehackten Dill oder Petersilie, Muskat und Käse mischen und in einer Schüssel mit den Nudeln vermengen. Vorsichtig den Fisch unterheben. Genügend Wasser zugeben, um eine feuchte, aber feste Mischung zu erhalten. Das Eiweiß steif schlagen und unter die Mischung ziehen.

4 Eine Auflaufform einfetten und die Fischmischung bis 4 cm unter den Rand hineingeben. Mit eingefettetem Backpapier und Alufolie abdecken und beides mit einer Schnur fixieren.

5 Die Schüssel auf einem Dreifuß in einen Topf stellen und den Topf bis zu halber Höhe der Schüssel mit Wasser füllen. Abdecken und $1^1/2$ Stunden dämpfen. Den Pudding auf einen Servierteller stürzen. Garnieren und mit der Tomatensauce servieren.

# *Meeräschenfilets mit Amaretto & Orangensauce*

**Für 4 Personen**

**ZUTATEN**

100 g Mehl
Salz und Pfeffer
8 Meeräschenfilets
2 EL Butter
150 ml Fischfond
1 EL gemahlene Mandeln
1 TL rote Pfefferkörner
1 Orange, geschält und filetiert
1 EL Orangenlikör
geriebene Schale von
1 unbehandelten Orange
500 g getrocknete Orecchiette
1 EL Olivenöl
150 g Sahne
4 EL Amaretto

ZUM GARNIEREN:
2 EL gehackter frischer Schnittlauch
1 EL geröstete Mandeln

1 Das Mehl mit Salz und Pfeffer würzen und in eine flache Schüssel geben. Die Fischfilets darin wälzen. Die Butter in einer Pfanne zerlassen und den Fisch 3 Minuten bei schwacher Hitze bräunen.

2 Den Fischfond zugießen und 4 Minuten köcheln. Vorsichtig den Fisch herausheben und mit Alufolie abgedeckt warm stellen.

3 Mandeln, Pfefferkörner, die Hälfte der Orangenfilets, den Orangenlikör und die Schale in die Pfanne geben. Auf die Hälfte einkochen.

4 In der Zwischenzeit Salzwasser in einem großen Topf aufkochen. Die Orecchiette mit dem Olivenöl hineingeben und 15 Minuten gar, aber noch bissfest kochen.

5 Die Sauce abschmecken und Sahne und Amaretto einrühren. 2 Minuten kochen. Den Fisch in die Sauce geben.

6 Die Nudeln abtropfen und auf einen Servierteller geben. Fischfilets und Sauce darauf anrichten. Mit den restlichen Orangenfilets, Schnittlauch und Mandeln garnieren und servieren.

1

2

3

# *Vermicelli mit Rotbarbenfilet*

**Für 4 Personen**

## ZUTATEN

1 kg Rotbarbenfilet
300 ml trockener Weißwein
4 Schalotten, fein gehackt
1 Knoblauchzehe, zerdrückt
3 EL frische, gemischte Kräuter
geriebene Schale und Saft von 1 Zitrone
1 Prise frisch geriebene Muskatnuss
3 Sardellen, grob gehackt
Salz und Pfeffer
2 EL Sahne
1 TL Speisestärke
500 g Vermicelli
1 EL Olivenöl

GARNIERUNG:
1 frischer Minzezweig
Zitronen, in Scheiben geschnitten
Zitronenzesten

1 Die Fischfilets in eine große Auflaufform legen. Wein, Schalotten, Knoblauch, Kräuter, Zitronensaft und -schale, Muskat sowie die Sardellen zugeben. Mit Salz und Pfeffer abschmecken, abdecken und in einem auf 180 °C vorgeheizten Ofen 35 Minuten garen.

2 Fisch und Kräuter auf einen vorgewärmten Teller legen und warm halten.

3 Die Garflüssigkeit in einem Topf auf die Hälfte einkochen. Dann die Sahne und die Stärke einrühren und die Sauce leicht eindicken lassen.

4 Salzwasser in einem großen Topf aufkochen. Die Vermicelli darin mit 1 Esslöffel Olivenöl bissfest garen. Dann abgießen und auf vorgewärmte Teller verteilen.

5 Die Filets ohne Kräuter auf den Nudeln anrichten und mit der Sauce übergießen. Mit frischen Minzeblättern, Zitronenscheiben und Zitronenzesten garnieren und sofort servieren.

### TIPP

*Rotbarben werden manchmal auch Goldbarben genannt, obwohl sie leuchtend rot sind.*

1

2

3

# *Spaghetti al tonno*

**Für 4 Personen**

## ZUTATEN

200 g Thunfisch aus der Dose, abgetropft
50 g Sardellen, abgetropft
250 ml Olivenöl
50 g glatte Petersilie, grob gehackt
150 ml Crème fraîche
Salz und Pfeffer
500 g Spaghetti
1 EL Butter
schwarze Oliven, zum Garnieren
glatte Petersilie, zum Garnieren
knuspriges Brot, zum Servieren

1 Eventuelle Gräten aus dem Thunfisch entfernen. Den Fisch in eine Küchenmaschine geben und zusammen mit den Sardellen, 225 ml Olivenöl und der Petersilie zu einer cremigen Masse verarbeiten.

2 Die Crème fraîche in den Mixer geben und gründlich mit der Thunfischpaste verrühren. Dann mit Salz und Pfeffer abschmecken.

3 Salzwasser in einem großen Topf aufkochen. Die Spaghetti darin mit dem restlichen Olivenöl bissfest kochen.

4 Die Nudeln abgießen, in den Topf zurückgeben und bei mittlerer Hitze erneut erwärmen. Die Butter zugeben und gut mit den Nudeln vermengen. Dann die Sauce zugeben und ebenfalls gründlich mit den Nudeln mischen.

## VARIATION

*Geben Sie in Schritt 1 1–2 Knoblauchzehen mit in den Mixer und ersetzen Sie die Hälfte der Petersilie durch frisches Basilikum. Zum Garnieren Oliven durch Kapern ersetzen.*

5 Den Topf vom Herd nehmen und die Spaghetti auf 4 vorgewärmte Teller verteilen. Mit Oliven und Petersilie garnieren und mit Brot servieren.

# Nudelgratin mit geräuchertem Heilbutt und Eiercreme

**Für 4 Personen**

## ZUTATEN

500 g geräuchertes Heilbuttfilet, in 4 Stücke geschnitten
600 ml Milch
1 EL Butter
1 EL Mehl
Salz und Pfeffer
1 Msp. frisch geriebene Muskatnuss
3 EL Sahne
1 EL frisch gehackte Petersilie
2 Eier, hart gekocht und zerdrückt
500 g Fusilli
1 EL Zitronensaft
Petersilie, zum Garnieren
Rote Bete, zum Servieren

1 Eine Auflaufform einfetten. Den Heilbutt in die Form legen und mit der Milch übergießen. In einem auf 200 °C vorgeheizten Ofen 15 Minuten backen. Dann die Flüssigkeit vorsichtig abgießen und auffangen.

2 Die Butter in einen Topf geben und bei mittlerer Hitze zerlassen. Das Mehl einrühren. Langsam die aufgefangene Fischflüssigkeit zugießen und mit Salz, Pfeffer und Muskatnuss abschmecken. Dann Sahne, Petersilie und Eier einrühren und die Sauce 2 Minuten kochen.

3 Inzwischen die Fusilli in Salzwasser mit Zitronensaft bissfest garen.

4 Die Nudeln abgießen und über den Fisch geben. Alles mit der Sauce übergießen und 10 Minuten im Ofen überbacken.

5 Das fertige Gratin mit Petersilie garnieren und mit Roter Bete servieren.

## VARIATION

*Für dieses Rezept eignen sich alle kürzeren Nudeln wie Penne, Conchiglie oder Rigatoni.*

# *Rotzungen-Schellfisch-Ravioli*

**Für 4 Personen**

**ZUTATEN**

500 g Rotzungenfilets, gehäutet
400 g Schellfischfilets, gehäutet
3 Eier, verquirlt
500 g gekochte Gnocchi
175 g frische Semmelbrösel
50 g Sahne
450 g Nudel-Grundteig (s. S. 4)
300 ml Rotweinsauce (s. Tipp S. 144)
60 g frisch geriebener Parmesan
Salz und Pfeffer

1 Die Fischfilets in einer großen Rührschüssel zerkleinern.

2 Eier, Gnocchi, Semmelbrösel und Sahne in einer Schüssel mischen. Den Fisch hineingeben und die Füllung nach Wunsch abschmecken.

3 Den Nudelteig auf einer leicht bemehlten Fläche ausrollen und 8 cm große Scheiben ausstechen.

4 Je einen Löffel Füllung auf jede Scheibe geben. Die Ränder leicht befeuchten, den Teig über die Füllung schlagen und die Ränder rundum andrücken.

5 Die Ravioli in kochendem Salzwasser garen.

6 Die Ravioli mit einem Schaumlöffel abtropfen und in eine Servierschale geben. Mit der Rotweinsauce übergießen, mit Parmesan bestreuen und sofort servieren.

## TIPP

*Für viereckige Ravioli den Teig halbieren. Beide Hälften dünn ausrollen und bis zum nächsten Schritt mit einem feuchten Handtuch abdecken. Die Füllung in regelmäßigen Abständen auf einem Teigblatt verteilen, die Zwischenräume mit Wasser bestreichen. Mit dem zweiten Teigblatt bedecken und zwischen den Füllungen fest andrücken. Mit einem Messer ausschneiden.*

# Pochierte Lachssteaks mit Penne

Für 4 Personen

## ZUTATEN

4 frische Lachssteaks à 250 g
60 g Butter
180 ml trockener Weißwein
1 Prise Meersalz
8 Pfefferkörner
frische Dillspitzen
1 frischer Estragonzweig

1 Zitrone, in Scheiben geschnitten
500 g getrocknete Penne
2 EL Olivenöl
Zitronenscheiben und frische Brunnenkresse, zum Garnieren

ZITRONEN-KRESSE-SAUCE:
1 EL Butter
1 EL Mehl
150 ml warme Milch
Saft und geriebene Schale von 2 Zitronen
60 g Brunnenkresse, fein gehackt
Salz und Pfeffer

1 Den Lachs in einer großen beschichteten Pfanne mit Butter, Wein, Meersalz, Pfefferkörnern, Dill, Estragon und Zitrone abgedeckt 10 Minuten köcheln.

2 Den Fisch mit einem Schaumlöffel vorsichtig aus dem Sud heben. Den Sud sieben und auffangen. Den Fisch von Haut und Gräten befreien und warm halten.

3 Die Penne in Salzwasser mit 1 Esslöffel Olivenöl bissfest garen. Abgießen, mit dem restlichen Öl vermengen, auf vorgewärmte Teller verteilen, den Lachs darauf anrichten und warm halten.

4 Für die Sauce Butter und Mehl anschwitzen. Die Milch und 7 Esslöffel des aufgefangenen Fischsuds einrühren. Zitronensaft und -schale zufügen und unter Rühren 10 Minuten köcheln.

5 Die Brunnenkresse zufügen und alles mit Salz und Pfeffer abschmecken.

6 Die Sauce über Fisch und Nudeln gießen, das fertige Gericht mit Zitronenscheiben und frischer Kresse garnieren und sofort servieren.

# *Spaghetti mit Räucherlachs*

**Für 4 Personen**

**ZUTATEN**

500 g Buchweizen-Spaghetti
2 EL Olivenöl
100 g Feta, zerbröselt
Salz
frische Koriander- oder Petersilienblätter, zum Garnieren

SAUCE:
300 g Sahne
150 ml Whisky oder Weinbrand
125 ml Räucherlachs
1 Prise Cayennepfeffer
schwarzer Pfeffer
2 EL frisch gehackter Koriander oder Petersilie

1 Salzwasser in einem großen Topf aufkochen. Die Spaghetti darin mit 1 Esslöffel Öl bissfest garen. Abgießen, in den Topf zurückgeben, mit dem restlichen Öl vermengen, abdecken und warm stellen.

2 Die Sahne in einen kleinen Topf geben und bis zum Siedepunkt erhitzen, aber nicht aufkochen. Whisky oder Weinbrand in einem zweiten Topf ebenfalls bis zum Siedepunkt erhitzen ohne aufzukochen. Beide Töpfe vom Herd nehmen, dann Sahne und Alkohol miteinander mischen.

3 Den Räucherlachs in schmale Streifen schneiden und in die Sahnesauce geben. Mit Cayennepfeffer und schwarzem Pfeffer würzen und kurz vor dem Servieren frischen Koriander oder Petersilie unterrühren.

4 Die Spaghetti in eine vorgewärmte Schüssel füllen, mit der Sauce übergießen und alles gründlich mit dieser vermengen. Den Feta über die Nudeln streuen, alles mit Petersilie oder Koriander garnieren und sofort servieren.

**TIPP**

*Servieren Sie dazu einen grünen Salat mit Zitronendressing.*

# *Forelle mit Pasta colle Accuighe & Räucherspeck*

**Für 4 Personen**

## ZUTATEN

4 Forellen (à 300 g), ausgenommen und geputzt
12 Sardellen in Öl, abgetropft und gehackt
2 Äpfel, geschält, entkernt und in Scheiben geschnitten
4 frische Minzezweige
Saft von 1 Zitrone
12 Scheiben durchwachsener Räucherspeck ohne Schwarte
Butter, zum Einfetten
500 g getrocknete Tagliatelle
1 EL Olivenöl
Salz und Pfeffer

ZUM GARNIEREN:
2 Äpfel, entkernt und in Scheiben geschnitten
4 frische Minzezweige

1 Das Innere der Forellen mit warmem Salzwasser auswaschen.

2 Die Fische mit Salz und Pfeffer innen ausreiben, mit Sardellen, Apfelscheiben und Minze füllen und mit Zitronensaft beträufeln.

3 Jeden Fisch bis auf Kopf und Schwanz in drei Scheiben Räucherspeck einrollen.

4 Die Fische mit den Speckenden nach unten auf ein tiefes, eingefettetes Backblech legen. Mit schwarzem Pfeffer bestreuen und etwa 20 Minuten im vorgeheizten Backofen bei 200 °C backen. Nach 10 Minuten wenden.

5 Salzwasser in einem großen Topf aufkochen. Tagliatelle und Öl hineingeben und kochen, bis die Nudeln gar, aber noch bissfest sind. Abtropfen und auf einen vorgewärmten Servierteller geben.

6 Die Fische aus dem Ofen nehmen und auf den Nudeln anrichten. Mit Apfelscheiben und Minzezweigen garnieren und sofort servieren.

# *Farfalle mit Meeresfrüchte-Medley*

**Für 4 Personen**

## ZUTATEN

12 rohe Riesengarnelen
12 rohe Krabben
125 g Süßwassergarnelen
450 g Meerbrassenfilets
60 g Butter
12 Jakobsmuscheln, ausgelöst
Saft und fein geriebene Schale von 1 Zitrone
1 Prise Safranpulver oder -fäden
1 l Gemüsebrühe
150 ml Rosenblütenessig (s. S. 200)
500 g getrocknete Farfalle
1 EL Olivenöl
150 ml Weißwein
1 EL rosa Pfefferkörner
120 g junge Karotten
150 g Sahne oder Frischkäse
Salz und Pfeffer
frische Petersilie, zum Garnieren

1 Die Garnelen und Krabben schälen und putzen. Die Brasse in Streifen schneiden. Die Butter in einer Pfanne zerlassen und Fisch und Meeresfrüchte 1–2 Minuten andünsten.

2 Mit schwarzem Pfeffer abschmecken. Zitronensaft und -schale hinzugeben. Den Safran in den Bratensaft (nicht auf die Meeresfrüchte) geben.

3 Die Meeresfrüchte aus der Pfanne nehmen und warm stellen.

4 Die Pfanne wieder auf den Herd stellen und die Brühe zugießen. Aufkochen und um ein Drittel reduzieren. Den Essig zugeben und 4 Minuten leicht einkochen.

5 Salzwasser in einem großen Topf aufkochen. Die Nudeln darin mit Olivenöl bissfest kochen. Abgießen und mit den Meeresfrüchten auf einem Servierteller anrichten.

6 Wein, Pfefferkörner und Karotten in die Pfanne geben und die Sauce 6 Minuten einkochen. Sahne oder Frischkäse zugeben und 2 Minuten kochen. Die Sauce über die Meeresfrüchte und die Nudeln geben, garnieren und servieren.

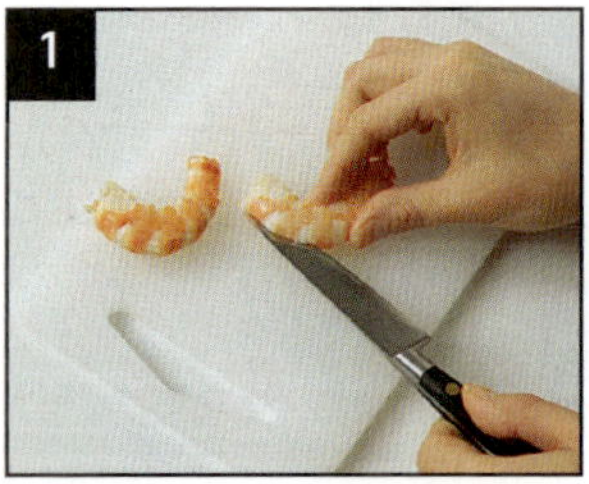

# *Meeresfrüchte-Lasagne*

**Für 4 Personen**

## ZUTATEN

500 g gegrillter, geräucherter Schellfisch, filettiert, gehäutet und zerkleinert
120 g Garnelen
120 g Seezungenfilet, gehäutet und in Streifen geschnitten
Saft von 1 Zitrone
60 g Butter
3 Porreestangen, in sehr dünne Scheiben geschnitten
60 g Mehl
etwa 600 ml Milch
2 EL klarer Honig
200 g geriebener Mozzarella
500 g vorgekochte Lasagneblätter
60 g frisch geriebener Parmesan
schwarzer Pfeffer

1 Fischfilets und Garnelen in einer großen Schüssel mit schwarzem Pfeffer und Zitronensaft würzen. Beiseite stellen.

2 Die Butter in einem großen Topf zerlassen. Den Porree unter gelegentlichem Rühren 8 Minuten anbraten. Das Mehl zugeben und unter ständigem Rühren 1 Minute braten. Nach und nach mit Milch zu einer cremigen Sauce verrühren.

3 Honig und Mozzarella einrühren und weitere 3 Minuten kochen. Vom Herd nehmen und Fisch und Garnelen einrühren.

4 Fischsauce und Lasagneblätter abwechselnd in eine feuerfeste Form schichten und mit einer Lage Fischsauce abschließen. Mit Parmesan bestreuen und 30 Minuten im vorgeheizten Backofen bei 180 °C überbacken. Sofort servieren.

## VARIATION

*Für eine Apfelsauce den Porree durch 1 fein gehackte Schalotte, die Milch durch 300 ml Cidre und 300 g Sahne und den Honig durch 1 Teelöffel Senf ersetzen. Für eine toskanische Sauce den Porree durch 1 fein gehackte Fenchelknolle ersetzen und den Honig weglassen.*

1

3

3

# *Spaghetti mit Meeresfrüchten*

**Für 4 Personen**

## ZUTATEN

250 g Spaghetti, in 15 cm lange Stücke gebrochen
2 EL Olivenöl
300 ml Hühnerbrühe
1 TL Zitronensaft
1 kleiner Blumenkohl, in Röschen zerteilt
2 Karotten, in dünne Scheiben geschnitten
120 g Zuckererbsen
60 g Butter
1 Zwiebel, in Ringe geschnitten
250 g Zucchini, in Scheiben geschnitten
1 Knoblauchzehe, gehackt
350 g Krabben, gekocht und geschält
2 EL frisch gehackte Petersilie
1 EL geriebener Parmesan
$^1/_2$ TL Paprika
Salz und Pfeffer
4 Scampi, ungeschält, aber gegart, zum Garnieren

1 Salzwasser in einem großen Topf aufkochen. Spaghetti darin mit 1 Esslöffel Öl bissfest garen. Abgießen, in den Topf zurückgeben, mit dem restlichen Öl vermengen, abdecken und warm halten.

2 Brühe und Zitronensaft in einem Topf aufkochen. Blumenkohl und Karotten zufügen und 3–4 Minuten kochen, dann aus dem Topf nehmen und beiseite stellen. Anschließend die Zuckererbsen in der Brühe 1–2 Minuten kochen und mit dem restlichen Gemüsen beiseite stellen.

3 Die Hälfte der Butter in einer Pfanne zerlassen. Die Zucchinischeiben 3 Minuten darin anbraten. Krabben und Knoblauch zugeben, weitere 2–3 Minuten braten, dann das übrige Gemüse zugeben und erhitzen. Die Sauce mit Salz und Pfeffer abschmecken und die restliche Butter einrühren.

4 Die Nudeln auf vorgewärmte Teller verteilen, mit der fertigen Sauce und der Petersilie mischen, mit Parmesan und Paprika bestreuen, mit den Scampi garnieren und sofort servieren.

# *Makkaroni-Krabben-Auflauf*

**Für 4 Personen**

## ZUTATEN

350 g Makkaroni
1 EL Olivenöl
100 g Butter
2 kleine Fenchelknollen, in dünne Scheiben geschnitten (das Grün aufbewahren)
150 g Champignons, in dünne Scheiben geschnitten
200 g Krabben, gegart und geschält
1 Prise Cayennepfeffer
350 ml Béchamel-Sauce (s. Tipp)
60 g geriebener Parmesan
2 große Tomaten, in Scheiben geschnitten
Olivenöl, zum Bestreichen
1 TL getrockneter Oregano

1 Salzwasser in einem großen Topf aufkochen. Die Makkaroni darin mit Olivenöl bissfest garen. Abgießen, in den Topf zurückgeben und mit 2 Esslöffeln Butter mischen. Abdecken und warm halten.

2 Den Fenchel in der restlichen Butter 3–4 Minuten anbraten. Die Pilze zugeben und 2 Minuten mitbraten. Dann die Krabben einrühren und die Pfanne vom Herd nehmen.

3 Nudeln, Pfeffer, Krabbenmischung und Béchamel-Sauce vermischen, in eine eingefettete Auflaufform geben und mit Parmesan bestreuen. Die Tomatenscheiben am Rand auslegen, mit Olivenöl bepinseln und mit Oregano bestreuen.

4 Den Auflauf in einem auf 180 °C vorgeheizten Ofen etwa 25 Minuten goldbraun backen und noch heiß servieren.

### TIPP

*BÉCHAMEL-SAUCE: Je 2 Esslöffel Butter und Mehl anschwitzen. Nach und nach 300 ml warme Milch zugießen und glatt rühren. 2 EL fein gehackte Zwiebeln, 5 weiße Pfefferkörner und 2 Petersilienzweige zugeben. Mit Salz, Thymian und Muskat abschmecken und unter Rühren 15 Minuten köcheln. Dann passieren.*

# *Pasta-Päckchen*

**Für 4 Personen**

**ZUTATEN**

500 g getrocknete Fettuccine
150 ml Pesto
4 TL extra natives Olivenöl
750 g rohe Tiefseegarnelen, geschält und geputzt
2 Knoblauchzehen, zerdrückt
Salz und Pfeffer
125 ml trockener Weißwein
Zitronenspalten, zum Garnieren

1 Aus Backpapier 4 Quadrate mit einer Seitenlänge von 30 cm zuschneiden.

2 Die Fettucine 2–3 Minuten in Salzwasser kochen, bis sie gerade weich werden. Abgießen und beiseite stellen.

3 Die Nudeln mit der Hälfte des Pesto mischen. In die Mitte jedes Papierquadrats 1 Teelöffel Olivenöl geben. Die Nudeln auf den Quadraten verteilen und die Garnelen darüber geben.

4 Den restlichen Pesto mit Knoblauch mischen und über die Garnelen geben. Alle Pasta-Päckchen mit Salz und Pfeffer würzen und mit Weißwein beträufeln.

5 Die Ränder der Papierquadrate befeuchten, dann hochschlagen und zusammendrehen.

6 Die so vorbereiteten Pasta-Päckchen auf ein Backblech geben und in einem auf 200 °C vorgeheizten Ofen 10–15 Minuten backen. Anschließend auf vorgewärmte Teller legen und sofort servieren.

## TIPP

*Der Koch, der dieses Gericht kreierte, wollte, dass die Päckchen wie Geldsäckchen aussehen. Das gelingt mit Backpapier besser als mit Alufolie.*

3

3

4

# Gebutterter Hummer

Für 4 Personen

## ZUTATEN

2 Hummer (à 700 g), längs halbiert
Saft und geriebene Schale von 1 Zitrone
120 g Butter
4 EL frische Semmelbrösel
2 EL Brandy
5 EL Sahne oder Crème fraîche
450 g getrocknete Farfallini
1 EL Olivenöl
60 g frisch geriebener Parmesan
Salz und Pfeffer

ZUM GARNIEREN:
1 Kiwi, in Scheiben geschnitten
4 ungeschälte Riesengarnelen, gekocht
frische Dillzweige

1 Die Hummer sorgfältig ausnehmen. Das Fleisch aus dem Schwanz lösen und hacken. Scheren und Beine aufbrechen, das Fleisch auslösen und hacken. Das Fleisch in einer Schüssel mit Zitronensaft und -schale mischen.

2 Die Hummerpanzer gut säubern und bei 170 °C im Ofen trocknen.

3 1 EL Butter in einer Pfanne zerlassen und die Semmelbrösel 3 Minuten knusprig und goldbraun rösten.

4 Die restliche Butter in einem Topf zerlassen und das Hummerfleisch sanft anbraten. Den Brandy zugießen und 3 Minuten kochen, dann Sahne oder Crème fraîche zugeben und mit Salz und Pfeffer abschmecken.

5 Salzwasser in einem großen Topf aufkochen. Farfallini darin mit Olivenöl etwa 12 Minuten kochen, bis die Nudeln gar, aber noch bissfest sind. Abgießen und in die sauberen Hummerpanzer geben. Mit dem gebutterten Hummer belegen und mit Parmesan und Semmelbröseln bestreuen. 2–3 Minuten goldbraun grillen.

6 Die Hummerpanzer auf einem vorgewärmten Servierteller anrichten, garnieren und servieren.

# Zweierlei Muscheln

Für 4–6 Personen

## ZUTATEN

1250 g Miesmuscheln, gesäubert, ohne Bart, aussortiert
250 ml trockener Weißwein
2 große Zwiebeln, gehackt
125 g Butter
6 große Knoblauchzehen, fein gehackt
5 EL frisch gehackte Petersilie
300 g Sahne
Salz und Pfeffer
400 g Muschelnudeln
1 EL Olivenöl
knuspriges Brot, zum Servieren

1 Die Muscheln mit dem Wein und der Hälfte der Zwiebeln in einem geschlossenen Topf garen, bis sich ihre Schalen öffnen – den Topf dabei gelegentlich rütteln.

2 Die Muscheln abgießen – den Sud dabei auffangen. Alle noch geschlossenen Muscheln aussortieren.

3 Die restliche Zwiebel 2–3 Minuten in der Butter andünsten. Den Knoblauch zugeben und 1 Minute mitbraten. Nach und nach den Muschelsud, Petersilie und Sahne einrühren. Diese Sauce mit Salz und Pfeffer abschmecken und einige Minuten köcheln.

4 Salzwasser in einem großen Topf aufkochen. Die Nudeln darin mit Olivenöl bissfest garen. Anschließend die Nudeln abgießen, in den Topf zurückgeben und warm halten.

5 Einige Muscheln für die Garnitur beiseite legen. Die übrigen aus den Schalen lösen, zur Sauce geben und kurz erwärmen. Die Nudeln mit Sauce gemischt in eine Servierschüssel geben. Mit den zurückbehaltenen Muscheln garnieren und mit warmem, knusprigem Brot servieren.

### TIPP

*Muschelnudeln sind für dieses Gericht ideal, weil sie in ihren Vertiefungen die Sauce gut aufnehmen.*

# *Tagliatelle mit Muscheln und Safran*

**Für 4 Personen**

## ZUTATEN

1 kg Miesmuscheln, gesäubert, ohne Bart, aussortiert
150 ml Weißwein
1 mittelgroße Zwiebel, fein gehackt
1 EL Butter
2 Knoblauchzehen, zerdrückt
2 TL Speisestärke
300 g Sahne
einige Safranfäden
Salz und Pfeffer
1 Eigelb
Saft von 1/2 Zitrone
500 g Tagliatelle
1 EL Olivenöl
3 EL frisch gehackte Petersilie, zum Garnieren

1 Die Muscheln mit Wein und der Hälfte der Zwiebeln in einem Topf abgedeckt unter gelegentlichem Rütteln des Topfes garen, bis sich ihre Schalen öffnen.

2 Die Muscheln abgießen und den Sud auffangen. Geschlossene Muscheln aussortieren. Bis auf die Muscheln für die Garnitur alle Schalen entfernen.

3 Den Sud aufkochen und auf die Hälfte einkochen. Dann vom Herd nehmen.

4 Die Butter in einem Topf zerlassen und Knoblauch darin andünsten. Die Stärke zufügen und anschwitzen. Nach und nach den Sud und die Sahne einrühren. Safran zufügen, die Sauce mit Salz und Pfeffer abschmecken und eindicken.

5 Eigelb, Zitronensaft und die geschälten Muscheln zufügen. Alles erwärmen, aber nicht mehr aufkochen.

6 Salzwasser in einem großen Topf aufkochen. Die Tagliatelle darin mit Olivenöl bissfest garen. Die Nudeln abgießen und in eine vorgewärmte Servierschüssel füllen. Die Muschelsauce zugeben und gut unterrühren. Das fertige Gericht mit Petersilie und den ungeschälten Muscheln garniert sofort servieren.

# Gebackene Jakobsmuscheln

**Für 4 Personen**

## ZUTATEN

12 Jakobsmuscheln
3 EL Olivenöl
350 g kleine getrocknete Vollkornnudeln
150 ml Fischbrühe
1 Zwiebel, gehackt
Saft und fein geriebene Schale von 2 Zitronen
150 g Sahne
250 g geriebener Cheddar
Salz und Pfeffer
ofenfrisches Graubrot, zum Servieren

1 Die Muscheln aus ihren Schalen lösen. Die Schürze und den schwarzen Darmfaden entfernen. Den weißen Teil (das Fleisch) und den orangfarbenen Teil (den Rogen) vorsichtig mit einem kurzen, kräftigen Messer aus der Schale lösen.

2 Die Schalen gründlich waschen und trocknen. Die Schalen auf ein Backblech legen, leicht mit etwa zwei Drittel des Olivenöls beträufeln und beiseite stellen.

3 Salzwasser in einem großen Topf aufkochen. Die Nudeln mit dem restlichen Olivenöl gar, aber noch bissfest kochen. Abgießen und etwa 25 g Nudeln in jede Schale geben.

4 Muscheln, Zwiebel und Brühe in eine feuerfeste Form geben und mit Pfeffer abschmecken. Mit Alufolie abdecken und 8 Minuten im vorgeheizten Backofen bei 180 °C backen.

5 Die Form aus dem Ofen nehmen, aufdecken und die Muscheln mit einem Schaumlöffel in die Schalen geben. 1 Esslöffel des Kochsuds in jede Schale geben, mit Zitronensaft und etwas Sahne beträufeln und mit Käse bestreuen.

6 Die Temperatur auf 230 °C erhöhen und die Muscheln 4 Minuten in den Ofen geben. Die Muscheln in ihren Schalen mit ofenfrischem Brot und Butter servieren.

# *Vermicelli mit Venusmuscheln*

**Für 4 Personen**

## ZUTATEN

400 g Vermicelli, Spaghetti oder andere lange Nudeln
2 EL Olivenöl
1 EL Butter
2 Zwiebeln, gehackt
2 Knoblauchzehen, gehackt

400 g Venusmuscheln aus der Dose, abgetropft, Sud auffangen
125 ml Weißwein
4 EL frisch gehackte Petersilie
1/2 TL getrockneter Oregano

Pfeffer
1 Prise frisch geriebene Muskatnuss

GARNIERUNG:
frische Basilikumblätter

1 Die Vermicelli mit der Hälfte des Olivenöls bissfest garen. Abgießen, in den Topf zurückgeben und mit der Butter mischen. Den Topf abdecken und die Nudeln warm halten.

2 Die Zwiebeln im restlichen Öl glasig dünsten. Knoblauch zugeben und 1 Minute mitdünsten.

3 Die Hälfte des Muschelsuds mit dem Wein zur Zwiebelmischung geben. (Der restliche Muschelsud wird nicht mehr benötigt.) Die Flüssigkeit aufkochen und 3 Minuten köcheln.

4 Muscheln, Petersilie und Oregano zu der Sauce geben und alles mit Pfeffer und Muskatnuss würzen. Die Hitze reduzieren und die Sauce so lange sanft köcheln, bis alle Zutaten gleichmäßig erwärmt sind.

5 Die Nudeln in eine Schüssel füllen und mit der Sauce übergießen. Das fertige Gericht mit Basilikum garnieren und sofort servieren.

### TIPP

*Venusmuscheln findet man an fast allen Küsten der Welt. Für dieses Rezept wird normalerweise eine nur etwa 2,5–5 cm große Art verwendet. Auf italienisch heißen Muscheln* vongole.

2

3

4

# *Tintenfisch mit Makkaroni*

**Für 4 Personen**

## ZUTATEN

- 350 g Makkaroni oder andere kurze Nudeln
- 7 EL Olivenöl
- 2 Zwiebeln, in Ringe geschnitten
- 350 g Tintenfisch, geputzt und in Ringe geschnitten (s. Tipp)
- 250 ml Fischfond
- 150 ml Rotwein
- 2 EL Tomatenmark
- 350 g Tomaten, gehäutet und in Scheiben geschnitten
- 1 TL getrockneter Oregano
- 2 Lorbeerblätter
- Salz und Pfeffer
- 2 EL frisch gehackte Petersilie
- knuspriges Brot, zum Servieren

1 Salzwasser in einem großen Topf aufkochen. Die Makkaroni darin mit 1 Esslöffel Olivenöl 3 Minuten kochen. Abgießen, beiseite stellen und warm halten.

2 Das restliche Öl in einem zweiten Topf erhitzen. Die Zwiebeln darin glasig dünsten. Tintenfisch und Fond zugeben und 5 Minuten köcheln. Dann Wein, Tomatenmark, Tomaten, Oregano und Lorbeer zufügen. Diese Sauce mit Salz und Pfeffer abschmecken und weitere 5 Minuten kochen.

3 Die Nudeln untermischen. Den Topf abdecken und den Inhalt 10 Minuten köcheln, bis der Tintenfisch und die Nudeln weich sind und die Sauce eingedickt ist. Ist die Sauce zu flüssig, einige Minuten im offenen Topf einkochen.

4 Lorbeerblätter entfernen. Etwas Petersilie beiseite legen, den Rest in die Sauce rühren. Das fertige Gericht mit der restlichen Petersilie bestreut mit Brot servieren.

### TIPP

*Um Tintenfisch vorzubereiten, die äußere Haut abziehen, Kopf und Tentakel abschneiden, den flachen Knochen entfernen. Tintenbeutel entfernen, Körper umstülpen und auswaschen. Tentakel klein hacken, Körper in Ringe schneiden, Kopf wegwerfen.*

# *Pasta Vongole*

**Für 4 Personen**

## ZUTATEN

675 g frische Venusmuscheln oder 300 g Venusmuscheln aus der Dose, abgetropft
2 EL Olivenöl
2 Knoblauchzehen, zerdrückt
400 g gemischte Meeresfrüchte, z. B. Riesengarnelen, Kalmar und Miesmuscheln, Tiefkühlware auftauen
150 ml Weißwein
150 ml Fischfond
700 g frische oder 400 g getrocknete Nudeln
2 EL frisch gehackter Estragon
Salz und Pfeffer

1 Frische Muscheln sorgfältig säubern und alle bereits offenen Exemplare aussortieren.

2 Das Öl in einer großen Pfanne erhitzen. Knoblauch und Muscheln darin unter mehrfachem Rütteln 2 Minuten anbraten, bis alle Muscheln mit Öl bedeckt sind.

3 Die Meeresfrüchtemischung zugeben und weitere 2 Minuten braten.

4 Wein und Fischfond zugießen und aufkochen. Dann die Pfanne abdecken, die Hitze reduzieren und die Meeresfrüchte 8–10 Minuten köcheln, bis sich die Schalen der Muscheln öffnen. Alle nicht geöffneten Muscheln unbedingt entfernen.

5 Währenddessen Salzwasser in einem großen Topf aufkochen. Die Nudeln darin bissfest kochen, anschließend abgießen.

6 Estragon unter die Sauce rühren und mit Salz und Pfeffer abschmecken.

7 Die Pasta in einer großen Schüssel mit der Sauce mischen und sofort servieren.

## VARIATION

*Eine rote Sauce erhält man, wenn bei Schritt 4 zusammen mit der Brühe 8 Esslöffel passierte Tomaten mit in die Pfanne gegeben werden.*

3

4

6

# Polenta mit geräuchertem Kabeljau

**Für 4 Personen**

## ZUTATEN

1,5 l Wasser
350 g Instant-Polenta
200 g Spinat, Tiefkühlware aufgetaut
2 EL Butter
50 g geriebener Pecorino
Salz und Pfeffer
200 ml Milch
500 g geräuchertes Kabeljaufilet, gehäutet und filetiert
4 Eier, verquirlt

1 Das Wasser in einem Topf aufkochen. Die Polenta gleichmäßig einstreuen und sorgfältig unterrühren, bis sie steif ist. Eventuell abweichende Packungsangaben beachten.

2 Spinat, Butter und die Hälfte des Pecorino unter die fertige Polenta rühren und mit Salz und Pfeffer abschmecken.

3 Die Böden und Ränder von 4 feuerfesten Suppenschalen gleichmäßig mit der Polenta bestreichen.

4 Die Milch in einer großen Pfanne aufkochen. Die Kabeljaufilets zugeben und unter einmaligem Wenden 8–10 Minuten garen. Dann mit einer Schaumkelle aus der Pfanne nehmen.

5 Die Pfanne vom Herd nehmen, die Eier in die Pfanne geben und mit der Milch verrühren.

6 Die Fischfilets mit einer Gabel in kleine Stücke zerlegen und in die Mitte der Schalen legen.

7 Die Milchmischung über die Filetstücke gießen.

8 Den Fisch mit dem restlichen Käse bestreuen, in einem auf 190 °C vorgeheizten Ofen 25–30 Minuten goldbraun backen und heiß servieren.

## VARIATION

*Statt Fisch 350 g gekochte und mit gehacktem Estragon gewürzte Hähnchenbrust verwenden.*

# *Stockfisch mit Sellerie*

**Für 4 Personen**

## ZUTATEN

250 g Stockfisch, über Nacht in Wasser eingeweicht
1 EL Öl
4 Schalotten, fein gehackt
2 Knoblauchzehen, zerdrückt
3 Selleriestangen, in Scheiben geschnitten
400 g gehackte Tomaten aus der Dose
150 ml Fischfond
50 g Pinienkerne
2 EL frisch gehackter Estragon
2 EL Kapern
knuspriges Brot oder Kartoffelpüree, zum Servieren

1 Den Stockfisch abtropfen lassen, abwaschen und noch einmal gut abtropfen lassen. Dann Haut und Gräten entfernen, die Filets mit Küchenpapier trockentupfen und in Stücke schneiden.

2 Das Öl in einer Pfanne erhitzen. Schalotten und Knoblauch darin 2–3 Minuten andünsten. Sellerie zugeben und weitere 2 Minuten dünsten, dann Tomaten und Fischfond zufügen.

3 Die Mischung aufkochen, dann die Hitze reduzieren und die Sauce 5 Minuten köcheln.

4 Die Fischstücke zugeben und 10 Minuten in der Sauce garen. Währenddessen die Pinienkerne auf ein Backblech legen und unter einem vorgeheizten Grill 2–3 Minuten goldbraun rösten.

5 Estragon, Kapern und Pinienkerne in die Pfanne geben und zusammen mit dem Fisch vorsichtig erhitzen.

6 Das fertige Gericht auf Teller verteilen und mit frischem knusprigen Brot oder mit Kartoffelpüree servieren.

### TIPP

*Der im Fachhandel erhältliche Stockfisch kann lange gelagert werden. Nachdem er eingeweicht wurde, kann er wie jeder andere Fisch verarbeitet werden. Er hat jedoch einen intensiveren und etwas salzigeren Geschmack als frischer Fisch.*

# Stockfisch-Küchlein

**Ergibt 28 Küchlein**

## ZUTATEN

100 g Mehl
1 TL Backpulver
1 Ei, verquirlt
150 ml Milch
250 g Stockfisch, über Nacht in Wasser eingeweicht
1 kleine rote Zwiebel, fein gehackt
1 kleine Fenchelknolle, gehackt
1 rote Chilischote, fein gehackt
2 EL Öl
knackiger Salat, Chili-Relish, gekochter Reis und frisches Gemüse, zum Servieren

1 Mehl und Backpulver in eine große Schüssel sieben. Mit der Faust eine Vertiefung in die Mitte der Mischung drücken und das Ei hineingeben.

2 Das Ei und Mehl mit einem Holzlöffel vermengen. Dann langsam die Milch zugießen und weiterrühren, bis ein glatter Teig entstanden ist. Diesen 10 Minuten ruhen lassen.

3 Den Stockfisch abtropfen lassen, unter kaltem Leitungswasser abwaschen und erneut gut abtropfen lassen.

4 Haut und Gräten des Stockfischs entfernen und die Filets mit einer Gabel in kleine Stücke zerlegen.

5 Den zerkleinerten Fisch in eine große Schüssel geben und mit Zwiebel, Fenchel und Chili mischen. Anschließend mit dem fertigen Teig vermengen.

6 Das Öl in einer Pfanne erhitzen. Jeweils 1 Teelöffel des Teigs in die Pfanne geben, andrücken und die so entstandenen Küchlein von jeder Seite 3–4 Minuten goldbraun braten, bis sie leicht aufgegangen sind.

### TIPP

*Für größere Küchlein: 2 Teelöffel pro Portion und etwas länger braten.*

7 Die fertigen Küchlein mit Salat und Chili als leichte Zwischenmahlzeit oder mit Reis und Gemüse als Hauptgericht servieren.

2

5

5

# *Sardische Rotbarbe*

**Für 4 Personen**

## ZUTATEN

150 ml Rotwein
50 g Sultaninen
2 EL Olivenöl
2 mittelgroße Zwiebeln, in Ringen
1 Zucchini, in 5 cm lange Streifen geschnitten
2 unbehandelte Orangen
2 TL Koriandersamen, zerstoßen
4 Rotbarben, filetiert
50 g Sardellen, abgetropft
2 EL frisch gehackter Oregano

1 Den Rotwein in eine Schüssel geben und die Sultaninen darin 10 Minuten einweichen lassen.

2 Das Öl in einer großen Pfanne erhitzen und die Zwiebeln darin 2 Minuten andünsten.

3 Zucchini zugeben und 3 Minuten dünsten.

4 Mit einem Zestenschneider dünne Streifen von der Schale einer Orange schälen. Die restliche Schale von beiden Orangen mit einem scharfen Messer entfernen, dann die einzelnen Fruchtsegmente entlang der Hautlappen einschneiden, herauslösen und so das Fruchtfleisch filieren.

5 Orangenzesten, Rotwein, Sultaninen, Koriandersamen, Rotbarben und Sardellen zu dem Gemüse in die Pfanne geben und einige Minuten köcheln, bis der Fisch gar ist.

6 Oregano einrühren, die Pfanne vom Herd nehmen und abkühlen lassen. Anschließend alles in eine große Schüssel geben und abgedeckt für mindestens 2 Stunden in den Kühlschrank stellen. Dann auf Teller verteilen und servieren.

### TIPP

*Rotbarbe ist normalerweise das ganze Jahr über erhältlich, wenn nicht frisch, dann tiefgekühlt. Sie kann auch durch Tilapia ersetzt werden. Das Gericht schmeckt auch lauwarm.*

3

4

5

# *Heringe mit warmem Pesto*

**Für 4 Personen**

## ZUTATEN

4 grüne Heringe oder kleine Makrelen, gesäubert und ausgenommen
3 EL Olivenöl
250 g Tomaten, enthäutet, entkernt und gehackt
8 Sardellen, gehackt
ca. 30 frische Basilikumblätter
50 g Pinienkerne
2 Knoblauchzehen, zerdrückt

1 Die Heringe unter einem heißen Grill von jeder Seite 8–10 Minuten rösten, bis die Haut von beiden Seiten leicht gebräunt ist.

2 Währenddessen 1 Esslöffel des Olivenöls in einem Topf erhitzen.

3 Tomaten und Sardellen zugeben und bei mittlerer Hitze 5 Minuten kochen.

4 Derweil Basilikum, Pinienkerne, Knoblauch und das restliche Öl in eine Küchenmaschine oder einen Mörser geben und zu einer feinkörnigen Paste verarbeiten.

5 Den Pesto zu den Tomaten und den Sardellen in den Topf geben und unter Rühren erhitzen.

6 Einen Teil des Pestos auf 4 vorgewärmte Teller verteilen, die Heringe darauf legen, den Rest der Sauce über die Fische geben und sofort servieren.

### TIPP

*Für ein intensiveres Aroma die Heringe auf einem Holzkohlengrill rösten.*

# *Gefüllte Seezunge*

**Für 4 Personen**

## ZUTATEN

- 1 EL Olivenöl
- 1 EL Butter
- 1 kleine Zwiebel, fein gehackt
- 1 Knoblauchzehe, gehackt
- 3 getrocknete Tomaten, gehackt
- 2 EL frischer Zitronenthymian
- 50 g Semmelbrösel
- 1 EL Zitronensaft
- Salz und Pfeffer
- 4 kleine Seezungen, gesäubert und ausgenommen
- Zitronenspalten, zum Garnieren
- frische grüne Salatblätter, zum Garnieren

1 Öl und Butter in einer Pfanne erhitzen, bis die Mischung schäumt.

2 Die Zwiebel und den Knoblauch zufügen und unter Rühren 5 Minuten weich dünsten.

3 Für die Füllung Tomaten, Thymian, Semmelbrösel und Zitronensaft in einer Schüssel vermengen und mit Salz und Pfeffer abschmecken.

4 Die Mischung in die Pfanne geben und unter die Zwiebelmischung rühren.

5 Mit einem scharfen Messer hinter dem Kopf der Seezunge die Haut von den Gräten lösen. Dann die Tomaten-Kräuter-Mischung in die Öffnungen der Fische füllen.

6 Die Fische unter einem vorgeheizten Grill von jeder Seite 6 Minuten goldbraun rösten.

7 Die fertigen Fische auf Teller verteilen, mit Zitronenspalten und ein paar Salatblättern garnieren und sofort servieren.

### TIPP

*Zitronenthymian* (Thymus × citriodorus) *evtl. durch einfachen Thymian ersetzen. Um dem Zitronenaroma näher zu kommen, der Füllung 1 Teelöffel geriebene Zitronenschale beigeben.*

# *Seezungenfilets in Sahnesauce*

**Für 4 Personen**

**ZUTATEN**

FOND:
600 ml Wasser
Gräten und Haut der Seezungenfilets
1 Zwiebel, geschält und halbiert
1 Karotte, geschält und halbiert
3 frische Lorbeerblätter

SAUCE:
1 EL Olivenöl
1 EL Butter
4 Schalotten, fein gehackt
100 g kleine Champignons, geputzt und halbiert
1 EL Pfefferkörner, zerstoßen

8 Seezungenfilets
100 ml Marsala
150 g Sahne

gekochtes Gemüse, nach Wahl, zum Servieren

1 Für den Fond Wasser, Gräten, Fischhaut, Zwiebel, Karotte und Lorbeerblätter in einen Topf geben und aufkochen.

2 Die Hitze reduzieren und ungefähr 1 Stunde köcheln, bis nur noch etwa 150 ml Flüssigkeit übrig sind. Den fertigen Fond durch ein feines Sieb streichen und beiseite stellen. Gemüse, Gräten und Fischhaut wegwerfen.

3 Für die Sauce Öl und Butter in einer Pfanne erhitzen. Die Schalotten darin unter Rühren 2–3 Minuten weich dünsten.

4 Die Champignons zugeben und unter Rühren weitere 2–3 Minuten dünsten, bis sie angebräunt sind.

5 Pfefferkörner und Fisch zugeben und die Filets von jeder Seite 3–4 Minuten goldbraun braten.

6 Marsala und Fond zugießen und 3 Minuten mit den Filets köcheln. Anschließend den Fisch aus der Pfanne nehmen, beiseite stellen und warm halten.

7 Die Hitze erhöhen und den Pfanneninhalt etwa 5 Minuten kochen, bis er zu einer dicken Sauce eingekocht ist.

8 Dann die Sahne einrühren, die Filets zurück in die Pfanne geben und in der Sauce erneut erwärmen. Mit Gemüse servieren.

# *Gebackene Sardinen*

**Für 4 Personen**

## ZUTATEN

1 El Olivenöl
2 große Zwiebeln, in Ringe geschnitten
3 Knoblauchzehen, zerdrückt
2 große Zucchini, in Stifte geschnitten
3 EL frisch gehackter Thymian
8 Sardinenfilets oder 1 kg ganze Sardinen, filetiert
75 g geriebener Parmesan
4 Eier, verquirlt
150 ml Milch
Salz und Pfeffer

1 Das Öl in einer Pfanne erhitzen. Zwiebeln und Knoblauch darin 2–3 Minuten dünsten.

2 Die Zucchini zugeben und etwa 5 Minuten weich dünsten, bis sie leicht angebräunt sind.

3 Dann 2 Esslöffel Thymian unter die Zucchini rühren.

4 Die Hälfte der Zucchinimischung in einer großen Auflaufform verteilen. Die Sardinenfilets und die Hälfte des Parmesans darüber geben.

5 Die restliche Zucchinimischung über die Filets verteilen und mit dem übrigen Thymian bestreuen.

6 Eier und Milch in einer Schüssel verühren, mit Salz und Pfeffer abschmecken, über das Gemüse und die Fischfilets in die Form gießen und alles mit dem restlichen Parmesan bestreuen.

7 Den Auflauf 20–25 Minuten in einem auf 180 °C vorgeheizten Ofen goldbraun backen und heiß servieren.

## VARIATION

*Statt Sardinen können auch kleine Makrelen verwendet werden.*

# Marinierter Fisch

**Für 4 Personen**

## ZUTATEN

4 ganze Makrelen
4 EL frisch gehackter Majoran
2 EL Olivenöl
geriebene Schale und Saft von 1 Limette
2 Knoblauchzehen, zerdrückt
Salz und Pfeffer

1 Die Schuppen der Makrelen entfernen, indem die Fische unter einem schwachen Strahl Leitungswasser mit der stumpfen Seite eines Messers in Richtung Kopf abgeschabt werden.

2 Die Bäuche der Makrelen mit einem scharfen Messer einstechen und den Bauchraum mit einem kräftigen Schnitt so weit öffnen, bis das Messer auf einen Widerstand stößt. Die Fische ausnehmen und unter kaltem Wasser abspülen. Die Köpfe können vor der weiteren Verarbeitung abgetrennt werden, müssen es aber nicht.

3 Die Makrelen auf beiden Seiten mit einem Messer je viermal diagonal einschneiden. Anschließend in eine tiefe Glasschale geben.

4 Für die Marinade Majoran, Olivenöl, Limettenschale und -saft, Knoblauch sowie Salz und Pfeffer in einer Schüssel vermengen.

5 Die Mischung über die vorbereiteten Makrelen gießen und diese 30 Minuten im Kühlschrank marinieren.

6 Die marinierten Makrelen unter einem vorgeheizten Grill von jeder Seite 5–6 Minuten goldbraun rösten. Dabei gelegentlich mit der übrig gebliebenen Marinade bestreichen.

7 Die fertigen Makrelen auf Teller verteilen und vor dem Servieren mit eventuellen Marinaderesten übergießen.

### TIPP

*Ist die Limette hart und lässt sich nur schwer ausdrücken, kann sie für 30 Sekunden auf höchster Stufe in der Mikrowelle aufgeweicht werden.*

2
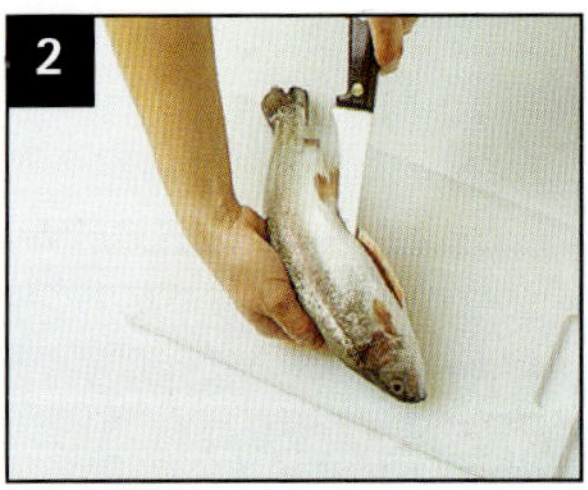

3

4

# *Orangenmakrele*

**Für 4 Personen**

## ZUTATEN

1 EL Öl
4 Frühlingszwiebeln, in Ringen
2 unbehandelte Orangen
50 g gemahlene Mandeln
1 EL Haferflocken
50 g gemischte grüne und schwarze Oliven, entsteint und klein gehackt
8 Makrelenfilets
Salz und Pfeffer
knackiger Salat, zum Servieren

1 Das Öl in einer Pfanne erhitzen und die Frühlingszwiebeln darin 2 Minuten andünsten.

2 Die Orangenschale fein reiben und die weißen Reste mit einem scharfen Messer entfernen.

3 Die Orange filieren. Dazu die Fruchtsegmente entlang der Hautlappen einschneiden, das Fleisch herauslösen und halbieren. Die Orangen dabei über eine Schüssel halten, um den auslaufenden Fruchtsaft aufzufangen.

4 Die Mandeln auf ein Backblech legen und 2–3 Minuten unter einem vorgeheizten Grill leicht anrösten. Aufpassen, dass sie nicht zu dunkel werden.

5 Frühlingszwiebeln, Orangen, Mandeln, Haferflocken und Oliven in einer Schüssel mischen. Dann mit Salz und Pfeffer abschmecken.

6 Die so entstandene Mischung auf die Makrelenfilets verteilen. Dann die Filets zusammenrollen und mit einem Zahnstocher fixieren.

7 Die Makrelenröllchen in einem auf 190 °C vorgeheizten Backofen 25 Minuten garen.

8 Die fertigen Röllchen auf Teller verteilen und warm mit Salat servieren.

# Italienischer Kabeljau

**Für 4 Personen**

## ZUTATEN

1 EL Butter
50 g Vollkornsemmelbrösel
2 EL Walnüsse, gehackt
geriebene Schale und Saft von 2 Zitronen
2 EL frisch gezupfter Rosmarin
2 EL frisch gehackte Petersilie
4 Kabeljaufilets à ca. 150 g
1 Knoblauchzehe, zerdrückt
1 kleine rote Chilischote, gewürfelt
3 EL Walnussöl
Salatblätter, zum Servieren

1 Die Butter in einer Pfanne zerlassen.

2 Die Pfanne vom Herd nehmen. Semmelbrösel, Nüsse, Saft und Schale von 1 Zitrone sowie die Hälfte des Rosmarin und der Petersilie mit der Butter verrühren.

3 Die Kabeljaufilets mit dieser Mischung bestreichen und in einen flachen Bräter legen.

4 Die Filets 25–30 Minuten in einem auf 200 °C vorgeheizten Ofen backen.

5 Knoblauch, Chili und den Rest von Rosmarin, Petersilie, Zitronensaft und -schale in einer Schüssel mischen. Dann das Walnussöl zugeben und gut unterrühren. Das so entstandene Dressing über die Filets geben.

6 Den fertigen Fisch auf Teller verteilen und sofort servieren.

## VARIATION

*Nach Belieben können die Walnüsse weggelassen werden. Das Walnussöl lässt sich durch Olivenöl ersetzen.*

## TIPP

*Im Allgemeinen gilt für die Schärfe der Chillies: Je kleiner die Schote, desto schärfer ist sie.*

2

2

3

# Gekochte Miesmuscheln

**Für 4 Personen**

## ZUTATEN

- 1 kg Miesmuscheln
- 150 ml Weißwein
- 1 EL Öl
- 1 Zwiebel, fein gehackt
- 2 Knoblauchzehen, zerdrückt
- 1 rote Chilischote, fein gehackt
- 100 g passierte Tomaten
- 1 EL frisch gehackter Majoran
- Toast oder knuspriges Brot

1 Die Muscheln unter fließendem Leitungswasser waschen.

2 Den Bart an den Muschelschalen mit einem Messer entfernen und die Muscheln erneut reinigen. Alle offenen Muscheln, die sich auch nach leichtem Gegenklopfen nicht schließen, aussortieren.

3 Die Muscheln in einen Topf geben. Den Wein zugießen und die Muscheln darin unter gelegentlichem Rütteln des Topfs 5 Minuten kochen, bis sie sich öffnen. Vom Herd nehmen und alle noch geschlossenen Muscheln entfernen.

4 Die Muscheln mit einer Schöpfkelle aus dem Topf heben. Die Kochflüssigkeit durch ein feines Sieb seihen und in einer Schüssel auffangen.

5 Das Öl in einer großen Pfanne erhitzen. Zwiebel, Knoblauch und Chili darin 4–5 Minuten weich dünsten.

6 Die aufgefangene Kochflüssigkeit zugeben und 5 Minuten einkochen.

7 Die passierten Tomaten, den Majoran und die gekochten Muscheln zugeben und in der Sauce erhitzen.

8 Die fertigen Muscheln auf Schalen verteilen und mit Toast oder knusprigem Brot servieren.

### TIPP

*Fingerschalen sind kleine, mit lauwarmem Wasser und Zitronenscheiben gefüllte Schalen, in denen man die Finger säubern kann.*

2

3

4

# *Gefüllter Kalmar*

**Für 4 Personen**

**ZUTATEN**

8 Kalmare, geputzt und ausgenommen, aber am Stück (eventuell den Fischhändler bitten, diese Aufgabe zu übernehmen)
6 Sardellenfilets, gehackt
2 Knoblauchzehen, zerdrückt
2 EL frisch gehackter Rosmarin
2 getrocknete Tomaten, gehackt
150 g Semmelbrösel
1 EL Olivenöl
1 Zwiebel, fein gehackt
200 ml Weißwein
200 ml Fischfond
gekochter Reis, zum Servieren

1 Die Tentakel vom Körper der Kalmare trennen und fein hacken.

2 Sardellen, Knoblauch, Rosmarin und Tomaten in einem Mörser zerstoßen.

3 Semmelbrösel und gehackte Kalmarstücke unterrühren. Falls keine dickflüssige Paste entsteht, 1 Teelöffel Wasser zugeben.

4 Die Körperbeutel der Kalmare mit der fertigen Paste füllen. Die Öffnung mit Küchengarn verschließen. Die Kalmare nicht überfüllen, weil sich die Füllung beim Kochen noch ausdehnt.

5 Das Öl in einer Pfanne erhitzen. Die Zwiebel unter Rühren darin 3–4 Minuten goldbraun anbraten.

6 Die gefüllten Kalmare zugeben und ebenfalls 3–4 Minuten braten, bis sie von allen Seiten gut gebräunt sind.

7 Wein und Fischfond zugießen und aufkochen. Dann die Hitze reduzieren, die Pfanne abdecken und die Kalmare 15 Minuten in der Brühe köcheln.

8 Den Deckel von der Pfanne nehmen und die Kalmare weitere 5 Minuten garen, bis die Brühe eingekocht ist. Mit gekochtem Reis servieren.

## TIPP

*Nur Kalmarstücke verwenden: Anbraten und dann mit der Füllung und der Brühe kochen.*

1

2

4

# Genueser Meeresfrüchte-Risotto

**Für 4 Personen**

## ZUTATEN

1,2 l Fisch- oder Hühnerfond
350 g Arborio-Reis, gewaschen
2 EL Butter
2 Knoblauchzehen, zerdrückt
250 g gemischte Meeresfrüchte, vorzugsweise roh, etwa Riesengarnelen, Kalmar, Muscheln und Shrimps
2 EL frisch gehackter Oregano
50 g geriebener Pecorino oder Parmesan
frisch gehackter Oregano, zum Garnieren

1 Den Fond in einem Topf aufkochen. Den Reis zugeben und unter Rühren etwa 12 Minuten garen. Anschließend gut abtropfen lassen. Die Kochflüssigkeit aufbewahren.

2 Die Butter in einer großen Pfanne erhitzen und den Knoblauch darin unter Rühren dünsten.

3 Die Meeresfrüchte zugeben und 5 Minuten garen. Sollten die Meeresfrüchte bereits vorgekocht sein, reduziert sich die Kochzeit auf 2–3 Minuten.

4 Oregano zugeben und unterrühren.

5 Den vorgekochten Reis in die Pfanne geben, mit den Meeresfrüchten mischen und 2–3 Minuten erwärmen, bis alles heiß ist. Falls die Mischung zu trocken wird, etwas von dem zurückbehaltenen Fond zugießen.

6 Pecorino oder Parmesan zugeben und gut unterrühren.

7 Den Risotto auf vorgewärmte Teller verteilen und sofort servieren.

### TIPP

*Die Genueser Köche bereiten ihre delikaten Fischgerichte mit dem vor Ort produzierten Olivenöl zu.*

# *Vegetarisches & Salate*

*Dieses Kapitel stellt Rezepte für jede Gelegenheit vor: sättigende vegetarische Mahlzeiten, nicht alltägliche Gemüsebeilagen, Hauptgerichte und Salate. Viele der Salate eignen sich auch für ein Picknick oder eine sommerliche Grillparty.*

*Unter den Rezepten finden Sie neben vielen Klassikern auch fantasievolle und überraschende neue Kombinationen von Gemüse und Nudeln. Wie wäre es zum Beispiel einmal mit Fenchel als Hauptzutat für ein Familienessen? Wofür Sie sich auch immer entscheiden, dieses Kapitel bietet Ihnen eine bunte Auswahl an raffinierten Gaumenfreuden.*

# *Tagliatelle mit Kürbis*

**Für 4 Personen**

## ZUTATEN

500 g Garten- oder Eichelkürbis, geschält
3 EL Olivenöl
1 Zwiebel, fein gehackt
2 Knoblauchzehen, zerdrückt
4–6 EL frisch gehackte Petersilie
1 Prise frisch geriebene Muskatnuss
etwa 250 ml Hühner- oder Gemüsebrühe
125 g Parmaschinken
250 g getrocknete Tagliatelle
150 g Sahne
Salz und Pfeffer
frisch geriebener Parmesan, zum Servieren

1 Den Kürbis halbieren und entkernen. Das Fruchtfleisch in 1 cm dicke Würfel schneiden.

2 2 Esslöffel Olivenöl in einem großen Topf erhitzen und Zwiebel und Knoblauch 3 Minuten bei schwacher Hitze glasig dünsten. Die Hälfte der Petersilie zugeben und 1 Minute anbraten.

3 Den Kürbis zugeben und 2–3 Minuten braten. Mit Salz, Pfeffer und Muskat abschmecken.

4 Die Hälfte der Brühe in den Topf geben, aufkochen, abdecken und 10 Minuten köcheln, bis der Kürbis gar ist. Bei Bedarf Brühe nachgießen.

5 Den Parmaschinken in den Topf geben und unter regelmäßigem Rühren 2 Minuten kochen.

6 Salzwasser in einem großen Topf aufkochen. Die Tagliatelle mit dem restlichen Öl darin bissfest kochen. Abgießen und auf einen vorgewärmten Servierteller geben.

7 Die Sahne zu Kürbis und Schinken rühren und erhitzen. Über die Nudeln geben, mit der restlichen Petersilie bestreuen und servieren.

1

5

7

# Auberginenauflauf

Für 4 Personen

ZUTATEN

1 Aubergine, in dünne Scheiben geschnitten
5 EL Olivenöl
250 g getrocknete Fusilli
600 ml Béchamel-Sauce (s. S. 304)
100 g geriebener Cheddar
Butter, zum Einfetten
2 EL frisch geriebener Parmesan
Salz und Pfeffer

LAMMSAUCE:
1 große Zwiebel, in Scheiben geschnitten
2 Selleriestangen, in dünne Scheiben geschnitten
2 EL Olivenöl
500 g Lammhack
3 EL Tomatenmark
150 g sonnengetrocknete Tomaten, abgetropft und gehackt
1 TL getrockneter Oregano
1 EL Rotweinessig
150 ml Hühnerbrühe

1 Die Auberginenscheiben salzen und beiseite stellen.

2 Für die Lammsauce Zwiebel und Sellerie 3 Minuten im Öl anbraten. Das Hackfleisch zugeben und bräunen. Die restlichen Saucenzutaten einrühren und 20 Minuten kochen.

3 Die Auberginenscheiben waschen und trockentupfen. 4 Esslöffel Öl in einer Pfanne erhitzen. Die Auberginenscheiben 4 Minuten von jeder Seite braten. Aus der Pfanne heben und abtropfen.

4 Die Fusilli mit Öl in Salzwasser bissfest kochen und abgießen.

5 Die Béchamel-Sauce sanft erhitzen. Den Cheddar einrühren und dann die Hälfte der Käsesauce mit den Fusilli vermengen.

6 Fusilli, Lammsauce und Auberginen in eine gefettete Form schichten. Mit Käsesauce übergießen. Mit Parmesan bestreuen und 25 Minuten im vorgeheizten Backofen bei 190 °C backen. Heiß oder kalt servieren.

3

5

6

# Fettuccine all'Alfredo

**Für 4 Personen**

## ZUTATEN

1 EL Butter
200 g Sahne
500 g frische Fettuccine
1 EL Olivenöl
100 g frisch geriebener Parmesan, plus Parmesan zum Servieren
1 Prise frisch geriebene Muskatnuss
Salz und Pfeffer
frische Petersilienzweige, zum Garnieren

1 Butter und 150 g Sahne in einen großen Topf geben und bei mittlerer Hitze aufkochen. Die Temperatur reduzieren und einige Minuten köchelnd leicht eindicken lassen.

2 In der Zwischenzeit leicht gesalzenes Wasser in einem großen Topf aufkochen. Fettuccine und Olivenöl hineingeben und kochen, bis die Nudeln gar, aber noch bissfest sind. Abgießen, wieder in den Topf geben, dann die Sahnesauce darüber geben.

3 Die Fettuccine mit zwei Gabeln bei schwacher Hitze mit der Sauce vermengen.

4 Die restliche Sahne, Parmesan und Muskat zu den Nudeln geben und abschmecken. Gründlich vermengen und sanft erhitzen.

5 Die Fettuccine auf einen vorgewärmten Servierteller geben, mit frischer Petersilie garnieren und mit zusätzlichem Parmesan servieren.

## VARIATION

*Dieses klassische römische Gericht wird oft mit Schinkenstreifen und frischen Erbsen serviert: In Schritt 4 250 g geschälte, gekochte Erbsen und 175 g Schinkenstreifen mit dem Parmesan zugeben.*

# *Makkaroniauflauf*

**Für 6 Personen**

## ZUTATEN

500 g getrocknete kurze Makkaroni
1 EL Olivenöl
60 g Bratfett
500 g Kartoffeln, in dünne Scheiben geschnitten, vorgegart
400 g Zwiebeln, in Streifen geschnitten
250 g geriebener Mozzarella
150 g Sahne
Salz und Pfeffer
ofenfrisches Brot und Butter, zum Servieren

1 Salzwasser in einem großen Topf aufkochen. Makkaroni mit Olivenöl darin bissfest kochen. Gründlich abtropfen und beiseite stellen.

2 Das Fett in einer großen Auflaufform zerlassen und vom Herd nehmen.

3 Kartoffeln, Zwiebeln, Makkaroni und Käse in die Form schichten und jede Schicht mit Salz und Pfeffer abschmecken. Mit einer Schicht Käse abschließen. Schließlich die Sahne über den Käse gießen.

4 25 Minuten im vorgeheizten Backofen bei 200 °C backen, dann die Käsedecke unter dem heißen Backofengrill bräunen.

5 Den Auflauf direkt aus der Form als Hauptgericht mit ofenfrischem Brot und Butter servieren. Alternativ als Beilage zu einem Fleischgericht servieren.

## VARIATION

*Für einen stärkeren Geschmack geräucherten Mozzarella affumicata oder Gruyère anstelle von Mozzarella nehmen.*

# Sahnenudeln mit Brokkoli

**Für 4 Personen**

## ZUTATEN

- 60 g Butter
- 1 große Zwiebel, fein gehackt
- 500 g getrocknete Bandnudeln
- 500 g Brokkoli, in Röschen
- 150 ml kochende Gemüsebrühe
- 1 EL Mehl
- 150 g Sahne
- 60 g geriebener Mozzarella
- frisch gemahlene Muskatnuss
- Salz und weißer Pfeffer
- frische Apfelscheiben, zum Garnieren

1 Die Hälfte der Butter in einem großen Topf bei mittlerer Hitze zerlassen und die Zwiebel 4 Minuten darin anbraten.

2 Nudeln und Brokkoli in den Topf geben und unter ständigem Rühren 2 Minuten anbraten. Die Brühe zugießen, aufkochen und 12 Minuten köcheln. Mit Salz und Pfeffer abschmecken.

3 Die restliche Butter in einem Topf bei mittlerer Hitze zerlassen. Das Mehl einrühren und 2 Minuten anschwitzen. Nach und nach die Sahne einrühren. Erhitzen, aber nicht kochen lassen. Den geriebenen Käse zugeben und mit Salz und etwas Muskat abschmecken.

4 Nudeln und Brokkoli abgießen und in die Käsesauce geben. Unter gelegentlichem Rühren 2 Minuten kochen. Nudeln und Brokkoli in eine vorgewärmte große Servierschüssel geben und mit Apfelscheiben garniert servieren.

## VARIATION

*Dieses Gericht lässt sich genauso lecker und farbenfroh mit Romanesco zubereiten, der eigentlich eine blaugrüne Blumenkohlsorte ist.*

# *Paglia e Fieno*

**Für 4 Personen**

**ZUTATEN**

60 g Butter
1 kg frische Erbsen, geschält
200 g Sahne
500 g gemischte frische grüne und weiße Spaghetti oder Tagliatelle
1 EL Olivenöl
1 Prise frisch geriebene Muskatnuss
60 g frisch geriebener Parmesan, plus Parmesan zum Servieren
Salz und Pfeffer

1 Die Butter in einem großen Topf zerlassen. Die Erbsen hineingeben und 2–3 Minuten bei schwacher Hitze garen.

2 150 g Sahne in den Topf geben, aufkochen und köchelnd 1–2 Minuten leicht andicken lassen. Vom Herd nehmen.

3 In der Zwischenzeit Salzwasser in einem großen Topf aufkochen. Spaghetti oder Tagliatelle darin mit Olivenöl bissfest kochen. Den Topf vom Herd nehmen, die Nudeln gründlich abtropfen und wieder in den Topf geben.

4 Die Sahnesauce zu den Nudeln geben. Den Topf wieder auf den Herd stellen, die restliche Sahne und den Parmesan zugeben und mit Salz, Pfeffer und Muskat abschmecken.

5 Die Nudeln mit zwei Gabeln vorsichtig mit der Sauce vermengen und dabei erhitzen.

6 Die Nudeln in eine Servierschüssel geben und sofort mit zusätzlichem Parmesan servieren.

# Grüne Tagliatelle mit Knoblauch

Für 4 Personen

## ZUTATEN

2 EL Walnussöl
1 Bund Frühlingszwiebeln, in Scheiben geschnitten
2 Knoblauchzehen, in dünne Scheiben geschnitten
250 g Champignons, in Scheiben geschnitten
500 g frische grüne und weiße Tagliatelle
1 EL Olivenöl
250 g Spinat, Tiefkühlware aufgetaut und abgetropft
120 g Weichkäse mit Knoblauch und Kräutern
4 EL Sahne
60 g gehackte ungesalzene Pistazien
2 EL frisch gehacktes Basilikum
Salz und Pfeffer
frische Basilikumzweige, zum Garnieren
italienisches Brot, zum Servieren

1 Das Walnussöl in einer großen Pfanne erhitzen. Frühlingszwiebeln und Knoblauch 1 Minute darin andünsten.

2 Die Champignons zugeben, durchrühren, abdecken und 5 Minuten bei schwacher Hitze garen.

3 In der Zwischenzeit Salzwasser in einem großen Topf aufkochen. Tagliatelle darin mit Öl bissfest kochen. Abgießen und wieder zurück in den Topf geben.

4 Den Spinat in die Pfanne geben und 1–2 Minuten erhitzen. Den Käse zugeben und schmelzen lassen. Die Sahne einrühren und ohne zu kochen erhitzen.

5 Die Sauce über die Nudeln geben, mit Salz und Pfeffer abschmecken und gut vermengen. Unter ständigem Rühren 2–3 Minuten sanft erhitzen.

6 Die Nudeln auf einem Servierteller anrichten und mit Pistazien und Basilikum bestreuen. Mit den Basilikumzweigen garnieren und mit italienischem Brot servieren.

# Spaghetti Aglio e Olio

Für 4 Personen

## ZUTATEN

125 ml Olivenöl
3 Knoblauchzehen, zerdrückt
500 g frische Spaghetti
3 EL frisch gehackte Petersilie
Salz und Pfeffer

1 1 Esslöffel Olivenöl zurückbehalten und den Rest in einem mittelgroßen Topf erhitzen. Den Knoblauch mit einer Prise Salz unter ständigem Rühren bei schwacher Hitze goldbraun anrösten, dann den Topf vom Herd nehmen. Der Knoblauch darf nicht anbrennen, da dies den Geschmack verdirbt.

2 In der Zwischenzeit Salzwasser in einem großen Topf aufkochen. Spaghetti darin mit dem restlichen Olivenöl bissfest kochen. Abgießen und wieder in den Topf geben.

3 Öl und Knoblauch zu den Spaghetti geben und vermengen. Mit Pfeffer abschmecken, die Petersilie zugeben und erneut vermengen.

4 Die Spaghetti in eine warme Servierschüssel geben und sofort servieren.

## TIPP

*Es lohnt sich, hochwertiges Olivenöl zu verwenden, da es den Geschmack entscheidend prägt. Extra vergines Öl stammt aus der ersten Pressung und hat die geringste Säure. Es ist teurer als die anderen Olivenöle, hat aber auch den besten Geschmack. Vergines Öl hat etwas mehr Säure, aber immer noch einen guten Geschmack. Schlicht als „rein“ bezeichnetes Öl ist hitzebehandelt und maschinell raffiniert und besitzt kaum Charakter und Geschmack.*

# Patriotische Pasta

**Für 4 Personen**

## ZUTATEN

500 g getrocknete Farfalle
4 EL Olivenöl
500 g Cocktailtomaten
100 g Rucola
Salz und Pfeffer
Pecorino, zum Garnieren

1 Salzwasser in einem großen Topf aufkochen. Farfalle darin mit 1 Esslöffel Öl bissfest kochen. Abgießen und wieder in den Topf geben.

2 Die Tomaten halbieren und Rucola putzen.

3 Das restliche Olivenöl in einem großen Topf erhitzen. Die Tomaten 1 Minute dünsten. Farfalle und Rucola zugeben und vorsichtig vermengen. Erhitzen und mit Salz und Pfeffer abschmecken.

4 In der Zwischenzeit den Pecorino mit einem Sparschäler dünn abhobeln.

5 Farfalle und Gemüse auf einem vorgewärmten Servierteller anrichten. Mit Pecorino garnieren und sofort servieren.

### TIPP

*Pecorino ist ein sehr kräftiger und aromatischer Hartkäse aus Schafsmilch und erinnert an Parmesan. Er wird oft in kleinen Mengen zum Reiben verwendet.*

### TIPP

*Rucola (auch Rauke genannt) ist eine kleine Blattpflanze mit unregelmäßig geformten Blättern. Der Geschmack ist deutlich pfeffrig und erinnert leicht an Rettich. Er ist in Italien sowohl für Salate als auch für Nudelgerichte und Pizzen sehr beliebt und ist mittlerweile auch bei uns zu einem heimlichen Star der Küche geworden.*

# *Mediterrane Spaghetti*

**Für 4 Personen**

## ZUTATEN

2 EL Olivenöl
1 große rote Zwiebel, gehackt
2 Knoblauchzehen, zerdrückt
1 EL Zitronensaft
4 kleine Auberginen, geviertelt
600 ml passierte Tomaten
2 TL Puderzucker
2 EL Tomatenmark
400 g Artischockenherzen aus der Dose, abgetropft und halbiert
120 g entkernte schwarze Oliven
350 g getrocknete Spaghetti
1 EL Butter
Salz und Pfeffer
frische Basilikumzweige, zum Garnieren
Olivenbrot, zum Servieren

1 1 Esslöffel des Olivenöls in einer großen Pfanne erhitzen. Zwiebel, Knoblauch, Zitronensaft und Auberginen 4–5 Minuten bei schwacher Hitze anbraten, bis Zwiebel und Auberginen leicht gebräunt sind.

2 Passierte Tomaten zugeben, mit Salz und Pfeffer abschmecken und Zucker und Tomatenmark einrühren. Aufkochen, dann unter Rühren 20 Minuten köcheln.

3 Artischockenherzen und Oliven einrühren und 5 Minuten kochen.

4 In der Zwischenzeit Salzwasser in einem großen Topf aufkochen. Spaghetti darin mit dem restlichen Olivenöl bissfest kochen.

5 Die Spaghetti abgießen und mit der Butter vermengen. Auf einen großen Servierteller geben.

6 Die Gemüsesauce über die Nudeln geben, mit frischem Basilikum garnieren und sofort mit Olivenbrot servieren.

2

3

5

# Spinat-Wildpilz-Lasagne

Für 4 Personen

## ZUTATEN

120 g Butter, plus Butter zum Einfetten
2 Knoblauchzehen, fein gehackt
120 g Schalotten
250 g Wildpilze, z. B. Pfifferlinge
400 g Spinat, gekocht, abgetropft und fein gehackt
250 g geriebener Cheddar
1/4 TL frisch geriebene Muskatnuss
1 TL frisch gehacktes Basilikum
60 g Mehl
600 ml heiße Milch
60 g geriebener Cheshire
8 vorgekochte Lasagneblätter
Salz und Pfeffer
Brunnenkressesalat, zum Servieren

1 Eine feuerfeste Form leicht einfetten.

2 Die Hälfte der Butter in einem Topf zerlassen. Knoblauch, Schalotten und Pilze 3 Minuten bei schwacher Hitze andünsten. Spinat, Cheddar, Muskat und Basilikum einrühren. Kräftig abschmecken und beiseite stellen.

3 Die restliche Butter in einem zweiten Topf bei schwacher Hitze zerlassen. Das Mehl einrühren und 1 Minute anschwitzen. Langsam unter ständigem Schlagen die Milch zugießen und glatt rühren. 1 Esslöffel Cheshire einrühren und abschmecken.

4 Die Hälfte der Spinat-Pilz-Mischung auf den Boden der Form geben. Mit 4 Lasagneblättern bedecken und die Hälfte der Käsesauce darüber geben. Wiederholen und zum Schluss mit dem restlichen Cheshire bestreuen. 30 Minuten im vorgeheizten Backofen bei 200 °C goldbraun backen. Heiß servieren.

## VARIATION

*Den Spinat durch 4 Paprika ersetzen. Die Paprika 20 Minuten im vorgeheizten Backofen bei 200 °C backen. Die Schale abziehen und die Paprika entkernen und hacken.*

# Gemüse-Ravioli

**Für 4 Personen**

## ZUTATEN

FÜLLUNG:
2 große Auberginen
3 große Zucchini
6 große Tomaten
1 große grüne Paprika, entkernt
1 große rote Paprika, entkernt
3 Knoblauchzehen
1 große Zwiebel
120 ml Olivenöl
60 g Tomatenmark
1/2 TL frisch gehacktes Basilikum
Salz und Pfeffer
1 frischer Basilikumzweig, zum Garnieren

500 g Nudel-Grundteig (s. S. 4)
1 EL Olivenöl
100 g Butter
150 g Sahne
75 g frisch geriebener Parmesan

1 Auberginen und Zucchini in 2 cm große Stücke schneiden. Die Auberginen salzen und für 20 Minuten beiseite stellen. Danach abspülen und abtropfen.

2 Die Tomaten 2 Minuten in sprudelndem Wasser blanchieren. Abziehen und hacken. Die Paprika in 2 cm große Stücke schneiden. Knoblauch und Zwiebel hacken.

3 Das Öl in einem Topf erhitzen und Knoblauch und Zwiebel 3 Minuten andünsten. Die restlichen Füllungszutaten zugeben und mit Salz und Pfeffer abschmecken. Abdecken und unter regelmäßigem Rühren 20 Minuten köcheln.

4 Den Teig ausrollen und 7 cm große Scheiben (oder Quadrate) ausstechen. Einen Löffel Füllung auf jede Scheibe geben. Die Ränder befeuchten, die Füllung einschlagen und die Ränder festdrücken.

5 Die Ravioli mit dem Öl 3–4 Minuten in Salzwasser ziehen lassen. Abgießen und in eine Auflaufform schichten. Jede Lage mit Butterflocken belegen. Mit Sahne übergießen und mit Käse bestreuen. 20 Minuten im vorgeheizten Backofen bei 200 °C backen. Garnieren und servieren.

# *Lasagne mit Zucchini & Auberginen*

**Für 6 Personen**

## ZUTATEN

1 kg Auberginen
8 EL Olivenöl
1 EL Knoblauch-Kräuter-Butter
500 g Zucchini, in Scheiben geschnitten
250 g geriebener Mozzarella
600 ml passierte Tomaten
6 vorgekochte grüne Lasagneblätter
600 ml Béchamel-Sauce (s. S. 304)
60 g frisch geriebener Parmesan
1 TL getrockneter Oregano
Salz und schwarzer Pfeffer

1 Die Auberginen in dünne Scheiben schneiden, salzen und 20 Minuten beiseite stellen. Abspülen und trockentupfen.

2 4 Esslöffel Öl in einer großen Pfanne erhitzen. Die Hälfte der Auberginen 6–7 Minuten bei schwacher Hitze goldgelb braten. Abtropfen und die zweite Hälfte im restlichen Öl braten. Herausnehmen und abtropfen lassen.

3 Die Knoblauchbutter in der Pfanne zerlassen und die Zucchini 5–6 Minuten goldbraun braten. Abtropfen.

4 Die Hälfte der Auberginen- und Zucchinischeiben in eine große Auflaufform schichten. Mit Pfeffer abschmecken und mit der Hälfte des Mozzarellas bestreuen. Die Hälfte der passierten Tomaten darüber geben und mit 3 Lasagneblättern belegen. Den Vorgang wiederholen und mit einer Lage Lasagneblätter abschließen.

5 Mit Béchamel-Sauce übergießen und mit Parmesan und Oregano bestreuen. Die Lasagne auf einem Backblech 35 Minuten im vorgeheizten Backofen bei 220 °C goldbraun backen. Servieren.

1

4

5

# *Nudel-Bohnen-Eintopf*

**Für 4 Personen**

**ZUTATEN**

250 g getrocknete Gartenbohnen, über Nacht eingeweicht und abgetropft
250 g getrocknete Penne
6 EL Olivenöl
850 ml Gemüsebrühe
2 große Zwiebeln, in Streifen geschnitten
2 Knoblauchzehen, gehackt
2 Lorbeerblätter
1 TL getrockneter Oregano
1 TL getrockneter Thymian
5 EL Rotwein
2 EL Tomatenmark
2 Selleriestangen, in Scheiben geschnitten
1 Fenchelknolle, in Streifen geschnitten
120 g Champignons, in Scheiben geschnitten
250 g Tomaten, in Scheiben geschnitten
1 TL dunkelbrauner Zucker
4 EL Semmelbrösel
Salz und Pfeffer
Salatblätter und ofenfrisches Brot, zum Servieren

1 Die Bohnen in einem großen Topf mit kaltem Wasser bedecken. Aufkochen und 20 Minuten sprudelnd kochen. Abgießen und warm stellen.

2 Salzwasser in einem großen Topf aufkochen. Die Penne darin mit 1 Esslöffel Öl etwa 3 Minuten kochen. Abgießen und warm stellen.

3 Die Bohnen in eine große Auflaufform geben. Die Brühe zugeben und das restliche Öl, die Zwiebeln, den Knoblauch, die Lorbeerblätter, den Oregano, den Thymian, den Wein und das Tomatenmark einrühren. Aufkochen, abdecken und 2 Stunden im vorgeheizten Backofen bei 180 °C garen.

4 Nudeln, Sellerie, Fenchel, Champignons und Tomaten zugeben und mit Salz und Pfeffer abschmecken. Den Zucker einrühren und mit Semmelbröseln bestreuen. Abdecken und 1 weitere Stunde im Ofen garen.

5 Heiß mit Salat und Brot servieren.

3

3

4

# *Spaghetti mit Sahnechampignons*

**Für 4 Personen**

## ZUTATEN

60 g Butter
2 EL Olivenöl
6 Schalotten, in Streifen geschnitten
500 g Knopfchampignons, in Scheiben geschnitten
1 TL Mehl
150 g Crème double
2 EL Portwein
120 g sonnengetrocknete Tomaten, gehackt
frisch geriebene Muskatnuss
500 g getrocknete Spaghetti
1 EL frisch gehackte Petersilie
Salz und Pfeffer
6 Toast-Dreiecke, zum Servieren

1 Butter und 1 Esslöffel Öl in einem Topf er-hitzen. Die Schalotten 3 Minuten bei mittlerer Hitze dünsten. Die Champignons 2 Minuten bei schwacher Hitze dünsten. Salzen und pfeffern, mit Mehl bestreuen und unter ständigem Rühren 1 Minute braten.

2 Crème double und Portwein einrühren, die getrockneten Tomaten und eine Prise Muskat zugeben und 8 Minuten bei schwacher Hitze kochen.

3 Salzwasser in einem großen Topf aufkochen. Die Spaghetti darin mit dem restlichen Öl bissfest kochen.

4 Die Spaghetti abgießen und wieder in den Topf geben. Die Pilzsauce darüber geben und 3 Minuten kochen. Die Nudeln auf einen großen Servierteller geben und mit Petersilie bestreuen. Mit knusprigen Toast-Ecken servieren.

## VARIATION

*Fleischfreunde können zusammen mit der Pilzsauce 125 g in dünne Streifen geschnittenen und in 1 EL Butter sanft erhitzten Parmaschinken zugeben.*

# *Pfannengerührte Nudeln mit Gemüse*

**Für 4 Personen**

## ZUTATEN

400 g getrocknete Vollkornnudeln in Muschelform
1 EL Olivenöl
2 Karotten, in dünne Scheiben geschnitten
125 g Baby-Maiskolben
3 EL Maisöl
2-cm-Stück frische Ingwerwurzel, in dünne Scheiben geschnitten
1 große Zwiebel, in dünne Streifen geschnitten
1 Knoblauchzehe, in dünne Scheiben geschnitten
3 Selleriestangen, in dünne Scheiben geschnitten
1 kleine rote Paprika, entkernt und in Streifen geschnitten
1 kleine grüne Paprika, entkernt und in Streifen geschnitten
1 TL Maisstärke
2 EL Wasser
3 EL Sojasauce
3 EL trockener Sherry
1 TL klarer Honig
1 Spritzer Tabasco (nach Wunsch)
Salz
rote Paprikastreifen, zum Garnieren

1 Salzwasser in einem großen Topf aufkochen. Die Nudeln darin mit Olivenöl bissfest kochen. Abgießen und warm stellen.

2 Salzwasser in einem großen Topf aufkochen. Karotten und Maiskolben 2 Minuten darin blanchieren. Abgießen, mit kaltem Wasser abschrecken und abtropfen.

3 Das Maisöl im vorgeheizten Wok oder einer großen Pfanne erhitzen. Den Ingwer 1 Minute bei mittlerer Hitze pfannenrühren. Mit dem Schaumlöffel herausnehmen und wegwerfen.

4 Zwiebel, Knoblauch, Sellerie und Paprika in den Wok geben und 2 Minuten pfannenrühren. Karotten und Maiskolben zugeben und weitere 2 Minuten pfannenrühren. Die Nudeln unterheben.

5 Maisstärke und Wasser zu einer glatten Paste rühren. Sojasauce, Sherry und Honig einrühren. Zu den Nudeln geben und unter gelegentlichem Rühren 2 Minuten kochen. Tabasco einrühren. In eine Servierschüssel geben, garnieren und servieren.

4

4

5

# *Makkaroni-Mais-Pfannkuchen*

**Für 4 Personen**

## ZUTATEN

2 Maiskolben
60 g Butter
125 g rote Paprika, entkernt und klein gewürfelt
300 g getrocknete kurze Makkaroni
150 g Sahne
1 EL Mehl
4 Eigelb
4 EL Olivenöl
Salz und Pfeffer

ZUM SERVIEREN:
Austernpilze
gebratener Porree

1 Salzwasser in einem großen Topf aufkochen und die Maiskolben etwa 8 Minuten kochen. Abgießen und etwa 3 Minuten unter kaltem Wasser abschrecken. Sorgfältig die Körner ablösen und zum Trocknen beiseite stellen.

2 1 Esslöffel Butter in einer Pfanne zerlassen und die Paprika 4 Minuten bei schwacher Hitze dünsten. Abtropfen und mit Küchenpapier trockentupfen.

3 Salzwasser in einem großen Topf aufkochen und die Makkaroni darin bissfest kochen. Abgießen und zum Abkühlen in kaltes Wasser geben.

4 Sahne, Mehl, etwas Salz und das Eigelb in einer Schüssel glatt schlagen. Mais und Paprika zugeben. Die Makkaroni abgießen und mit dem Teig vermengen. Kräftig mit Pfeffer abschmecken.

5 Die restliche Butter mit dem Öl in einer Pfanne zerlassen. Den Teig löffelweise in die Pfanne geben und flach drücken. Von beiden Seiten goldgelb braten. Mit Austernpilzen und gebratenem Porree servieren.

# *Vermicelli-Flan*

**Für 4 Personen**

**ZUTATEN**

75 g Butter, plus Butter zum Einfetten
250 g getrocknete Vermicelli oder Spaghettini
1 EL Olivenöl
1 Zwiebel, gehackt
150 g Knopfchampignons
1 grüne Paprika, entkernt und in dünne Ringe geschnitten
150 ml Milch
3 Eier, leicht verquirlt
2 EL Sahne
1 TL getrockneter Oregano
frisch gemahlene Muskatnuss
1 EL frisch geriebener Parmesan
Salz und Pfeffer
Tomaten-Basilikum-Salat, zum Servieren

1 Eine 20-cm-Springform großzügig einfetten.

2 Salzwasser in einem großen Topf aufkochen. Die Vermicelli darin mit Olivenöl bissfest kochen. Abgießen, wieder in den Topf geben und mit 1 Esslöffel Butter vermengen.

3 Die Nudeln als Nest auf den Boden und an die Seiten der Springform drücken.

4 Die restliche Butter in einer Pfanne zerlassen und die Zwiebel glasig dünsten.

5 Champignons und Paprika in die Pfanne geben und unter Rühren 2–3 Minuten braten. Die Mischung in die Springform geben und gleichmäßig verteilen.

6 Milch, Eier und Sahne verrühren, den Oregano einrühren und mit Muskat und Pfeffer abschmecken. Die Mischung über das Gemüse geben und mit dem Käse bestreuen.

7 Den Flan 40–45 Minuten im vorgeheizten Backofen bei 180 °C backen, bis die Füllung fest ist.

8 Den Flan aus der Form lösen und warm mit einem Tomaten-Basilikum-Salat servieren.

# *Fettuccine mit Oliven-Walnuss-Sauce*

**Für 4–6 Personen**

## ZUTATEN

- 2 dicke Scheiben Vollkornbrot ohne Kruste
- 300 ml Milch
- 250 g geschälte Walnüsse
- 2 Knoblauchzehen, zerdrückt
- 125 g entkernte schwarze Oliven
- 60 g frisch geriebener Parmesan
- 8 EL Olivenöl, extra vergine
- 150 g Sahne
- 500 g frische Fettuccine
- Salz und Pfeffer
- 2–3 EL frisch gehackte Petersilie

1 Das Brot in eine flache Schale legen, mit Milch übergießen und einweichen, bis die Flüssigkeit aufgenommen wurde.

2 Die Walnüsse auf einem Backblech ausbreiten und 5 Minuten im vorgeheizten Backofen bei 190 °C goldgelb rösten. Zum Abkühlen beiseite stellen.

3 Brot, Walnüsse, Knoblauch, Oliven, Parme-san und 6 Esslöffel Öl im Mixer pürieren. Mit Salz und Pfeffer abschmecken und die Sahne zugeben.

4 Salzwasser in einem großen Topf aufkochen. Die Fettuccine darin mit 1 Esslöffel Olivenöl bissfest kochen. Abgießen und mit dem restlichen Olivenöl vermengen.

5 Die Fettuccine auf Teller verteilen und die Oliven-Walnuss-Sauce darauf anrichten. Mit frischer Petersilie bestreuen und servieren.

# Linguine mit geschmortem Fenchel

**Für 4 Personen**

## ZUTATEN

6 Fenchelknollen
150 ml Gemüsebrühe
1 EL Butter
6 Scheiben Räucherspeck, in Streifen geschnitten
6 Schalotten, geviertelt
1 EL Mehl
7 EL Sahne
1 EL Madeira
500 g getrocknete Linguine
1 EL Olivenöl
Salz und Pfeffer

1 Die Fenchelknollen putzen, dann die äußeren Blätter abziehen und aufbewahren. Die Knollen vierteln und mit Brühe und den einzelnen Blättern in einen großen Topf geben. Aufkochen, die Temperatur reduzieren und 5 Minuten köcheln.

2 Den Fenchel in eine große Schale geben. Die Einzelblätter entfernen. Die Brühe aufkochen und um die Hälfte einkochen. Beiseite stellen.

3 Die Butter in einer Pfanne zerlassen. Speck und Schalotten 4 Minuten anbraten. Mehl, Brühe, Sahne und Madeira zugeben und unter ständigem Rühren 3 Minuten kochen, bis die Sauce glatt ist. Abschmecken und über den Fenchel geben.

4 Salzwasser in einem großen Topf aufkochen. Die Linguine darin mit Öl bissfest kochen. Abgießen und in eine tiefe feuerfeste Form geben.

5 Fenchel und Sauce darüber geben und 20 Minuten im vorgeheizten Ofen bei 180 °C überbacken. Sofort servieren.

### TIPP

*Fenchel hält sich im Gemüsefach des Kühlschranks 2–3 Tage, sollte aber möglichst frisch gegessen werden. Da die Schnittflächen schnell braun werden, sollte er nicht im Voraus verarbeitet werden.*

1

3

3

# *Gebackene Auberginen mit Nudeln*

**Für 4 Personen**

**ZUTATEN**

250 g getrocknete Penne oder andere kurze Nudeln
4 EL Olivenöl, plus Öl zum Bestreichen
2 große Auberginen
1 große Zwiebel, gehackt
2 Knoblauchzehen, zerdrückt
400 g gehackte Tomaten aus der Dose
2 TL getrockneter Oregano
Salz und Pfeffer
60 g Mozzarella, in dünne Scheiben geschnitten
2 EL geriebener Parmesan
2 EL Semmelbrösel
Salatblätter, zum Servieren

1 Salzwasser in einem Topf aufkochen. Die Nudeln darin mit 1 Esslöffel Öl bissfest kochen. Abgießen, wieder in den Topf geben, abdecken und warm halten.

2 Die Auberginen längs halbieren und das Fruchtfleisch kreuzförmig einschneiden, ohne die Schale zu beschädigen. Das Fruchtfleisch auslösen und das Innere mit Öl bestreichen. Das Fruchtfleisch hacken und beiseite stellen.

3 Die Zwiebel im restlichen Öl glasig dünsten. Den Knoblauch zugeben und 1 Minute andünsten. Die gehackten Auberginen zugeben und 5 Minuten braten. Tomaten und Oregano zufügen und mit Salz und Pfeffer abschmecken. Aufkochen und 10 Minuten köcheln. Vom Herd nehmen und die Nudeln einrühren.

4 Ein Backblech mit Öl einfetten und die Auberginenschalen darauf legen. Die Hälfte der Füllung darauf verteilen. Mit Mozzarella belegen und mit der restlichen Füllung bedecken. Parmesan und Semmelbrösel mischen und darüber streuen.

5 25 Minuten im vorgeheizten Backofen bei 200 °C goldbraun backen. Mit grünem Salat servieren.

# Nudeln mit grünem Gemüse

**Für 4 Personen**

## ZUTATEN

250 g getrocknete Spiralnudeln
1 EL Olivenöl
1 Brokkoli, in Röschen geteilt
2 Zucchini, in Scheiben geschnitten

250 g grüner Spargel
125 g Zuckererbsen
125 g Erbsen, Tiefkühlware aufgetaut
1 EL Butter
3 EL Gemüsebrühe

4 EL Sahne
Salz und Pfeffer
frisch geriebene Muskatnuss
2 EL frisch gehackte Petersilie
2 EL frisch geriebener Parmesan

1 Salzwasser in einem großen Topf aufkochen. Die Nudeln darin mit Olivenöl bissfest kochen. Abgießen, wieder in den Topf geben, abdecken und warm stellen.

2 Brokkoli, Zucchini, Spargel und Zuckererbsen im Dampfkochtopf garen, bis sie zart sind. Vom Herd nehmen und in kaltem Wasser abschrecken. Abtropfen und beiseite stellen.

3 Salzwasser in einem kleinen Topf aufkochen und die Erbsen darin 3 Minuten garen. Abgießen, in kaltem Wasser abschrecken und erneut abtropfen. Mit dem übrigen Gemüse beiseite stellen.

4 Butter und Brühe bei mittlerer Temperatur in einem Topf erhitzen. Das Gemüse bis auf einige Spargelstangen hineingeben und vermengen, bis sie heiß sind.

5 Die Sahne einrühren und erhitzen, aber nicht kochen. Mit Salz, Pfeffer und Muskat abschmecken.

6 Die Nudeln auf einen vorgewärmten Servierteller geben und mit Petersilie bestreuen. Die Sauce darüber geben und mit Parmesan bestreuen. Die zurück behaltenen Spargelstangen dekorativ darauf anrichten und sofort servieren.

# *Frische Tagliatelle mit Knoblauchbutter*

**Für 4 Personen**

## ZUTATEN

500 g Weizenmehl, zusätzliches Mehl für die Arbeitsfläche
2 TL Salz
4 Eier, verquirlt
3 EL Olivenöl
75 g Butter, zerlassen
3 Knoblauchzehen, zerdrückt
2 EL frisch gehackte Petersilie
frisch gemahlener schwarzer Pfeffer

1 Das Mehl in eine große Schüssel sieben und mit dem Salz mischen.

2 Mit der Faust eine Vertiefung in die Mitte der Mischung drücken. Die Eier und 2 Esslöffel Öl in die Mulde geben und mit einem Holzlöffel unter das Mehl rühren. Wenn der Teig für den weiteren Gebrauch des Löffels zu fest wird, mit den Händen weiterkneten.

3 Sobald sich Mehl und Eier vollständig verbunden haben, den Teig aus der Schüssel nehmen und 5 Minuten auf einer bemehlten Arbeitsfläche weiterkneten. Ist der Teig zu feucht, zusätzliches Mehl zugeben. Den fertigen Teig mit Frischhaltefolie umwickeln und für mindestens 15 Minuten in den Kühlschrank stellen.

4 Den abgekühlten Pastateig entweder von Hand oder mit einer Pastamaschine dünn ausrollen und in die gewünschte Form bringen.

5 Für die Tagliatelle die dünn ausgerollten Teigplatten dreifach zusammenfalten und in lange, dünne etwa 6 mm breite Streifen schneiden.

6 Salzwasser in einem großen Topf aufkochen. Die Tagliatelle darin mit 1 Esslöffel Öl 2–3 Minuten gar ziehen lassen. Aus dem Topf nehmen und gut abtropfen lassen.

7 Butter, Knoblauch und Petersilie mischen, über die Pasta gießen, mit reichlich Pfeffer bestreuen und sofort servieren.

### TIPP

*Man veranschlagt für ein Hauptgericht 150–200 g frische oder 125 g getrocknete Pasta pro Person.*

# Tagliatelle mit pikanter Tomatensauce

**Für 4 Personen**

## ZUTATEN

50 g Butter
1 Zwiebel, fein gehackt
1 Knoblauchzehe, zerdrückt
2 kleine rote Chilischoten, entkernt und gewürfelt
500 g frische Tomaten, enthäutet, entkernt und gewürfelt
200 ml Gemüsebrühe
2 EL Tomatenmark
1 TL Zucker
Salz und Pfeffer
700 g frische oder 500 g getrocknete grüne und weiße Tagliatelle

1 Die Butter in einem großen Topf zerlassen. Die Zwiebel und den Knoblauch darin 3–4 Minuten weich dünsten.

2 Die Chillies zugeben und weitere 2 Minuten dünsten.

3 Tomaten und Brühe zugeben, die Hitze reduzieren und 10 Minuten köcheln.

4 Die Sauce in einer Küchenmaschine glatt pürieren oder durch ein Sieb passieren.

5 Die passierte Sauce wieder in den Topf gießen, Tomatenmark, Zucker, Salz und Pfeffer zufügen und bei niedriger Hitze langsam erwärmen.

6 Währenddessen Salzwasser in einem großen Topf aufkochen. Die Tagliatelle darin bissfest kochen. Abgießen, mit der heißen Sauce mischen und auf Teller verteilen.

## VARIATION

*Zusätzlich 50 g Pancetta oder anderen ungeräucherten Speck würfeln, knusprig braten und über die Nudeln streuen.*

# Basilikum-Tomaten-Pasta

**Für 4 Personen**

## ZUTATEN

2 Rosmarinzweige
2 Knoblauchzehen, ungeschält
500 g Tomaten, halbiert
1 EL Olivenöl
1 EL Paste von getrockneten Tomaten, ersatzweise Tomatemark
12 frische Basilikumblätter
Salz und Pfeffer
700 g frische oder 500 g getrocknete Farfalle
frisches Basilikum, zum Garnieren

1 Rosmarin, Knoblauch und Tomaten mit der Schnittfläche nach unten in einen flachen Bräter geben.

2 Das Gemüse mit dem Öl beträufeln, unter einen vorgeheizten Grill stellen und etwa 20 Minuten rösten, bis die Tomaten Blasen werfen und stellenweise schwarz sind.

3 Die Tomaten abkühlen lassen, enthäuten, grob hacken und in einen Topf geben.

4 Die Knoblauchzehen schälen, zerdrücken und mit der Paste aus getrockneten Tomaten zu den gehackten Tomaten in den Topf geben.

5 Das Basilikum grob zerpflücken und ebenfalls zu den Tomaten geben. Die Sauce mit Salz und Pfeffer abschmecken.

6 Die Farfalle in Salzwasser bissfest kochen. Derweil die Tomatensauce langsam erwärmen. Die fertigen Nudeln abtropfen lassen.

7 Die abgetropften Nudeln in eine Schüssel geben oder auf Teller verteilen und mit der warmen Tomatensauce mischen.

## TIPP

*Die Sauce kann kalt als Dressing für Pastasalate verwendet werden.*

2

3
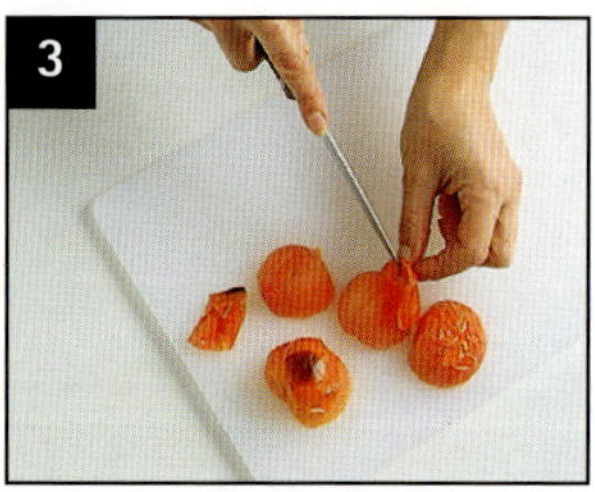

4

# *Pasta mit Pesto*

**Für 4 Personen**

## ZUTATEN

etwa 40 frische Basilikumblätter
3 Knoblauchzehen, zerdrückt
2 EL Pinienkerne

50 g geriebener Parmesan
2–3 EL Olivenöl, extra vergine

700 g frische oder 500 g getrocknete Nudeln
Salz und Pfeffer

1 Basilikum waschen und mit Küchenpapier trockentupfen.

2 Basilikum, Knoblauch, Pinienkerne und Parmesan in eine Küchenmaschine oder einen Mörser geben und zu einer glatten Paste verarbeiten.

3 Das Öl in die laufende Küchenmaschine in einem dünnen Strahl zugießen und unterheben. Bei der Verarbeitung von Hand, das Öl portionsweise zugießen und kräftig unterrühren.

4 Währenddessen Salzwasser in einem großen Topf aufkochen. Die Nudeln darin bissfest kochen. Anschließend abtropfen lassen.

5 Den Pesto mit Salz und Pfeffer abschmecken und mit den heißen Nudeln mischen. Auf Teller verteilen und sofort servieren.

## VARIATION

*Pinienkerne durch Walnüsse ersetzen und bei Schritt 2 zusätzlich 1 Esslöffel Walnussöl zugeben.*

## TIPP

*Fertiger Pesto ist im Kühlschrank 4 Wochen haltbar. Den Pesto in ein Schraubglas füllen und mit Olivenöl bedecken, damit das Basilikum nicht oxidiert und schwarz wird.*

1

2

3

# Pasta mit sizilianischer Sauce

**Für 4 Personen**

## ZUTATEN

500 g Tomaten, halbiert
2 EL Pinienkerne
50 g Sultaninen
50 g Sardellen, abgetropft und längs halbiert
2 EL Tomatenmark
700 g frische oder 500 g getrocknete Penne

1 Die Tomaten unter einem vorgeheizten Grill etwa 10 Minuten rösten. Abkühlen lassen, enthäuten und in Würfel schneiden.

2 Die Pinienkerne auf ein Backblech legen und unter dem heißen Grill 2–3 Minuten goldbraun rösten.

3 Die Sultaninen in eine Schüssel mit warmem Wasser geben und etwa 20 Minuten darin einweichen. Anschließend gut abtropfen lassen.

4 Tomaten, Pinienkerne und Sultaninen in einen kleinen Topf geben und langsam erhitzen.

5 Sardellen und Tomatenmark zufügen und mit den anderen Zutaten weitere 2–3 Minuten kochen, bis die Sauce heiß ist.

6 Salzwasser in einem großen Topf aufkochen. Die Penne darin bissfest kochen und gut abtropfen lassen.

7 Die heißen Nudeln mit der fertigen Sauce vermengen und servieren.

## VARIATION

*Statt der Sardellen 100 g gewürfelten, knusprig gebratenen Speck verwenden.*

## TIPP

*Frischer Nudelteig (s. S. 4 und 396) sollte nicht zu kalt verarbeitet oder auf marmornen Arbeitsflächen geknetet werden.*

# *Tortelloni*

**Ergibt 36 Stück**

**ZUTATEN**

300 g frischer Pastateig (s. S. 4), dünn ausgerollt
75 g Butter
50 g Schalotten, fein gehackt
3 Knoblauchzehen, zerdrückt
50 g Champignons, geputzt und fein gehackt
1/2 Selleriestange, fein gehackt
2 EL geriebener Pecorino
Salz und Pfeffer
1 EL Öl
frisch gemahlener schwarzer Pfeffer
geriebener Pecorino, zum Garnieren

1 Mit einem gezackten Teigrädchen 72 Quadrate mit einer Seitenlänge von je 5 cm aus dem Pastateig schneiden. Die Quadrate mit Frischhaltefolie abdecken, damit sie nicht austrocknen.

2 In einer Pfanne 1 EL Butter zerlassen. Die Schalotten, 1 Knoblauchzehe, die Champignons und den Sellerie 4–5 Minuten darin dünsten.

3 Die Pfanne vom Herd nehmen, den Pecorino einrühren und mit Salz und Pfeffer abschmecken.

4 Auf 36 Pastaquadrate je 1 Teelöffel der fertigen Mischung verteilen. Die Ränder der Quadrate mit Wasser befeuchten, die restlichen 36 Teigstücke darüber legen und an den Rändern fest zusammendrücken. Dann 5 Minuten ruhen lassen.

5 Salzwasser in einem großen Topf aufkochen und das Öl zufügen. Die Tortelloni darin portionsweise gar ziehen lassen, bis sie an die Wasseroberfläche steigen. Mit einer Schaumkelle aus dem Topf nehmen und gut abtropfen lassen.

6 Während die Tortelloni kochen, die restliche Butter in einen Topf geben und zerlassen. Die übrigen beiden Knoblauchzehen und reichlich frisch gemahlenen Pfeffer zufügen; die Knoblauchbutter 1–2 Minuten erhitzen.

7 Die fertigen Tortelloni auf Portionsteller verteilen, mit der noch warmen Knoblauchbutter übergießen, mit Pecorino garnieren und sofort servieren.

# Risotto Milanese

**Für 4 Personen**

## ZUTATEN

1 EL Olivenöl
1 EL Butter
1 große Zwiebel, fein gehackt
350 g Arborio-Reis, gewaschen
1 Msp. Safran
150 ml Weißwein
850 ml Gemüse- oder Hühnerbrühe, erhitzt
8 getrocknete Tomaten, in Streifen geschnitten
50 g Parmaschinken, in Streifen
100 g Erbsen, Tiefkühlware aufgetaut
75 g geriebener Parmesan, und etwas zum Servieren

1 Öl und Butter in einer großen Pfanne erhitzen. Die Zwiebel darin 4–5 Minuten anbraten, bis sie weich ist.

2 Reis und Safran zugeben und etwa 1 Minute lang unterrühren, bis der gesamte Reis mit Öl bedeckt ist.

3 Nach und nach den Wein und die Brühe zugießen. Zwischendurch immer so lange warten, bis die neu zugefügte Flüssigkeit vom Reis aufgesogen ist, bevor weitere zugegeben wird.

4 Wenn die Hälfte der Flüssigkeit verbraucht ist, die Tomaten zufügen.

5 Nach etwa 15 Minuten sollte die gesamte Flüssigkeit aufgesogen sein. Falls der Reis zu diesem Zeitpunkt noch immer hart ist, etws Wasser zugießen und weiterkochen, bis der Reis gar ist.

6 Zuletzt Schinken, Erbsen und Käse unterrühren und mit dem Reis etwa 2–3 Minuten weiterkochen, bis alle Zutaten erwärmt sind. Dann mit zusätzlichem Parmesan servieren.

## TIPP

*Risottos werden mit Rundkornreis zubereitet. Am besten nimmt man Sorten mit nussigem Aroma wie Arborio. Das fertige Gericht sollte feucht sein, aber nicht kleben. Dazu die Kochflüssigkeit immer nur portionsweise zugeben, sodass genau feststellbar ist, wann der Reis gar ist. Risotto darf man während des Kochens nie aus den Augen lassen.*

# *Risotto mit Wildpilzen*

**Für 4 Personen**

## ZUTATEN

2 EL Olivenöl
1 große Zwiebel, fein gehackt
1 Knoblauchzehe, zerdrückt
200 g gemischte Wild- und Zuchtpilze, etwa Champignons, Stein- und Austernpilze, geputzt und in gleich große Stücke geschnitten
250 g Arborio-Reis, gewaschen
1 Msp. Safran
700 ml Gemüsebrühe, erhitzt
100 g geriebener Parmesan
2 EL frisch gehackter Thymian
frisch gemahlener schwarzer Pfeffer
geriebener Parmesan, zum Servieren

1 Das Öl in einer Pfanne erhitzen. Die Zwiebel und den Knoblauch darin 3–4 Minuten weich dünsten.

2 Die Pilze zugeben und weitere 3 Minuten braten, bis sie gerade zu bräunen beginnen.

3 Reis und Safran zugeben und kurz unterrühren, bis der Reis mit Öl vermischt ist.

4 Nach und nach die Brühe zugießen. Zwischendurch immer so lange warten, bis die neu zugefügte Flüssigkeit vom Reis aufgesogen ist, bevor weitere zugegeben wird.

5 Nach etwa 15 Minuten sollte die gesamte Flüssigkeit aufgesogen sein. Falls der Reis zu diesem Zeitpunkt von innen noch immer hart ist, etwas Wasser zugießen und weiterkochen, bis er gar ist.

6 Parmesan und Thymian einrühren und den Reis mit frisch gemahlenem schwarzen Pfeffer würzen.

7 Den fertigen Risotto auf Teller verteilen und mit zusätzlichem Parmesan bestreuen.

### TIPP

*Die Wildpilze haben einen sehr intensiven Geschmack, sind jedoch recht teuer. Sie können auch durch einfache weiße und braune Champignons ersetzt werden.*

1

2

4

# *Hähnchen-Risotto „Milano"*

**Für 6 Personen**

## ZUTATEN

125 g Butter
1 kg Hähnchenfleisch, in dünne Scheiben geschnitten
1 große Zwiebel, gehackt
500 g Risottoreis
600 ml Hühnerbrühe
150 ml Weißwein
1 TL Safran
Salz und Pfeffer
60 g geriebener Parmesan, zum Servieren

1 Hähnchenfleisch und Zwiebel mit 60 g Butter in einer tiefen Pfanne goldbraun anbraten.

2 Den Reis zugeben, gut mit den anderen Zutaten vermengen.

3 Mit Weißwein ablöschen, Safran zugeben und mit Salz und Pfeffer abschmecken. Die heiße Brühe nach und nach zu der Reismischung gießen. Dann das Gericht bei geringer Hitze insgesamt 20 Minuten köcheln. Dabei gelegentlich umrühren und eventuell etwas Brühe zugießen.

4 Den fertigen Risotto einige Minuten ruhen lassen. Anschließend noch etwas Brühe zugießen, weitere 10 Minuten köcheln und mit Parmesan und kleinen aus der restlichen Butter geformten Flöckchen bestreut servieren.

## TIPP

*Ein Risotto soll weich und feucht, aber nicht matschig sein. Die Brühe wird immer dann in kleinen Portionen zugegeben, wenn sämtliche Flüssigkeit aufgesogen ist.*

## VARIATION

*Die Variationsmöglichkeiten für Risotto sind zahllos. Fügen Sie diesem Gericht kurz vor Ende der Kochzeit z. B. Cashewkerne und Mais, angedünstete Zucchini und Basilikum oder Artischockenherzen und Austernpilze zu.*

# Goldener Hähnchen-Risotto

**Für 4 Personen**

## ZUTATEN

2 EL Sonnenblumenöl
1 EL Butter oder Margarine
1 mittelgroße Porreestange, in dünne Scheiben geschnitten
1 große gelbe Paprika, gewürfelt
3 Hähnchenbrustfilets, gewürfelt
350 g Arborio-Reis
einige Safranfäden
1,5 l Hühnerbrühe
200 g junger Mais aus der Dose
60 g geröstete ungesalzene Erdnüsse
60 g geriebener Parmesan
Salz und Pfeffer

1 Öl und Butter oder Margarine in einem großen Topf erhitzen. Porree und Paprika 1 Minute darin andünsten, dann das Hähnchenfleisch zufügen und unter Rühren goldbraun anbraten.

2 Den Reis einrühren und 2–3 Minuten braten.

3 Den Safran zugeben und mit Salz und Pfeffer abschmecken. Nach und nach die Brühe zugießen, abdecken und unter gelegentlichem Rühren 20 Minuten bei schwacher Hitze kochen, bis der Reis gar und die meiste Flüssigkeit aufgenommen ist. Den Risotto nicht austrocknen lassen – bei Bedarf mehr Brühe nachgießen.

4 Mais, Erdnüsse und Parmesan einrühren und abschmecken. Heiß servieren.

### TIPP

*Der Risotto kann ohne Parmesan bis zu 1 Monat eingefroren werden, muss dann aber gründlich erhitzt werden, da vom Hähnchenfleisch Salmonellengefahr ausgehen kann.*

# Nizzasalat mit Nudeln

Für 4 Personen

## ZUTATEN

350 g getrocknete kleine Muschelnudeln
1 EL Olivenöl
125 g grüne Bohnen
50 g Sardellen aus der Dose, abgetropft
2 EL Milch
2 kleine Salatköpfe
500 g Fleischtomaten
4 hart gekochte Eier
250 g Thunfisch aus der Dose, abgetropft
125 g entkernte schwarze Oliven
Salz und Pfeffer

VINAIGRETTE:
50 ml Olivenöl, extra vergine
25 ml Weißweinessig
1 TL körniger Senf
Salz und Pfeffer

1 Salzwasser in einem großen Topf aufkochen. Die Nudeln darin mit Olivenöl bissfest kochen. Abgießen und unter kaltem Wasser abschrecken.

2 Salzwasser in einem kleinen Topf aufkochen. Die Bohnen darin 10 Minuten bissfest kochen. Abgießen, in kaltem Wasser abschrecken, gründlich abtropfen und beiseite stellen.

3 Die Sardellen in einer Schale mit der Milch bedecken und 10 Minuten stehen lassen. Die Salate in große Stücke zupfen. Die Tomaten 1–2 Minuten in sprudelndem Wasser blanchieren, dann abtropfen, häuten und grob hacken. Die Eier schälen und vierteln. Den Thunfisch in Stücke teilen.

4 Sardellen und Nudeln abtropfen. Alle Salatzutaten, Bohnen und Oliven in eine große Schüssel geben und vorsichtig vermengen.

5 Alle Zutaten für die Vinaigrette verquirlen und bis zur Verwendung kalt stellen. Die Vinaigrette erst kurz vor dem Servieren über den Salat geben.

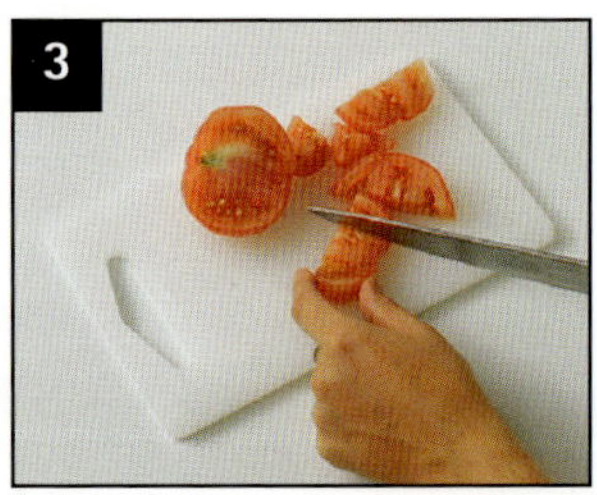

# *Heringssalat mit Nudeln*

**Für 4 Personen**

## ZUTATEN

| | | |
|---|---|---|
| 250 g getrocknete Muschelnudeln | 2 große saure Äpfel | 6 Gewürzgurken |
| 5 EL Olivenöl | 2 kleine Friséesalate | 2 EL Kapern |
| 400 g Bismarckheringe in Lake | 2 kleine Rote Bete | 3 EL Estragonessig |
| 6 gekochte Kartoffeln | 4 hart gekochte Eier | Salz und Pfeffer |
| | 6 Perlzwiebeln | |

1 Salzwasser in einem großen Topf aufkochen. Nudeln und 1 Esslöffel Öl hineingeben und kochen, bis die Nudeln gar, aber noch bissfest sind. Abgießen und in kaltem Wasser abschrecken.

2 Heringe, Kartoffeln, Äpfel, Salat und Rote Bete klein schneiden. Alles in eine große Salatschüssel geben.

3 Die Nudeln gründlich abtropfen und in die Salatschüssel geben. Alle Zutaten leicht vermengen.

4 Die Eier sorgfältig schälen und in Scheiben schneiden. Den Salat mit Eierscheiben, Perlzwiebeln, Gewürzgurken und Kapern garnieren, mit dem restlichen Olivenöl und dem Estragonessig besprenkeln und servieren.

### TIPP

*Bewahren Sie diesen Salat ohne Dressing in einem Behälter im Kühlschrank auf.*

### TIPP

*Estragonessig erhält man in den meisten Supermärkten, man kann ihn aber auch leicht selber machen: Ein Bund frischen Estragon in eine Flasche Weiß- oder Rotweinessig geben und 48 Stunden ziehen lassen. Der Estragon sollte möglichst frisch sein und keine beschädigten Blätter haben.*

# *Neapolitanischer Meeresfrüchtesalat mit Campanelle*

**Für 4–6 Personen**

## ZUTATEN

- 500 g Kalmar, in Streifen geschnitten
- 750 g gekochte Miesmuscheln
- 400 g gekochte Herzmuscheln in Lake
- 150 ml Weißwein
- 300 ml Olivenöl
- 250 g getrocknete Campanelle oder andere kleine Nudeln
- Saft von 1 Zitrone
- 1 Bund Schnittlauch, gehackt
- 1 Bund frische Petersilie, fein gehackt
- 4 große Tomaten, geviertelt
- gemischte Salatblätter
- Salz und Pfeffer
- frische Basilikumzweige, zum Garnieren

1 Alle Meeresfrüchte in eine Schüssel geben, mit Wein und der Hälfte des Olivenöls übergießen und 6 Stunden marinieren.

2 Die Meeresfrüchtemischung in einen Topf geben und 10 Minuten bei schwacher Hitze köcheln. Abkühlen lassen.

3 Salzwasser in einem großen Topf aufkochen. Die Nudeln darin mit 1 Esslöffel Öl bissfest kochen. Abgießen und in kaltem Wasser abschrecken.

4 Etwa die Hälfte des Kochsuds auffangen, den Rest weggießen. Zitronensaft, Schnittlauch, Petersilie und das restliche Olivenöl einrühren. Mit Salz und Pfeffer abschmecken. Die Meeresfrüchte unter die Nudeln heben.

5 Die Tomaten vierteln. Die Salatblätter in mundgerechte Stücke schneiden und in einer Salatschüssel anrichten. Den Meeresfrüchtesalat darüber geben und mit den Tomatenvierteln und einem Basilikumzweig garnieren.

1

4

5

# Nudelsalat mit Rotkohl & Weißkohl

Für 4 Personen

## ZUTATEN

250 g getrocknete kurze Makkaroni
5 EL Olivenöl
1/2 kleiner Rotkohl, geraspelt
1/2 kleiner Weißkohl, geraspelt
2 große Äpfel, klein gewürfelt
250 g gebratener Räucherspeck oder Kochschinken, gewürfelt
8 EL Weinessig
1 EL Zucker
Salz und Pfeffer

1 Salzwasser in einem großen Topf aufkochen. Die Makkaroni darin mit 1 Esslöffel Olivenöl bissfest kochen. Abtropfen und unter kaltem Wasser abschrecken. Erneut abtropfen und beiseite stellen.

2 Salzwasser in einem großen Topf aufkochen. Den Rotkohl darin 5 Minuten blanchieren. Gründlich abtropfen und zum Abkühlen beiseite stellen.

3 Salzwasser in einem großen Topf aufkochen. Den Weißkohl darin 5 Minuten blanchieren. Gründlich abtropfen und zum Abkühlen beiseite stellen.

4 Nudeln, Rotkohl und Äpfel in einer großen Schüssel mischen. In einer zweiten Schüssel Weißkohl und Speck oder Schinken mischen.

5 Das restliche Öl, den Essig und den Zucker in einer kleinen Schüssel verrühren und nach Wunsch abschmecken. Das Dressing über die beiden Kohlmischungen geben und alles vermengen. Servieren.

## VARIATION

*Als Alternative bietet sich ein Dressing aus 4 EL Olivenöl, 4 EL Rotweinessig und 1 EL Zucker an. Oder Sie ersetzen 1 EL Olivenöl durch 1 EL Walnussöl.*

# Nuss-Nudel-Salat mit Dolcelatte

**Für 4 Personen**

## ZUTATEN

250 g getrocknete Muschelnudeln
1 EL Olivenöl
125 g geschälte und halbierte Walnüsse
250 g Dolcelatte, zerkrümelt
gemischte Salatblätter, z. B. Radicchio, Endivie, Rucola, Feldsalat und Friséesalat
Salz

DRESSING:
2 EL Walnussöl
4 EL Olivenöl, extra vergine
2 EL Rotweinessig
Salz und Pfeffer

1 Salzwasser in einem großen Topf aufkochen. Die Nudeln darin mit dem Olivenöl bissfest kochen. Abgießen, unter fließendem kaltem Wasser abschrecken, abtropfen lassen und beiseite stellen.

2 Die Walnusshälften auf einem Backblech ausbreiten und 2–3 Minuten unter dem Backofengrill rösten. Zum Abkühlen beiseite stellen.

3 Für das Dressing die Öle und den Essig in einer kleinen Schüssel verrühren und mit Salz und Pfeffer abschmecken.

4 Die Salatblätter in einer großen Servierschüssel anrichten. Die abgekühlten Nudeln in die Mitte geben und mit Dolcelatte bestreuen. Das Dressing über den Nudelsalat geben, mit Walnüssen bestreuen und vermengen. Sofort servieren.

## TIPP

*Dolcelatte ist ein halbfester Blauschimmelkäse aus Italien. Er hat eine cremige und geschmeidige Konsistenz und einen feinen, aber pikanten Geschmack. Man kann ihn durch Roquefort ersetzen. Der Käse sollte aber auf jeden Fall von bester Qualität und Frische sein.*

2

3

3

# *Birnen-Walnuss-Salat mit Penne & Ziegenkäse*

**Für 4 Personen**

**ZUTATEN**

250 g getrocknete Penne
5 EL Olivenöl
1 Radicchio, in Stücke gezupft
1 Kopfsalat, in Stücke gezupft
7 EL gehackte Walnüsse

2 reife Birnen, entkernt und gewürfelt
1 frischer Basilikumzweig
1 Bund Brunnenkresse, geputzt
2 EL Zitronensaft
3 EL Knoblauchessig

4 Tomaten, geviertelt
1 kleine Zwiebel, in Ringe geschnitten
1 große Karotte, gerieben
250 g Ziegenkäse, gewürfelt
Salz und Pfeffer

1 Salzwasser in einem großen Topf aufkochen. Die Penne darin mit 1 Esslöffel Olivenöl bissfest kochen. Abgießen, dann unter fließendem kaltem Wasser abschrecken, abtropfen lassen und beiseite stellen.

2 Radicchio und Kopfsalat in einer großen Salatschüssel mischen. Nudeln, Walnüsse, Birnen, Basilikum und Brunnenkresse darüber geben.

3 Zitronensaft, das restliche Olivenöl und den Essig in einem Messbecher mischen. Über die Salatzutaten geben und gründlich vermengen.

4 Tomaten, Zwiebel, Karotte und Ziegenkäse zugeben und mit zwei Gabeln gründlich vermengen. Den Salat vor dem Servieren zum Durchziehen mindestens 1 Stunde kalt stellen.

# Nudelsalat mit Knoblauchmayonnaise

**Für 4 Personen**

## ZUTATEN

2 große Salatköpfe
250 g getrocknete Penne
1 EL Olivenöl
8 rote Tafeläpfel
Saft von 4 Zitronen
1 Bund Stangensellerie, in Scheiben geschnitten
125 g geschälte, halbierte Walnüsse
250 g frische Knoblauch-mayonnaise (s. Tipp)
Salz

1 Die Salatblätter waschen, abtropfen und mit Küchenpapier trockentupfen. 1 Stunde kalt stellen.

2 In der Zwischenzeit Salzwasser in einem großen Topf aufkochen. Die Nudeln darin mit Olivenöl bissfest kochen. Abgießen und unter fließendem kaltem Wasser abschrecken. Gründlich abtropfen lassen und beiseite stellen.

3 Die Äpfel entkernen, würfeln und in einer kleinen Schüssel mit Zitronensaft beträufeln. Nudeln, Sellerie, Äpfel und Walnüsse mischen und mit der Knoblauchmayonnaise (siehe Tipp, rechts) vermengen. Nach Wunsch mehr Mayonnaise zugeben.

4 Eine Salatschüssel mit den Salatblättern auslegen, den Nudelsalat hineingeben und servieren.

### TIPP

*Durch das Besprenkeln mit Zitronensaft können die Äpfel nicht bräunen.*

### TIPP

*Für die Knoblauchmayonnaise 2 Eigelb mit 1 Prise Salz und 6 zerdrückten Knoblauchzehen verrühren. Mit einem Schneebesen oder einer Rührmaschine teelöffelweise 350 ml Olivenöl einrühren. Wenn etwa ein Viertel des Öls verarbeitet ist, 1–2 Esslöffel Weißweinessig einrühren. Das restliche Öl in einem dünnen, gleichmäßigen Strahl einrühren. Schließlich 1 Teelöffel Dijon-Senf zugeben und abschmecken.*

# *Fusilli-Salat mit Avocado, Tomaten & Mozzarella*

**Für 4 Personen**

## ZUTATEN

2 EL Pinienkerne
200 g getrocknete Fusilli
1 EL Olivenöl
6 Tomaten
250 g Mozzarella
1 große Avocado
2 EL Zitronensaft
3 EL frisch gehacktes Basilikum
Salz und Pfeffer
frische Basilikumzweige, zum Garnieren

DRESSING:
6 EL Olivenöl, extra vergine
2 EL Weißweinessig
1 TL körniger Senf
1 Prise Zucker

1 Die Pinienkerne auf einem Backblech ausbreiten und 1–2 Minuten unter dem vorgeheizten Backofengrill rösten. Zum Abkühlen beiseite stellen.

2 Salzwasser in einem großen Topf aufkochen. Die Fusilli mit Olivenöl darin bissfest kochen. Abgießen und unter fließendem kaltem Wasser abschrecken. Abtropfen und zum Abkühlen zur Seite stellen.

3 Tomaten und Mozzarella in dünne Scheiben schneiden.

4 Die Avocado halbieren, schälen und den Stein entfernen. Längs in dünne Scheiben schneiden und mit Zitronensaft beträufeln, damit sie sich nicht verfärben.

5 Alle Zutaten für das Dressing miteinander verrühren und mit Salz und Pfeffer abschmecken.

6 Tomaten, Mozzarella und Avocado überlappend auf einem großen Servierteller anrichten.

7 Die Nudeln mit der Hälfte des Dressings und dem Basilikum vermengen und abschmecken. In die Mitte des Tellers geben und mit dem restlichen Dressing übergießen. Mit Pinienkernen bestreuen, mit Basilikum garnieren und servieren.

3

4

5

# Gefüllte Tomaten

Für 4 Personen

## ZUTATEN

5 EL Olivenöl, plus Öl zum Bestreichen
8 Fleischtomaten
125 g getrocknete Ditalini oder andere kleine Nudeln
8 schwarze Oliven, entkernt und fein gehackt
2 EL frisch gehacktes Basilikum
1 EL frisch gehackte Petersilie
60 g frisch geriebener Parmesan
Salz und Pfeffer
frische Basilikumzweige, zum Garnieren

1 Ein Backblech mit Olivenöl einfetten.

2 Die „Deckel“ von den Tomaten abschneiden. Wenn die Tomaten nicht stehen bleiben, eine dünne Scheibe von der Unterseite abschneiden.

3 Das Fruchtfleisch in ein Sieb löffeln, ohne die Schale zu verletzen. Die ausgehöhlten Tomaten umdrehen, trockentupfen und zum Abtropfen zur Seite stellen.

4 Salzwasser in einem großen Topf aufkochen. Die Nudeln darin mit 1 Esslöffel Öl bissfest kochen. Abgießen und beiseite stellen.

5 Oliven, Basilikum, Petersilie und Parmesan in einer Rührschüssel mit dem Tomatenfleisch verrühren. Das restliche Olivenöl einrühren und mit Salz und Pfeffer abschmecken.

6 Die Nudelmischung in die Tomaten geben und die „Deckel“ aufsetzen. Die Tomaten auf ein Backblech setzen und 15–20 Minuten im vorgeheizten Backofen bei 190 °C backen.

7 Die Tomaten aus dem Ofen nehmen und handwarm abkühlen lassen. Auf einem Servierteller anrichten, mit frischem Basilikum garnieren und servieren.

3

5

6

# *Nudelsalat mit Roastbeef*

**Für 4 Personen**

## ZUTATEN

500 g Rumpsteak oder Filetsteak am Stück
400 g getrocknete Fusilli
5 EL Olivenöl
2 EL Limettensaft
2 EL thailändische Fischsauce (s. Tipp)
2 TL klarer Honig
4 Frühlingszwiebeln, in Scheiben geschnitten
1 Salatgurke, geschält und in 2 cm dicke Stücke geschnitten
3 Tomaten, in Spalten geschnitten
3 TL frisch gehackte Minze
Salz und Pfeffer

1 Das Steak salzen und pfeffern, dann 4 Minuten von jeder Seite grillen oder braten. 5 Minuten ruhen lassen, dann quer zur Faser dünn aufschneiden.

2 In der Zwischenzeit Salzwasser in einem großen Topf aufkochen. Die Fusilli darin mit 1 Esslöffel Öl bissfest kochen. Abgießen, in kaltem Wasser abschrecken und abtropfen. Die Fusilli mit dem restlichen Öl vermengen.

3 Limettensaft, Fischsauce und Honig in einem kleinen Topf mischen und 2 Minuten bei mittlerer Hitze kochen.

4 Frühlingszwiebeln, Gurke, Tomaten und Minze hineingeben, dann das Steak zugeben und gut durchrühren. Mit Salz abschmecken.

5 Die Fusilli auf einen großen vorgewärmten Servierteller geben und den Salat darauf anrichten. Warm oder kalt servieren.

## TIPP

*Die auch als Nam Pla bekannte Fischsauce wird aus gesalzenen Sardellen hergestellt und ist recht intensiv, sollte also zurückhaltend verwendet werden. Man erhält sie im Asia Shop.*

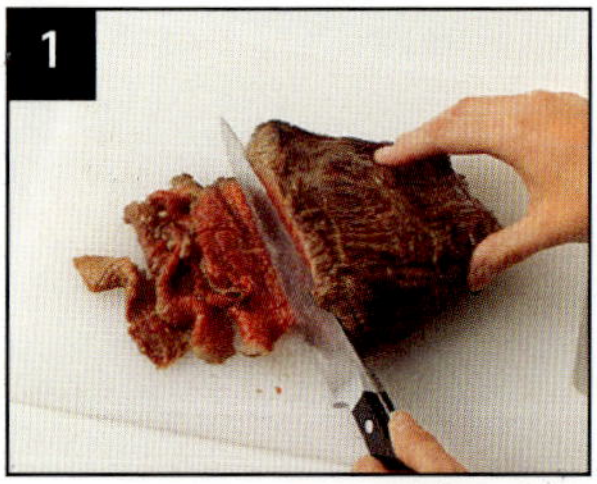

# *Rote-Bete-Cannolicchi*

**Für 4 Personen**

## ZUTATEN

300 g getrocknete Ditalini rigati
5 EL Olivenöl
2 Knoblauchzehen, gehackt
400 g gehackte Tomaten aus der Dose
400 g gekochte Rote Bete, gewürfelt
2 EL frisch gehackte Basilikumblätter
1 TL Senfkörner
Salz und Pfeffer

ZUM SERVIEREN:
gemischte Salatblätter, mit etwas Olivenöl vermengt
4 italienische Eiertomaten, in Scheiben geschnitten

1 Salzwasser in einem großen Topf aufkochen. Die Nudeln darin mit 1 Esslöffel Öl bissfest kochen. Abgießen und beiseite stellen.

2 Das restliche Öl in einem großen Topf erhitzen und den Knoblauch 3 Minuten andünsten. Die gehackten Tomaten zugeben und 10 Minuten kochen.

3 Den Topf vom Herd nehmen, vorsichtig Rote Bete, Basilikum, Senfkörner und Nudeln zugeben und mit Salz und Pfeffer abschmecken.

4 Auf einem Bett aus Salatblättern und Tomatenscheiben servieren.

### TIPP

*Senfkörner stammen von drei verschiedenen Pflanzen und können schwarz, braun oder weiß sein. Schwarze und braune Körner haben einen stärkeren Geschmack als weiße.*

### TIPP

*Zum Kochen die Blätter der Roten Bete 5 cm über der Wurzel abschneiden und darauf achten, dass die Schale intakt ist. 30 Minuten in sehr schwach gesalzenem Wasser kochen. Abkühlen lassen und die Schale abreiben.*

# Pasta mit Chili & Paprika

**Für 4 Personen**

## ZUTATEN

2 rote Paprika, halbiert und entkernt
4 Tomaten, halbiert
2 Knoblauchzehen
1 kleine rote Chilischote
50 g gemahlene Mandeln
7 EL Olivenöl
700 g frische oder 500 g getrocknete Nudeln
frischer Oregano, zum Garnieren

1 Die Paprika und die Tomaten mit der Schnittseite nach unten zusammen mit dem Knoblauch und der Chilischote auf ein mit Alufolie ausgelegtes Backblech legen und unter einem vorgeheizten Grill 15 Minuten rösten, bis ihre Haut stellenweise schwarz geworden ist.

2 Gemüse herausnehmen und abkühlen lassen.

3 Die Paprika und die Chilischote enthäuten und in Streifen schneiden.

4 Knoblauch schälen, Tomaten enthäuten und entkernen.

5 Die Mandeln auf ein Backblech legen und unter dem noch heißen Grill 2–3 Minuten anrösten.

6 Währenddessen das vorbereitete Gemüse in eine Küchenmaschine geben und zu einer glatten Paste pürieren. Bei laufender Maschine das Olivenöl in einem dünnen Strahl zugießen und so lange unterrühren, bis eine dicke Sauce entstanden ist. Alternativ das Gemüse mit einer Gabel zerdrücken und das Olivenöl portionsweise unterrühren.

7 Die gerösteten Mandeln unter die Sauce rühren.

8 Die fertige Sauce vorsichtig aufwärmen.

9 Salzwasser in einem großen Topf aufkochen. Die Nudeln darin bissfest kochen. Anschließend abtropfen lassen. Die Nudeln in eine große Schüssel geben, mit der heißen Sauce mischen und mit Oregano garnieren.

### VARIATION

*Abgekühlt und mit 2 Esslöffeln Rotweinessig verfeinert, ist die Sauce als Dressing verwendbar.*

1

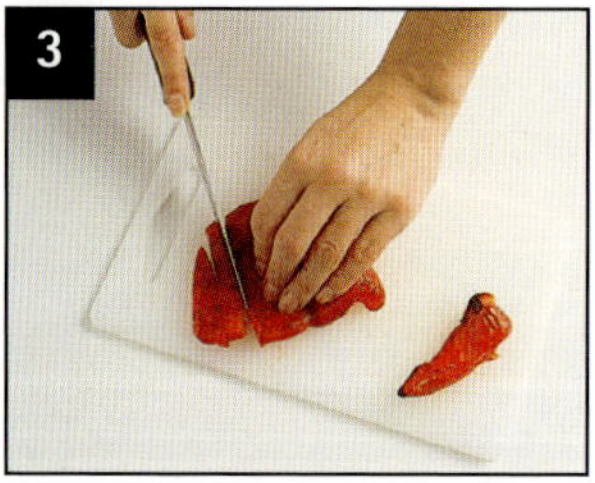
3

5

# *Pizza Margherita*

**Für 4 Personen**

**ZUTATEN**

PIZZA-GRUNDTEIG:
7 g Trockenhefe
1 TL Zucker
250 ml lauwarmes Wasser
350 g Weizenmehl Type 550
1 TL Salz
1 EL Olivenöl

BELAG:
400 g Tomaten aus der dose, gehackt
2 Knoblauchzehen, zerdrückt
2 TL getrocknetes Basilikum
1 EL Olivenöl
Salz und Pfeffer
2 EL passierte Tomaten
100 g Mozzarella, gewürfelt
2 EL geriebener Parmesan

1 Hefe und Zucker in einen Messbecher geben, mit 50 ml Wasser auffüllen und etwa 15 Minuten gehen lassen, bis die Mischung schäumt.

2 Das Mehl mit dem Salz in einer Schüssel vermengen. Eine Vertiefung in die Mitte drücken. Das Öl, die angerührte Hefe und das restliche Wasser zugießen und alles zu einem festen Teig verrühren.

3 Den Teig auf eine bemehlte Arbeitsfläche geben und 4–5 Minuten glatt kneten.

4 Den Teig zurück in die Schüssel geben, mit eingefetteter Frischhaltefolie abdecken und 30 Minuten gehen lassen, bis er sein Volumen verdoppelt hat.

5 Den aufgegangenen Teig noch einmal 2 Minuten durchkneten. Mit der Hand glatt streichen und auf ein eingefettetes Backblech legen und ausrollen. Er sollte nicht dicker als 6 mm sein, da er beim Backen noch aufgeht.

6 Für den Belag Tomaten, Knoblauch, Basilikum und Öl in eine große Pfanne geben. Alles mit Salz und Pfeffer abschmecken und 20 Minuten einkochen. Dann die passierten Tomaten einrühren und die Sauce leicht abkühlen lassen.

7 Die abgekühlte Sauce gleichmäßig auf dem Pizzateig verteilen. Mit Mozzarella und Parmesan bestreuen, in einem auf 200 °C vorgeheizten Ofen 20–25 Minuten backen und heiß servieren.

1

2

3
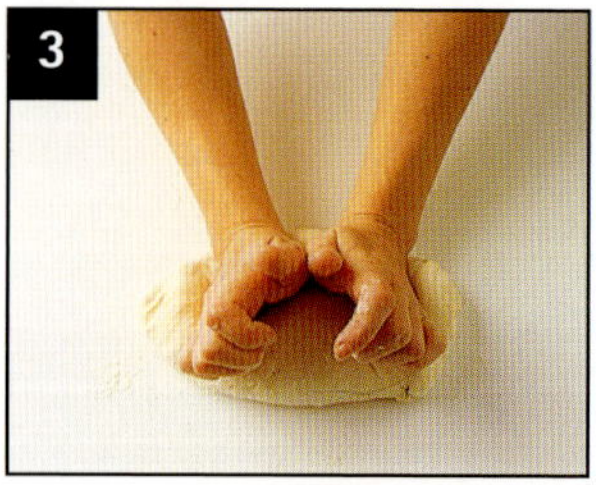

# *Pizza Gorgonzola*

**Für 4 Personen**

## ZUTATEN

TEIG:
7 g Trockenhefe
1 TL Zucker
250 ml lauwarmes Wasser
150 g Vollkornmehl
200 g Weizenmehl Type 550
1 TL Salz
1 EL Olivenöl

BELAG:
400 g Kürbis, geschält und gewürfelt
1 EL Olivenöl
1 Birne, entsteint, geschält und in Scheiben geschnitten
100 g Gorgonzola, zerkrümelt
1 frischer Rosmarinzweig, zum Garnieren

1 Hefe und Zucker in einen Messbecher geben, mit 50 ml Wasser auffüllen und etwa 15 Minuten gehen lassen, bis die Mischung schäumt.

2 Die beiden Mehlsorten und das Salz in einer Schüssel mischen. Eine Vertiefung in die Mitte drücken. Das Öl, die angerührte Hefe und das restliche Wasser zugießen und zu einem festen Teig verrühren.

3 Den Teig auf einer bemehlten Arbeitsfläche 4–5 Minuten glatt kneten.

4 Den Teig zurück in die Schüssel geben, mit eingefetteter Frischhaltefolie abdecken und 30 Minuten gehen lassen, bis er sein Volumen verdoppelt hat.

5 Den aufgegangenen Teig aus der Schüssel nehmen und noch einmal 2 Minuten durchkneten. Dann in die gewünschte Form bringen und auf ein eingefettetes Backblech legen. Der Teig sollte nicht dicker als 6 mm sein, da er beim Backen aufgeht.

6 Für den Belag die Kürbiswürfel in einen flachen Bräter geben, mit Olivenöl beträufeln und unter einem vorgeheizten Grill 20 Minuten garen.

7 Birnenscheiben und Kürbiswürfel gleichmäßig auf dem Pizzateig verteilen. Die Ölreste aus dem Bräter über das Gemüse träufeln. Dann den Gorgonzola über die Pizza streuen und diese in einem auf 200 °C vorgeheizten Ofen 15 Minuten backen, bis der Teig goldbraun und knusprig ist. Mit dem Rosmarinzweig garnieren.

# Zwiebel-Pizza

Für 4 Personen

## ZUTATEN

1 Portion Pizza-Grundteig (s. S. 440)

BELAG:
2 EL Olivenöl
250 g Zwiebeln, in Ringe geschnitten
2 Knoblauchzehen, zerdrückt
1 rote Paprika, gewürfelt
100 g roher Schinken, in Streifen
100 g Mozzarella, in Scheiben geschnitten
2 EL frisch gehackter Rosmarin

1 Hefe und Zucker in einen Messbecher geben, mit 50 ml Wasser auffüllen und etwa 15 Minuten gehen lassen, bis die Mischung schaumig ist.

2 Das Mehl mit dem Salz in einer Schüssel mischen. Eine Vertiefung in die Mitte drücken. Das Öl, die angerührte Hefe und das restliche Wasser zugießen und alles zu einem festen Teig verrühren.

3 Den Teig auf einer bemehlten Arbeitsfläche 4–5 Minuten glatt kneten. Dann zurück in die Schüssel geben, mit eingefetteter Frischhaltefolie abdecken und 30 Minuten gehen lassen, bis er sein Volumen verdoppelt hat.

4 Den aufgegangenen Teig aus der Schüssel nehmen und nochmals 2 Minuten durchkneten. Dann in die gewünschte Form bringen und auf ein eingefettetes Backblech legen. Der Teig sollte nicht dicker als 6 mm sein, da er beim Backen noch aufgeht.

5 Für den Belag das Öl in einem Topf erhitzen. Zwiebeln und Knoblauch darin 3 Minuten andünsten. Die Paprika zugeben und weitere 2 Minuten dünsten.

6 Den Topf abdecken und das Gemüse unter gelegentlichem Rühren bei niedriger Hitze 10 Minuten dünsten, bis die Zwiebeln goldbraun sind. Dann das Gemüse abkühlen lassen.

7 Das abgekühlte Gemüse gleichmäßig auf dem Pizzateig verteilen. Schinkenstreifen, Mozzarella und Rosmarin darüber streuen. Die Pizza in einem auf 200 °C vorgeheizten Ofen 20 Minuten backen und heiß servieren.

5

5

7

# *Pizza mit Tomaten & Ricotta*

**Für 4 Personen**

## ZUTATEN

1 Portion Pizza-Grundteig (s. S. 440)

BELAG:
4 EL Paste von getrockneten Tomaten
150 g Ricotta
10 getrocknete Tomaten
1 EL frischer Thymian
Salz und Pfeffer

1 Hefe und Zucker in einen Messbecher geben, mit 50 ml Wasser auffüllen und etwa 15 Minuten gehen lassen, bis die Mischung schäumt.

2 Das Mehl mit dem Salz in einer Schüssel mischen. Eine Vertiefung in die Mitte drücken. Das Öl, die angerührte Hefe und das restliche Wasser zugießen und alles zu einem festen Teig verrühren.

3 Den Teig auf einer bemehlten Arbeitsfläche 4–5 Minuten glatt kneten.

4 Den Teig zurück in die Schüssel geben, mit eingefetteter Frischhaltefolie abdecken und 30 Minuten gehen lassen, bis er sein Volumen verdoppelt hat.

5 Den aufgegangenen Teig aus der Schüssel nehmen und nochmals 2 Minuten durchkneten.

6 Den Teig mit einem Nudelholz zu einem Kreis ausrollen und auf ein eingefettetes Backblech legen. Dort noch einmal gut flachdrücken. Der Teig sollte nicht dicker als 6 mm sein, da er beim Backen noch aufgeht.

7 Die Tomatenpaste gleichmäßig auf dem Pizzateig verteilen und den Ricotta in kleinen Portionen darauf anrichten.

8 Die getrockneten Tomaten in Streifen schneiden und ebenfalls auf dem Pizzateig verteilen.

9 Den Thymian über den Belag streuen. Die Pizza mit Salz und Pfeffer würzen und in einem auf 200 °C vorgeheizten Ofen 30 Minuten backen, bis der Teig goldbraun und knusprig ist. Heiß servieren.

6

7

7

# Pizza Funghi

**Für 4 Personen**

## ZUTATEN

1 Portion Pizza-Grundteig (s. S. 440)

BELAG:
200 g Champignons
400 g Tomaten aus der Dose, gehackt
2 Knoblauchzehen, zerdrückt
1 TL getrocknetes Basilikum
1 EL Olivenöl
Salz und Pfeffer
2 EL Tomatenmark
150 g Mozzarella, gerieben
frisches Basilikum, zum Garnieren

1 Hefe und Zucker in einen Messbecher geben, mit 50 ml Wasser auffüllen und etwa 15 Minuten gehen lassen, bis die Mischung schäumt.

2 Das Mehl mit dem Salz in einer Schüssel vermengen. Eine Vertiefung in die Mitte drücken. Das Öl, die angerührte Hefe und das restliche Wasser zugießen und alles zu einem festen Teig verrühren.

3 Den Teig auf einer bemehlten Arbeitsfläche 4–5 Minuten glatt kneten. Dann zurück in die Schüssel geben, mit eingefetteter Frischhaltefolie abdecken und 30 Minuten gehen lassen, bis er sein Volumen verdoppelt hat.

4 Den aufgegangenen Teig aus der Schüssel nehmen und nochmals 2 Minuten durchkneten. Dann in die gewünschte Form bringen und auf ein eingefettetes Backblech legen. Der Teig sollte nicht dicker als 6 mm sein, da er beim Backen noch aufgeht.

5 Für den Belag die Champignons mit einem scharfen Messer in Scheiben schneiden.

6 Tomaten, Knoblauch, Basilikum und Öl in eine große Pfanne geben, mit Salz und Pfeffer abschmecken und 20 Minuten einkochen. Dann das Tomatenmark einrühren und die Sauce leicht abkühlen lassen.

7 Die abgekühlte Sauce gleichmäßig auf dem Pizzateig verteilen. Champignonscheiben und Mozzarella darüber streuen.

8 Die Pizza in einem auf 200 °C vorgeheizten Ofen 20–25 Minuten backen und vor dem Servieren mit Basilikum garnieren.

# *Minipizzen*

**Ergibt 8 Stück**

## ZUTATEN

1 Portion Pizza-Grundteig (s. S. 440)

BELAG:
2 Zucchini
100 g passierte Tomaten
75 g Pancetta, gewürfelt
50 g schwarze Oliven, entsteint und grob gehackt
frisch gemahlener Pfeffer
1 EL getrocknete italienische Kräuter (Majoran, Basilikum, Oregano, Thymian)
2 EL Olivenöl

1 Hefe und Zucker in einen Messbecher geben, mit 50 ml Wasser auffüllen und etwa 15 Minuten gehen lassen, bis die Mischung schäumt.

2 Das Mehl mit dem Salz in einer Schüssel vermengen. Eine Vertiefung in die Mitte drücken. Das Öl, die angerührte Hefe und das restliche Wasser zugießen und alles zu einem festen Teig verrühren.

3 Den Teig auf einer bemehlten Arbeitsfläche 4–5 Minuten glatt kneten. Dann zurück in die Schüssel geben, mit eingefetteter Frischhaltefolie abdecken und 30 Minuten gehen lassen, bis er sein Volumen verdoppelt hat.

4 Den aufgegangenen Teig nochmals 2 Minuten durchkneten, zu 8 gleich großen Kugeln formen. Jede dieser Kugeln zu dünnen Kreisen ausrollen und auf ein eingefettetes Backblech legen. Der Teig sollte nicht dicker als 6 mm sein, da er beim Backen noch aufgeht.

5 Für den Belag die Zucchini in eine Schüssel fein reiben.

6 Je 2–3 Teelöffel der passierten Tomaten auf eine der Pizzateigplatten geben. Dann die geriebenen Zucchini, den Pancetta und die Oliven darüber verteilen. Alles mit frisch gemahlenem schwarzen Pfeffer und den italienischen Kräutern bestreuen und mit Olivenöl beträufeln.

7 Die so vorbereiteten Minipizzen in einem auf 200 °C vorgeheizten Ofen 15 Minuten goldbraun und knusprig backen. Eventuell noch nachwürzen und heiß servieren.

4

5

6

# *Italienische Quiche mit Tomatensauce & gerösteter Paprika*

**Für 4 Personen**

## ZUTATEN

250 g Mehl
125 g kalte Butter, gewürfelt
1/2 TL Salz
2 EL geriebener Parmesan
1 Ei, verquirlt
2 EL kaltes Wasser

2 EL Olivenöl
1 große Zwiebel, fein gehackt
1 Knoblauchzehe, zerdrückt
400 g gehackte Tomaten aus der Dose
4 EL Tomatenmark

1 rote Paprika, halbiert
2 EL frischer Thymian
6 schwarze Oliven, entsteint und halbiert
2 EL geriebener Parmesan

1 Das Mehl in eine Schüssel sieben und mit der Butter zu einer feinkörnigen Masse vermengen. Salz und Parmesan unterrühren. Das Ei und 1 Esslöffel Wasser zugeben und vermengen. Weiterrühren und mehr Wasser zugeben, bis der Teig glatt ist. In Frischhaltefolie wickeln und 30 Minuten in den Kühlschrank stellen.

2 Das Öl in einer Pfanne erhitzen. Die Zwiebel und den Knoblauch darin 5 Minuten dünsten. Die Tomaten zugeben und 10 Minuten kochen. Dann das Tomatenmark unterrühren.

3 Die Paprika mit der Schnittseite nach unten auf ein mit Alufolie ausgelegtes Backblech legen und unter einem Grill etwa 15 Minuten rösten, bis sie stellenweise schwarz ist. Aus dem Ofen nehmen, abkühlen lassen, enthäuten und das Fruchtfleisch in Streifen schneiden.

4 Den Teig ausrollen und in eine eingefettete runde Form von 25 cm Durchmesser einpassen. Mit Alufolie bedecken und 10 Minuten in einem auf 200 °C vorgeheizten Ofen vorbacken. Dann die Folie entfernen und den Teig weitere 5 Minuten backen, bis er leicht braun ist.

5 Die Tomatensauce auf dem ausgekühlten Teig verteilen. Paprikastreifen, Thymian, Oliven und Parmesan darüber geben und erneut 15 Minuten backen, bis der Teig knusprig ist.

1

1

3
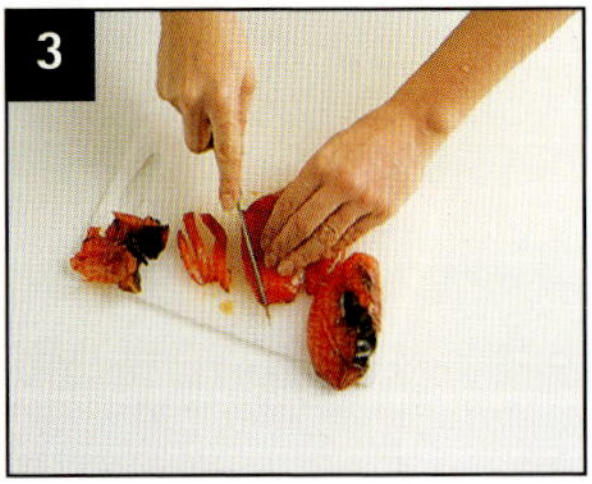

# Calzone

**Ergibt 4 Stück**

**ZUTATEN**

1 Portion Pizza-Grundteig (s. S. 440)
frisch geriebener Parmesan, zum Servieren

FÜLLUNG:
75 g Mortadella oder andere italienische Wurst aus Schweinefleisch, gehackt
50 g Salami, gehackt
50 g Parmesan, in Scheiben
100 g Mozzarella, gewürfelt
2 Tomaten, gewürfelt
4 EL frischer Oregano
Salz und Pfeffer

1 Hefe und Zucker in einen Messbecher geben, mit 50 ml Wasser auffüllen und etwa 15 Minuten gehen lassen, bis die Mischung schäumt.

2 Das Mehl mit dem Salz in einer Schüssel vermengen. Eine Vertiefung in die Mitte drücken. Das Öl, die angerührte Hefe und das restliche Wasser zugießen und alles zu einem festen Teig verarbeiten.

3 Den Teig auf einer bemehlten Arbeitsfläche 4–5 Minuten kneten. Zurück in die Schüssel geben, mit eingefetteter Frischhaltefolie abdecken und 30 Minuten gehen lassen, bis er sein Volumen verdoppelt hat.

4 Den aufgegangenen Teig nochmals 2 Minuten durchkneten und in 4 Stücke teilen. Jedes zu einem dünnen Kreis ausrollen und auf ein eingefettetes Backblech legen. Der Teig sollte nicht dicker als 6 mm sein, da er beim Backen noch aufgeht.

5 Für die Füllung Mortadella, Salami, Parmesan und Mozzarella auf je eine Hälfte der 4 Teigkreise verteilen. Anschließend Tomaten und Oregano darüber geben und mit Salz und Pfeffer würzen.

6 Die Teigränder mit etwas Wasser bestreichen, die Kreise in der Mitte zusammenklappen und die Ränder gut zusammendrücken, damit die Füllung während des Backens nicht austritt.

7 Die so vorbereiteten Calzone 10–15 Minuten in einem auf 200 °C vorgeheizten Ofen goldbraun backen und mit frisch geriebenem Parmesan servieren.

4

5

6

# *Käsetörtchen*

**Für 4 Personen**

**ZUTATEN**

250 g Mürbeteig, gut gekühlt
2 EL Butter
1 rote Zwiebel, gehackt
1 Knoblauchzehe, gehackt
2 EL Weizenmehl Type 550
300 ml Milch
Salz und Pfeffer
50 g geriebener Parmesan
2 Eier, hart gekocht und geviertelt
100 g italienische Wurst aus Schweinefleisch, z. B. Salami Felino, in Streifen geschnitten
geriebener Parmesan
frischer Thymian, zum Garnieren

1 Den kalten Teig grob raspeln und auf 4 Torteletttförmchen verteilen. Die Teigraspeln mit einer bemehlten Gabel leicht in die Förmchen einpassen, dabei auch die Ränder der Form bedecken.

2 Den Teig mit Alufolie bedecken und in einem auf 220 °C vorgeheizten Ofen 10 Minuten vorbacken. Dann die Hitze auf 200 °C reduzieren, die Folie entfernen und die Törtchen weitere 15 Minuten goldbraun backen.

3 Die Butter in einer Pfanne zerlassen, die Zwiebel und den Knoblauch darin 5–6 Minuten weich dünsten.

4 Das Mehl zugeben und gut mit der Zwiebelmischung vermengen. Nach und nach die Milch einrühren, bis eine dickflüssige Sauce entsteht. Diese mit Salz und Pfeffer abschmecken, dann den Parmesan einstreuen. Anschließend die Sauce nicht mehr erhitzen, da sie sonst Fäden zieht.

5 Die fertige Sauce auf die vorgebackenen Törtchen verteilen und mit je zwei Eiervierteln und einigen Wurststreifen belegen.

6 Etwas Parmesan über den Belag streuen und die Törtchen noch einmal 5 Minuten in den Ofen geben, um alles gut zu erhitzen.

7 Die Törtchen mit frischem Thymian garnieren und sofort servieren.

# Olivenölbrot mit Käse

**Ergibt 1 Brot**

## ZUTATEN

15 g Trockenhefe
1 TL Zucker
250 ml lauwarmes Wasser
350 g Weizenmehl Type 550
1 TL Salz
3 EL Olivenöl
200 g Pecorino, gewürfelt
1/2 TL Fenchelsamen, leicht zerstoßen

1 Hefe und Zucker in einen Messbecher geben, mit 100 ml Wasser auffüllen und etwa 15 Minuten gehen lassen, bis die Mischung schäumt.

2 Das Mehl mit dem Salz in einer Schüssel vermengen. 1 Esslöffel Öl, die angerührte Hefe und das restliche Wasser zugießen und alles zu einem glatten Teig verrühren. Diesen auf einer bemehlten Arbeitsfläche 4 Minuten durchkneten.

3 Den Teig in zwei gleich große Stücke teilen. Jedes zu einem 6 mm dicken Kreis ausrollen. Einen Kreis auf ein gefettetes Backblech legen und den Pecorino sowie die Hälfte des Fenchelsamens darüber verteilen.

4 Den zweiten Teigkreis darüber legen und die Ränder beider Kreise gut zusammendrücken, damit die Füllung beim späteren Backen nicht ausläuft.

5 Den oberen Teigkreis mit einem scharfen Messer ein paar Mal einritzen und mit dem restlichen Olivenöl bestreichen.

6 Den Teig mit den restlichen Fenchelsamen bestreuen und 20–30 Minuten an einem warmen Ort aufgehen lassen.

### TIPP

*Pecorino ist ein relativ salziger Hartkäse, der im Fachhandel erhältlich ist. Er kann durch Parmesan oder alten Gouda ersetzt werden.*

7 Den aufgegangenen Teig 30 Minuten in einem auf 200 °C vorgeheizten Ofen goldbraun backen. Sofort servieren.

2

3

4

# *Focaccia alla Romana*

**Ergibt 16 Stück**

**ZUTATEN**

7 g Trockenhefe
1 TL Zucker
300 ml lauwarmes Wasser
500 g Weizenmehl Type 550
2 TL Salz
3 EL frisch gehackter Rosmarin
2 EL Olivenöl
500 g gemischte rote und weiße Zwiebeln, in Ringen
4 Knoblauchzehen, in Scheiben geschnitten

1 Hefe und Zucker in einen Messbecher geben, mit 100 ml Wasser auffüllen und etwa 15 Minuten gehen lassen, bis die Mischung schäumt.

2 Das Mehl mit dem Salz in einer Schüssel vermengen. Die angerührte Hefe, die Hälfte des Rosmarins und das restliche Wasser zugießen und zu einem glatten Teig verrühren. Diesen auf einer bemehlten Arbeitsfläche 4 Minuten durchkneten.

3 Den Teig zurück in die Schüssel geben, mit eingefetteter Frischhaltefolie abdecken und 30 Minuten gehen lassen, bis er sein Volumen verdoppelt hat.

4 Währenddessen das Öl in einem großen Topf erhitzen. Zwiebeln und Knoblauch darin 5 Minuten weich dünsten. Dann den Topf abdecken und das Gemüse weitere 7–8 Minuten dünsten, bis die Zwiebeln goldbraun sind.

5 Den Teig aus der Schüssel nehmen und nochmals 1–2 Minuten durchkneten.

6 Anschließend den Teig zu einem Quadrat ausrollen und auf ein eingefettetes Backblech legen. Der Teig sollte nicht dicker als 6 mm sein, da er beim Backen aufgeht.

7 Die Zwiebelmischung auf dem Teigquadrat verteilen und den restlichen Rosmarin darüber streuen.

8 Die so vorbereitete Focaccia 25–30 Minuten in einem auf 200 °C vorgeheizten Ofen backen, bis sie goldbraun geworden ist. Anschließend in 16 Stücke teilen und sofort servieren.

# *Brot mit getrockneten Tomaten*

**Ergibt 1 Laib**

## ZUTATEN

7 g Trockenhefe
1 TL Zucker
300 ml lauwarmes Wasser
500 g Weizenmehl Type 550
1 TL Salz
2 TL getrocknetes Basilikum
2 EL Tomatenmark
12 getrocknete Tomaten, in Streifen geschnitten

1 Hefe und Zucker in einen Messbecher geben, mit 100 ml Wasser auffüllen und etwa 15 Minuten gehen lassen, bis die Mischung schäumt.

2 Das Mehl mit dem Salz in einer Schüssel vermengen. Eine Vertiefung in die Mitte der Masse drücken. Das Basilikum, die angerührte Hefe, das Tomatenmark und die Hälfte des restlichen Wassers zugeben und alles verrühren. Nach und nach das restliche Wasser zugießen, bis der Teig fest ist.

3 Den Teig auf einer bemehlten Arbeitsfläche etwa 5 Minuten glatt kneten. Dann zurück in die Schüssel geben, mit eingefetteter Frischhaltefolie abdecken und 30 Minuten gehen lassen, bis er sein Volumen verdoppelt hat.

4 Eine große Kastenform leicht einfetten.

5 Den aufgegangenen Teig aus der Schüssel nehmen, die getrockneten Tomaten zugeben und noch einmal 2–3 Minuten durchkneten.

6 Den Teig in die Form geben und noch einmal 30–40 Minuten gehen lassen. Wenn er abermals auf etwa die doppelte Menge angewachsen ist, in einen auf 190 °C vorgeheizten Ofen geben und 30–35 Minuten goldbraun backen.

### TIPP

*Aus der verwendeten Teigmenge können auch 8 Minibrote gemacht werden, die in entsprechend kleinen Kastenformen 20 Minuten backen müssen, oder 12 Brötchen, die eine Backzeit von nur 12–15 Minuten benötigen.*

2

5

6

# *Paprikabrot*

**Für 4 Personen**

**ZUTATEN**

1 rote Paprika, halbiert und entkernt
1 gelbe Paprika, halbiert und entkernt
2 frische Rosmarinzweige
1 EL Olivenöl
7 g Trockenhefe
1 EL Zucker
300 ml lauwarmes Wasser
500 g Weizenmehl Type 550
1 TL Salz

1 Eine Ring- oder Springform von 25 cm Durchmesser einfetten.

2 Die Paprika (Schnittseite nach unten) und den Rosmarin in einen flachen Bräter geben, mit dem Öl beträufeln und in einem auf 200 °C vorgeheizten Ofen etwa 20 Minuten rösten, bis die Paprika stellenweise schwarz ist. Die Paprika abkühlen lassen, enthäuten und in Streifen schneiden.

3 Hefe und Zucker in einen Messbecher geben, 100 ml Wasser auffüllen und 15 Minuten gehen lassen, bis die Mischung schäumt.

4 Das Mehl mit dem Salz in einer Schüssel vermengen. Die angerührte Hefe und das restliche Wasser zugießen und mit dem Mehl zu einem festen Teig verrühren.

5 Den Teig etwa 5 Minuten glatt kneten. Dann mit eingefetteter Frischhaltefolie abdecken und 30 Minuten gehen lassen, bis er sein Volumen verdoppelt hat.

6 Den aufgegangenen Teig in 3 gleich große Stücke teilen. Jedes zu einem Kreis ausrollen, dessen Durchmesser 4 cm größer als der der Springform ist.

7 Einen Teigkreis auf den Boden der Form legen, sodass die Ränder etwas hochragen. Mit der Hälfte der Paprikamischung belegen.

8 Den zweiten Teigkreis darüber legen und mit der restlichen Mischung bedecken. Den letzten Kreis darauf legen und an den Rändern nach unten drücken.

9 Den Teig mit einem eingefetteten Stück Frischhaltefolie abdecken und erneut 30–40 Minuten gehen lassen. Dann 45 Minuten in einem auf 190 °C vorgeheizten Ofen goldbraun backen und warm servieren.

2

6

7

# *Grüner Osterauflauf*

**Für 4 Personen**

## ZUTATEN

80 g Rucola
2 EL Olivenöl
1 Zwiebel, gehackt
2 Knoblauchzehen, zerdrückt
200 g Arborio-Reis
700 ml Hühner- oder Gemüsebrühe, erhitzt
125 ml Weißwein
50 g geriebener Parmesan
100 g Erbsen, Tiefkühlware aufgetaut
2 Tomaten, gewürfelt
4 Eier, verquirlt
3 EL frisch gehackter Majoran
Salz und Pfeffer
50 g Semmelbrösel

1 Eine Ring- oder Springform von 25 cm Durchmesser leicht einfetten und mit Backpapier auslegen.

2 Rucolablätter mit einem Messer grob hacken.

3 Das Öl in einer großen Pfanne erhitzen. Die Zwiebel und den Knoblauch darin 4–5 Minuten weich dünsten.

4 Den Reis zugeben und mit dem Öl und den Zwiebeln vermengen. Dann nach und nach die Brühe zugießen. Zwischendurch immer so lange warten, bis die neu zugefügte Flüssigkeit aufgesogen ist, bevor weitere zugegeben wird.

5 Wenn die Brühe aufgesogen ist, den Wein zugießen. Den Reis insgesamt so lange kochen, bis sämtliche Flüssigkeit verbraucht und er gar ist. Dies wird etwa 15 Minuten dauern.

6 Parmesan, Erbsen, Rucola, Tomaten, Eier und 2 Esslöffel Majoran unter den fertig gegarten Reis rühren. Anschließend mit Salz und Pfeffer abschmecken.

7 Die fertige Mischung in die vorbereitete Springform füllen und die Oberfläche mit einem Holzlöffel glatt streichen.

8 Die Reismischung mit den Semmelbröseln und dem restlichen Majoran bestreuen.

9 Den so vorbereiteten Auflauf 30 Minuten in einem auf 180 °C vorgeheizten Ofen backen, bis er fest ist. In Stücke schneiden und sofort servieren.

# Spinat-Ricotta-Pastete

**Für 4 Personen**

## ZUTATEN

250 g Spinat, gewaschen
2 EL Pinienkerne
100 g Ricotta
2 große Eier, verquirlt
50 g gemahlene Mandeln
40 g geriebener Parmesan
250 g Blätterteig, Tiefkühlware aufgetaut
1 kleines Ei, verquirlt

1 Den Spinat in einem großen Topf 4–5 Minuten kochen, bis die Blätter zusammenfallen. Abtropfen lassen, und wenn der Spinat etwas abgekühlt ist, auch die letzte Flüssigkeit ausdrücken.

2 Die Pinienkerne auf ein Backblech legen und unter einem vorgeheizten Grill goldbraun rösten.

3 Ricotta, Spinat und Eier in einer Schüssel mischen. Pinienkerne zugeben und unterrühren. Dann Mandeln und Parmesan einrühren.

4 Den Blätterteig zu zwei Quadraten mit einer Seitenlänge von je 20 cm ausrollen. Die Ränder glatt abschneiden und den überschüssigen Teig aufbewahren.

5 Ein Teigquadrat auf ein Backblech legen und die Spinatmischung darauf verteilen. Außen einen Rand von 1 cm lassen und diesen mit dem verquirlten Ei bestreichen. Dann das zweite Teigquadrat über das erste legen.

6 Die Ränder der beiden Teigquadrate aufeinander drücken und aus den Teigresten kleine Blätter formen, die als Dekoration über den Teig gelegt werden.

7 Die vorbereitete Pastete mit dem Rest des verquirlten Eis bestreichen und 10 Minuten in einem auf 220 °C vorgeheizten Ofen backen. Die Temperatur auf 190 °C reduzieren, die Pastete weitere 25–30 Minuten backen und heiß servieren.

## TIPP

*Spinat ist sehr nahrhaft. Roher Spinat ist reich an Folsäure, Vitamin A, Kalium und Magnesium. Matte, gelbliche und weiche Spinatblätter sind auszusondern.*

# Desserts

*Wenn auch Ihnen beim Gedanken an Nachspeisen Nudeln nicht gleich als Erstes in den Sinn kommen, werden Sie von den verführerischen Leckereien in diesem Kapitel überrascht sein.*

*Die Italiener lieben ihre Desserts ohnehin, aber bei Familientreffen und Feiern geben Sie sich erst recht Mühe damit. Von den Sizilianern sagt man, sie seien die „Süßesten“ von allen, und so stammen viele berühmte italienische Desserts von der Halbinsel. Tatsächlich ist sizilianische Eiscreme kaum zu schlagen – es ist einfach die beste der Welt!*

*Auch Obst hat seinen festen Platz in der italienischen Dessertküche – so werden zum Beispiel Orangen oftmals geschält und als Ganzes in Sirup und Likör mariniert serviert.*

*Eine andere beliebte köstliche Zutat ist Schokolade. Italienische Desserts bieten garantiert etwas für jeden Geschmack. Enttäuschungen sind einfach ausgeschlossen!*

# Gefüllte Kipferl

Für 4 Personen

## ZUTATEN

TEIG:
500 g Mehl
150 g Butter, plus Butter zum Einfetten
150 g Puderzucker
4 Eier
25 g Hefe
125 ml warme Milch

FÜLLUNG:
200 g Kastanienpüree
60 g Kakaopulver
60 g Puderzucker
60 g gehackte Mandeln
60 g zerbröselte Amaretti
150 g Orangenmarmelade

1 Das Mehl für den Teig in eine Rührschüssel sieben, dann mit Butter, Zucker und 3 Eiern verrühren.

2 Hefe und Milch in einer kleinen Schüssel verrühren und in den Teig mischen.

3 Den Teig 20 Minuten kneten, mit einem sauberen Tuch abdecken und 1 Stunde an einem warmen Ort gehen lassen.

4 Kastanienpüree, Kakaopulver, Zucker, Mandeln, Amaretti und Orangenmarmelade in einer Schüssel mischen.

5 Ein Backblech einfetten.

6 Die Arbeitsfläche leicht bemehlen. Den Teig dünn ausrollen und mit einem glatten Ausstecher 5 cm große Scheiben ausstechen.

7 Je einen Löffel Füllung auf jede Scheibe geben, dann den Teig in der Mitte überschlagen und die Ränder fest drücken. Mit reichlich Zwischenraum auf dem Backblech auslegen.

8 Das letzte Ei verquirlen und die Kipferl damit rundum bestreichen. 20 Minuten im vorgeheizten Backofen bei 180 °C goldgelb backen. Heiß servieren.

# *Deutscher Nudelpudding*

**Für 4 Personen**

## ZUTATEN

60 g Butter, plus Butter zum Einfetten
200 g Eier-Bandnudeln
125 g Frischkäse
250 g Hüttenkäse
100 g Puderzucker
2 Eier, leicht verquirlt
125 g saure Sahne
1 TL Vanillearoma
1 Prise gemahlener Zimt
1 TL geriebene Zitronenschale
4 EL Mandelsplitter
2 EL Semmelbrösel
Puderzucker, zum Bestäuben

1 Eine feuerfeste Form mit Butter einfetten.

2 Salzwasser in einem großen Topf aufkochen. Die Nudeln darin bissfest kochen, abgießen und zur Seite stellen.

3 Frischkäse, Hüttenkäse und Zucker in einer Rührschüssel verquirlen. Nach und nach die Eier unterziehen und gut verrühren. Saure Sahne, Vanillearoma, Zimt und Zitronenschale einrühren und mit den Nudeln vermengen. Die Mischung in die Form geben und glatt streichen.

4 Die Butter in einer Pfanne zerlassen. Die Mandeln darin unter ständigem Rühren etwa 1–2 Minuten leicht bräunen. Die Pfanne vom Herd nehmen und die Semmelbrösel einrühren.

5 Die Mandelmischung über den Pudding streuen und 35–40 Minuten im vorgeheizten Backofen bei 180 °C backen. Mit etwas Puderzucker bestäuben und sofort servieren.

## VARIATION

*Abweichend vom Original können Sie in Schritt 3 mit der Zitronenschale noch 3 EL Rosinen zugeben.*

# Honig-Pistazien-Nester

Für 4 Personen

## ZUTATEN

250 g Engelshaarnudeln
125 g Butter
200 g Pistazien, gehackt
125 g Zucker
125 g klarer Honig
150 ml Wasser
2 TL Zitronensaft
griechischer Joghurt, zum Servieren

1 Salzwasser in einem großen Topf aufkochen. Die Nudeln darin bissfest kochen. Abgießen und wieder in den Topf geben. Mit der Butter vermengen. Abkühlen lassen.

2 4 kleine Flan-Ringe auf ein Backblech setzen. Die Nudeln in 8 Portionen aufteilen und 4 davon in die Ringe geben und leicht andrücken. Mit der Hälfte der Pistazien bestreuen, dann mit den restlichen Nudeln bedecken.

3 45 Minuten im vorgeheizten Backofen bei 180 °C goldbraun backen.

4 In der Zwischenzeit Zucker, Honig und Wasser in einem Topf bei schwacher Hitze aufkochen und unablässig rühren, bis der Zucker vollständig gelöst ist. 10 Minuten köcheln, den Zitronensaft zugießen und weitere 5 Minuten köcheln.

5 Die Nudelnester mit einem Palettenmesser auf einen Servierteller setzen. Mit dem Honigsirup übergießen, mit den restlichen Pistazien bestreuen und vor dem Servieren vollständig abkühlen lassen. Mit Joghurt servieren.

## TIPP

*Engelshaarnudeln sind in Italien auch als Capelli d'angelo bekannt. Die langen, dünnen Nudeln werden in Form von Nestern verkauft.*

# *Himbeer-Fusilli*

**Für 4 Personen**

## ZUTATEN

| | | |
|---|---|---|
| 175 g getrocknete Fusilli | 2 EL Puderzucker | 4 EL Mandelsplitter |
| 700 g Himbeeren | 1 EL Zitronensaft | 3 EL Himbeerlikör |
| | | Salz |

1 Salzwasser in einem großen Topf aufkochen. Die Nudeln darin bissfest kochen. Abgießen und wieder in den Topf geben. Zum Abkühlen zur Seite stellen.

2 Ein Drittel der Himbeeren mit einem Löffel durch ein Sieb in eine große Rührschüssel streichen.

3 Himbeerpüree und Zucker in einen kleinen Topf geben und unter gelegentlichem Rühren 5 Minuten köcheln. Den Zitronensaft einrühren, dann beiseite stellen.

4 Die restlichen Himbeeren zu den Fusilli in den Topf geben und gut vermengen. Die Mischung auf einem Servierteller anrichten.

5 Die Mandeln auf einem Backblech ausbreiten und unter dem Backofengrill goldbraun rösten. Zum Abkühlen kurz zur Seite stellen.

6 Den Himbeerlikör in die Himbeersauce rühren und glatt rühren. Die Sauce über die Fusilli geben, mit Mandeln bestreuen und servieren.

## VARIATION

*Sie können nahezu jede süße, reife Beere für dieses Dessert verwenden. Besonders bieten sich Erdbeeren und Brombeeren zusammen mit den entsprechenden Likören an. Alternativ können Sie auch andere Beeren zu den Nudeln geben und diese mit der Himbeersauce übergießen.*

# Italienischer Brotauflauf

**Für 4 Personen**

## ZUTATEN

- 1 EL Butter
- 2 kleine Äpfel, geschält, entkernt und in Ringe geschnitten
- 75 g Zucker
- 2 EL Weißwein
- 100 g Brot, in Scheiben geschnitten und ohne Rinde (leicht altbackenes französisches Baguette ist ideal)
- 300 ml Halbrahm (s. Tipp)
- 2 Eier, verquirlt
- Zesten von 1 unbehandelten Orange

1 Eine Auflaufform mit der Butter leicht einfetten.

2 Die Apfelringe auf dem Boden der Form verteilen und mit der Hälfte des Zuckers bestreuen.

3 Den Wein über die Äpfel gießen. Die Brotscheiben darüber legen und mit den Händen leicht flach drücken.

4 Den Rahm, die Eier, den restlichen Zucker und die Orangenschale vermengen, über die Brotscheiben gießen und 30 Sekunden einweichen lassen.

5 Den so vorbereiteten Auflauf 25 Minuten in einem auf 180 °C vorgeheizten Ofen backen, bis er goldbraun und fest ist. Etwas auskühlen lassen, aber noch warm servieren.

## VARIATION

*Dem Auflauf einige, eventuell zerkleinerte Trockenfrüchte, etwa Aprikosen, zugeben.*

## TIPP

*Halbrahm ist bei uns nur selten erhältlich. Es handelt sich um Sahne mit 25 % Fettgehalt, die nicht kochfest ist, aber als Bindemittel verwendet werden kann. Als Ersatz kann Sahne und Milch im Verhältnis 3:1 gemischt werden.*

# Toskanischer Pudding

**Für 4 Personen**

## ZUTATEN

| | | |
|---|---|---|
| 1 EL Butter | 3 Eigelb | geriebene Schale von 1 Orange |
| 75 g gemischte Trockenfrüchte | 50 g Zucker | Orangenzesten, zum Garnieren |
| 250 g Ricotta | 1 TL Zimt | Crème fraîche, zum Servieren |

1 Mit der Butter 4 kleine Back- oder Auflaufformen leicht einfetten.

2 Die Trockenfrüchte in eine Schüssel geben, mit warmem Wasser bedecken und 10 Minuten einweichen lassen.

3 Ricotta und Eigelb in einer Schüssel vermengen. Dann Zucker, Zimt und Orangenschale einstreuen und gut unterrühren.

4 Die Trockenfrüchte in einem über eine Schüssel gehaltenen Sieb abtropfen lassen, zu der Mischung geben und unterrühren.

5 Die Ricottamischung auf die eingefetteten Back- oder Auflaufformen verteilen.

6 Die gefüllten Förmchen 15 Minuten in einem auf 180 °C vorgeheizten Ofen backen. Gegen Ende der Backzeit sollte der Pudding von oben fest, aber nicht gebräunt sein.

7 Die fertigen Puddings mit Orangenzesten garnieren und warm oder gekühlt mit etwas Crème fraîche servieren.

## TIPP

*Crème fraîche hat einen säuerlichen, nussigen Geschmack und ist dickflüssig, besitzt aber den gleichen Fettgehalt wie Schlagsahne (mindestens 30 %). Da sie beim Erhitzen nicht ausflockt, kann sie gut zum Kochen verwendet werden.*

## VARIATION

*Die verwendeten Trockenfrüchte lassen sich variieren.*

# Sahnecreme

**Für 4 Personen**

## ZUTATEN

450 g Halbrahm (s. Tipp S. 480)
100 g Zucker
Schale von 1 Orange
2 TL Muskat
3 große Eier, verquirlt
1 EL Honig
1 TL Zimt

1 Halbrahm und Zucker in einen beschichteten Topf geben und unter Rühren langsam erwärmen, bis der Zucker sich auflöst.

2 Die Hälfte der Orangenschale fein reiben und mit dem Muskat zu der Mischung in den Topf geben.

3 Die Eier zugeben und alles bei niedriger Hitze unter Rühren 10–15 Minuten kochen, bis die Creme eindickt.

4 Die Creme durch ein Sieb seihen, in 4 Schalen füllen und für mindestens 2 Stunden zum Abkühlen in den Kühlschrank stellen.

5 Währenddessen die restliche Orangenschale dünn abschälen und in feine Streifen schneiden oder mit einem Zestenschneider abschälen.

6 Honig und Zimt mit 2 Esslöffel Wasser in einen Topf geben und langsam erwärmen. Die Orangenschale zugeben und 2–3 Minuten unter Rühren kochen, bis die Mischung karamellisiert.

7 Die karamellisierte Mischung in eine Schüssel geben, die Orangenschale herausnehmen und abkühlen lassen.

### TIPP

*Die Creme ist bis zu 2 Tage im Kühlschrank haltbar. Die Orangenschale erst vor dem Servieren darüber streuen.*

8 Die abgekühlten Sahnecremeportionen mit der karamellisierten Orangenschale garnieren und servieren.

# Sizilianischer Zitruskuchen

Für 8 Personen

## ZUTATEN

4 Eier, getrennt
125 g Zucker
geriebene Schale und Saft von 2 Orangen
geriebene Schale und Saft von 1 Zitrone
125 g gemahlene Mandeln
250 g Mehl
200 g Schlagsahne
1 TL Zimt
2 TL Zucker
2 EL gehobelte Mandeln, geröstet
Puderzucker, zum Bestäuben

1 Eine 18-cm-Ring- oder Springform einfetten.

2 Eigelb und Zucker zu einer cremigen Masse verquirlen. Dann die Hälfte der Orangen- und sämtliche Zitronenschale unterrühren.

3 Orangen- und Zitronensaft mit den gemahlenen Mandeln mischen und unter die Eigelbmasse rühren. Diese wird nun flüssig. Dann das Mehl zufügen.

4 Das Eiweiß steif schlagen und vorsichtig unter die Mischung heben.

5 Den fertigen Teig in die vorbereitete Backform füllen und 35–40 Minuten in einem auf 180 °C vorgeheizten Ofen goldbraun backen, bis er so fest ist, dass er leicht nachgibt, wenn er vorsichtig angedrückt wird. Aus dem Ofen nehmen und 10 Minuten in der Form abkühlen lassen, dann herausnehmen. Möglicherweise wird der Kuchen dabei etwas zusammenfallen.

6 Die Sahne mit Zimt, Zucker und Orangenschale mischen und steif schlagen.

7 Sobald der Kuchen abgekühlt ist, mit den gerösteten Mandeln belegen, mit Puderzucker bestäuben und mit der geschlagenen Sahne servieren.

## VARIATION

*Kuchen mit Sirup servieren: Geriebene Schale von 2 Orangen, 75 g Zucker und 2 Esslöffeln Wasser 5 Minuten kochen, bis eine dickflüssige Masse entsteht. Vor dem Servieren 1 Esslöffel Orangenlikör einrühren.*

1

2

3

# Orangen-Grapefruit-Salat

**Für 4 Personen**

## ZUTATEN

2 Grapefruits mit rotem oder orangefarbenem Fruchtfleisch
4 Orangen
Zesten und Saft von 1 Limette
4 EL klarer Honig
2 EL warmes Wasser
2 EL grob gehackte Minze
50 g Walnüsse, gehackt

1 Die Schale der Grapefruits zuerst oben und unten abschneiden und dann an den Seiten.

2 Die einzelnen Fruchtsegmente der Grapefruits entlang ihrer Hautlappen einschneiden und das Fruchtfleisch herauslösen.

3 Die Schalen der Orangen wie in Schritt 1 beschrieben abschneiden.

4 Die einzelnen Fruchtsegmente der Orangen entlang ihrer Hautlappen einschneiden, das Fruchtfleisch herauslösen und mit den Grapefruitstücken in einer Schüssel vermengen.

5 Die Limettenschale, 2 Esslöffel des Limettensafts, den Honig und das warme Wasser in eine kleine Schüssel geben und mit einer Gabel verrühren.

6 Das so entstandene Dressing über die Zitrusfilets gießen, die Minze zugeben und alles gut mischen. Anschließend für mindestens 2 Stunden in den Kühlschrank stellen.

7 Die Walnüsse auf ein Backblech legen und unter einem vorgeheizten Grill 2–3 Minuten goldbraun rösten.

8 Die gerösteten Walnüsse kurz vor dem Servieren über den gekühlten Fruchtsalat streuen.

## VARIATION

*Statt der Walnüsse können auch Mandeln, Haselnüsse, Cashewkerne oder Pekannüsse verwendet werden.*

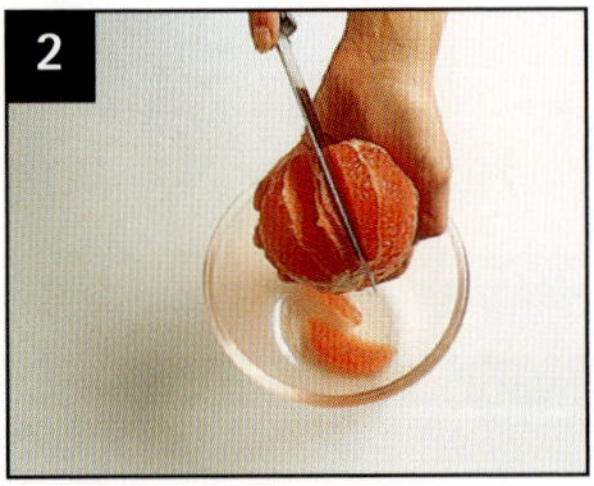

# *Zabaglione*

**Für 4 Personen**

## ZUTATEN

| | | |
|---|---|---|
| 5 Eigelb | 150 ml Marsala oder süßer Sherry | frische Früchte oder Amaretti, zum Servieren (nach Wunsch) |
| 100 g Zucker | | |

1 Eigelb in eine große Schüssel geben.

2 Den Zucker zufügen und mit dem Eigelb verrühren, bis eine helle, dicke, cremige Masse vom doppelten Volumen der anfänglichen Eigelb-Zucker-Mischung entstanden ist.

3 Die Schüssel mit der Masse über einen Topf mit leicht köchelndem Wasser stellen.

4 Marsala oder Sherry zugießen und die Mischung unter ständigem Rühren erwärmen, bis sie leicht schäumt. Dies wird etwa 10 Minuten dauern.

5 Den Schaum in 4 Dessertgläser füllen.

6 Die fertige Zabaglione noch warm und nach Belieben mit frischen Früchten oder Amaretti servieren.

### VARIATION

*Dieses Dessert kann auch mit anderen Likören zubereitet werden. Besonders köstlich schmeckt es, wenn es mit Früchten wie Himbeeren oder Erdbeeren serviert wird.*

### VARIATION

*Für ein Zabaglione-Parfait bis Schritt 4 folgen. Dann die Schüssel in kaltes Wasser tauchen und den Schaum weiterrühren, bis er abgekühlt ist. Anschließend 150 ml steif geschlagene Sahne unterheben und die Masse 2 Stunden tiefkühlen.*

# *Süße Mascarpone-Mousse*

Für 4 Personen

## ZUTATEN

500 g Mascarpone
4 Eigelb
100 g Zucker
400 g Sommerfrüchte, etwa Erd- oder Johannisbeeren, leicht gefroren, zum Garnieren
Amaretti, zum Servieren

1 Den Mascarpone in eine große Schüssel geben und mit einem Holzlöffel cremig schlagen.

2 Eigelb und Zucker zufügen und gut unterrühren. Die fertige Mischung für etwa 1 Stunde in den Kühlschrank stellen.

3 Dann 4 tiefe Gläser oder Dessertschalen mit je einer Lage der gekühlten Mascarponecreme füllen. Darüber eine Lage Sommerfrüchte geben. So lange wiederholen, bis die Gläser voll sind. Die letzte Schicht sollte aus einer Lage Mascarponecreme bestehen.

4 Die gefüllten Schalen für 20 Minuten in den Kühlschrank stellen, damit die Früchte noch einmal gut gekühlt werden.

5 Das fertige Dessert mit Amaretti servieren.

### VARIATION

*Bei Schritt 1 können nach Belieben 3 Esslöffel Likör mit dem Mascarpone verrührt werden.*

### TIPP

*Mascarpone ist ein cremiger italienischer Weichkäse mit 45–55 % Fettanteil. Er ist in fast allen größeren Supermärkten, in jedem Fall aber in italienischen Delikatessengeschäften erhältlich.*

# Zitronen-Mascarpone-Kuchen

**Für 8 Personen**

## ZUTATEN

50 g Butter
150 g Ingwerkekse, ersatzweise einfache Butterkekse, zerstoßen
25 g kandierter Ingwer, gehackt
500 g Mascarpone
geriebene Schale und Saft von 2 Zitronen
100 g Zucker
2 große Eier, getrennt
Fruchtcoulis (s. Tipp), zum Servieren

1 Eine 26-cm-Springform leicht einfetten.

2 Die Butter in einer Pfanne zerlassen und die zerstoßenen Kekse sowie den kandierten Ingwer unterrühren. Die so entstandene Mischung auf dem Boden der vorbereiteten Backform verteilen und am Rand 1 cm hochziehen.

3 Mascarpone, Zitronenschale und -saft sowie Zucker und Eigelb zu einer cremigen Masse verrühren.

4 Das Eiweiß steif schlagen und unter die Creme heben.

5 Die fertige Käsecreme über die Keksmasse in der Backform geben und alles in einem auf 180 °C vorgeheizten Ofen 35–45 Minuten backen, bis die Käsecreme fest geworden ist. Wahrscheinlich wird die Creme beim Backen Risse bekommen und auch ein wenig zusammenfallen, das ist ganz normal.

6 Den fertigen Kuchen in der Form auskühlen lassen und mit Fruchtcoulis (siehe Tipp) servieren.

## TIPP

*FRUCHTCOULIS:*
*400 g frische Früchte 5 Minuten mit 2 Esslöffeln Wasser kochen. Dann durch ein Sieb passieren und mit 1 Esslöffel gesiebtem Puderzucker verrühren.*

## VARIATION

*Den Mascarpone durch Ricotta ersetzen. Dieser sollte durch ein Sieb gestrichen werden, um Klümpchen zu entfernen.*

# Tiramisu

**Für 6 Personen**

## ZUTATEN

300 g dunkle Schokolade
400 g Mascarpone
150 ml Sahne, steif geschlagen
400 ml kalter Kaffee,
mit 50 g Zucker vermischt
6 EL brauner Rum oder Weinbrand
54 Löffelbiskuits
Kakaopulver, zum Bestäuben

1 Die Schokolade in einer Schüssel über einem Topf mit heißem Wasser schmelzen. Dabei gelegentlich umrühren. Die Schokolade leicht abkühlen lassen. Anschließend mit dem Mascarpone und der Sahne verrühren.

2 Kaffee und Rum in einer Schüssel mischen. Die Löffelbiskuits kurz in die so entstandene Mischung tauchen; sie sollen etwas Flüssigkeit aufsaugen, aber nicht aufweichen.

3 Je drei Löffelbiskuits nebeneinander auf einen Dessertteller legen.

4 Je eine Lage Mascarponecreme über den Löffelbiskuits verstreichen.

5 Erneut 3 Löffelbiskuits auf die Mascarponeschicht legen, diese abermals mit Mascarponecreme bedecken und mit einer letzten Lage Löffelbiskuits abschließen.

6 Das fertige Tiramisu für mindestens 1 Stunde in den Kühlschrank stellen und vor dem Servieren mit Kakaopulver bestäuben.

### TIPP

*Das Tiramisu kann auch halbgefroren serviert werden. Dazu das Tiramisu 2 Stunden einfrieren und sofort servieren.*

### VARIATION

*Bei Schritt 1 50 g gehackte und geröstete Haselnüsse zugeben.*

1

1

2

# Schokoladenbrot

**Ergibt 16 Scheiben**

**ZUTATEN**

75 g Mandeln
150 g dunkle Schokolade
75 g Butter
200 g Kondensmilch
2 TL Zimt
75 g Amaretti, grob zerstoßen
50 g getrocknete, aber noch saftige Aprikosen, grob gehackt

1 Eine Kastenform mit Alufolie auslegen.

2 Die Mandeln mit einem Messer grob hacken.

3 Schokolade, Butter, Kondensmilch und Zimt in einen gusseisernen Topf geben und 3–4 Minuten bei niedriger Hitze erwärmen, bis die Schokolade geschmolzen ist. Währenddessen die Masse mit einem Holzlöffel gut verrühren.

4 Mandeln, Amaretti und Aprikosen zu der Schokoladenmischung in den Topf geben und mit einem Holzlöffel gut unterrühren.

5 Die fertige Schokoladenmischung in die vorbereitete Backform geben und für etwa 1 Stunde in den Kühlschrank stellen, bis sie fest ist.

6 Das Schokoladenbrot vor dem Servieren in Scheiben schneiden.

### TIPP

*Die Schokolade vor dem Schmelzen in kleine Stückchen brechen.*

### TIPP

*Als Brat- oder Backfett ist Butter in puncto Aroma die beste Wahl. Wenn sie sehr hoch erhitzt wird, verbrennt sie jedoch, daher sollte sie beim Kochen nur für ein leichtes Anbraten verwendet werden.*

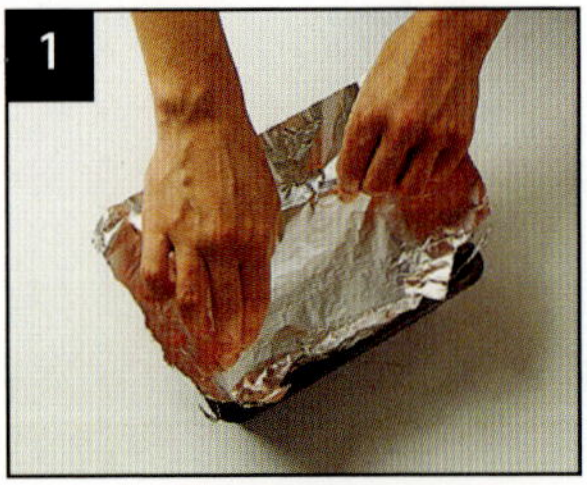

# Birnen-Ingwer-Kuchen

Für 4–6 Personen

## ZUTATEN

200 g weiche Butter
200 g feiner Zucker
200 g Mehl, gesiebt
2 TL Backpulver
3 TL gemahlener Ingwer
3 Eier, verquirlt
500 g Birnen, entkernt und in dünne Scheiben geschnitten
1 EL brauner Zucker

1 Eine 22-cm-Ring- oder Springform einfetten.

2 175 g Butter, den Zucker, Mehl, Backpulver, Ingwer und Eier im Mixer zu einem glatten Teig rühren.

3 Den Teig in die Backform geben. Die Oberfläche glätten.

4 Die Birnenscheiben fächerförmig auf dem Teig verteilen. Mit Zucker bestreuen. Die restliche Butter zu Flöckchen formen und über den Teig streuen.

5 Den so vorbereiteten Kuchen 35–40 Minuten in einem auf 180 °C vorgeheizten Ofen goldbraun backen, bis er so fest ist, dass er leicht nachgibt, wenn er vorsichtig angedrückt wird.

6 Den fertigen Birnen-Ingwer-Kuchen noch warm servieren und nach Belieben mit einer Kugel Eiscreme oder etwas Sahne dekorieren.

### TIPP

*Normaler Haushaltszucker ist süßer als brauner Rohzucker aber mineralstoffärmer.*

### TIPP

*Ob ein Kuchen durchgebacken ist, zeigt sich beim Einstechen mit einem dünnen Spieß: Bleiben keine Teigreste daran kleben, ist der Kuchen fertig.*

2

3

4

# *Pfirsiche in Weißwein*

**Für 4 Personen**

**ZUTATEN**

4 große reife Pfirsiche
2 EL Puderzucker, gesiebt
Zesten und Saft von 1 Orange
200 ml halbtrockener oder lieblicher Weißwein, gekühlt

1 Die Pfirsiche halbieren und die Kerne entfernen. Nach Belieben schälen. Dann in Spalten schneiden.

2 Die Pfirsichspalten in eine Schale geben und mit Puderzucker bestreuen.

3 Die Orangenschale mit einem scharfen Messer dünn abschälen und in feine Streifen schneiden, oder die Schale mit einem Zestenschneider ablösen. Die Zesten in eine Schüssel mit kaltem Wasser geben und beiseite stellen.

4 Den Orangensaft zusammen mit dem Weißwein über die Pfirsiche gießen.

5 Die so vorbereiteten Früchte für mindestens 1 Stunde in den Kühlschrank stellen.

6 Die Orangenzesten aus dem Wasser nehmen und mit Küchenpapier trockentupfen.

7 Die Pfirsiche aus dem Kühlschrank nehmen, mit den Zesten bestreuen und sofort servieren.

**TIPP**

*Zum Schälen der Zitrusfrüchte einen Sparschäler benutzen.*

**TIPP**

*Ein preiswerter Wein genügt, da sich das Aroma verbindet und der Geschmack verloren geht.*

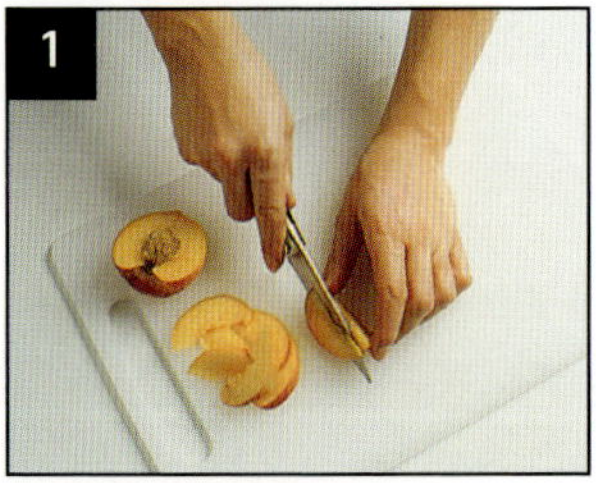

# Vanille-Eis

**Für 4–6 Personen**

## ZUTATEN

| | | |
|---|---|---|
| 600 ml Sahne | Zesten von 1 Zitrone | 2 Eigelb |
| 1 Vanilleschote | 4 Eier, verquirlt | 200 g feiner Zucker |

1 Die Sahne in einem schweren Topf unter Rühren leicht erhitzen. Vanilleschote, Zitronenzesten, Eier und Eigelb zugeben und bis kurz vor dem Siedepunkt erhitzen.

2 Die Hitze reduzieren und 8–10 Minuten unter stetigem Rühren köcheln, bis die Masse eindickt.

3 Den Zucker unter die Creme rühren, beiseite stellen und abkühlen lassen.

4 Die abgekühlte Masse durch ein Sieb seihen.

5 Die Vanilleschote aufschlitzen, die kleinen schwarzen Samen herauskratzen und unter die Sahnecreme rühren.

6 Die fertige Eismischung in ein tiefes verschließbares Gefriergefäß geben und über Nacht tiefkühlen.

### TIPP

*Eiscreme ist eine traditionelle italienische Speise. Sie wird meist als Kugel auf einer Waffel, zum Teil aber auch in Scheiben geschnitten verzehrt.*

### TIPP

*Für eine Tutti-Frutti-Eiscreme 100 g gemischte Trockenfrüchte, etwa Sultaninen, Aprikosen, Zitronat, Orangeat und Ananas, 20 Minuten in 2 Esslöffeln Marsala oder süßem Sherry einweichen. Die Grundcreme ohne die Vanilleschote zubereiten und vor dem Einfrieren die Früchte unterrühren.*

# *Granita-Duo*

**Für 4 Personen**

## ZUTATEN

ZITRONENGRANITA:
- 3 Zitronen
- 200 ml Zitronensaft
- 100 g feiner Zucker
- 500 ml kaltes Wasser

KAFFEEGRANITA:
- 2 EL Instantkaffee
- 2 EL Zucker
- 2 EL heißes Wasser
- 600 ml kaltes Wasser
- 2 EL Rum oder Weinbrand

Sahne, zum Servieren

1 Für die Zitronengranita die Zitronenschalen fein reiben und mit dem Zitronensaft und dem Zucker in einen Topf geben. Aufkochen und 5–6 Minuten köcheln, bis die Mischung sirupartig eindickt. Abkühlen lassen.

2 Die abgekühlte Masse mit dem kalten Wasser verrühren. In ein Gefriergefäß gießen und 4–5 Stunden ins Tiefkühlfach stellen. Dabei gelegentlich umrühren, um sich bildende Eiskristalle gleichmäßig zu zerstoßen. Die Granita als Geschmacksneutralisierer zwischen den Gängen reichen.

3 Für die Kaffeegranita Kaffee und Zucker in eine Schüssel geben und das heiße Wasser darüber gießen. Dann das kalte Wasser und den Rum oder den Weinbrand einrühren.

5 Die Mischung in ein Gefriergefäß geben und für mindestens 6 Stunden einfrieren. Alle 1–2 Stunden umrühren, um Eiskristalle zu vermeiden. Die Granita mit Sahne als Dessert reichen.

### TIPP

*Für eine alkoholfreie Kaffeegranita den Alkohol weglassen und etwas mehr Kaffee zu der Mischung geben.*

# Pfirsiche mit cremiger Mascarpone-Füllung

Für 4 Personen

**ZUTATEN**

4 Pfirsiche
200 g Mascarpone
50 g Pekan- oder Walnüsse, gehackt
1 TL Sonnenblumenöl
4 EL Ahornsirup

1 Die Pfirsiche halbieren und die Kerne entfernen. Wenn das Rezept im Voraus zubereitet wird, die Hälften wieder zusammendrücken und in Frischhaltefolie einschlagen.

2 Mascarpone und Nüsse in einer kleinen Schüssel gründlich verrühren. Bis zur Verwendung in den Kühlschrank stellen.

3 Zum Servieren die Pfirsiche mit etwas Öl bestreichen und auf einem Grillrost über heiße Holzkohle setzen. Unter einmaligem Wenden 5–10 Minuten grillen, bis sie heiß sind.

4 Die Pfirsichhälften auf einen Teller setzen und mit der Mascarpone-Nuss-Mischung füllen.

5 Ahornsirup über die Pfirsiche träufeln und sofort servieren.

## TIPP

*Mascarpone ist sehr fettreich. Sie können auch Naturjoghurt verwenden.*

## VARIATION

*Sie können die Pfirsiche auch durch Nektarinen ersetzen. Nehmen Sie nur reife, aber noch feste Früchte, die beim Grillen nicht zerfallen. Bereiten Sie die Nektarinen wie beschrieben zu und grillen Sie sie 5–10 Minuten.*

1

2

3

# *Register*